U0747004

手稿珍本叢刊

中國古代史札録

10

兵制

賦税一

呂思勉 著

第十册目録

兵制

兵制提要

「兵制」一類的札録，原有「兵制（上）」和「兵制（下）」兩包。其中「兵制（上）」又分兩札（第二札分四個小札），「兵制（下）」分四札。這兩包札録，大部分是吕先生從《商君書》《史記》《漢書》《後漢書》《晉書》《舊唐書》《新唐書》及《資治通鑑》等史籍中摘出的資料，也有一些是讀《困學紀聞》《陔餘叢考》《癸巳類稿》等書籍及報刊雜誌所做的筆記。

吕先生的札録，天頭或紙角上常會標出分類名稱，如「兵制」「兵器」「技擊」「戰事」等，有些寫有題頭，如第三四頁「創業之主必親戎」，第一一八頁「婦人爲兵」等。抄録的資料，詳略各有不同，或節録史籍的原文，或僅在題頭下注明資料出處，如第一七頁「二人交稍鬥」見《宋書·殷琰傳》「八七4上」（即卷八七第四頁正面），第一二頁「女軍」見「《資治通鑑》「二百五十4上」（即卷二五〇第四頁正面）。札録中也有一些先生加的按語，如第四七頁録《晉書》資料，按「此用婦人以壯聲勢」。又如第二五、二二三、二八九等頁，也有長短不一的按語。

「兵制」各包，也有不少剪報資料，此次整理只收録了一小部分；札録的手稿部分，均按原樣影印刊出。

奏為遵本部具奏十二月奉旨交部議覆等事
詳查我朝舊制本年奉命內閣議覆
十卷內查明我朝大清會典
宣宗成皇帝五年正月奉旨以旗丁子弟三百名同
嘉慶十七年定以後天下十年為限好漢御
照舊例減三成但使各標添撥
不許人入營以為教習人數並著各處減額
嗣後兵丁隨營人數量亦照此
七年奉旨十一月定
制從此維持等三百餘年定

似也八大

條令制置一切合同先已配到府人宜准
秦原威武等州府例七年放還（十八下廿五）
（宣宗紀）（大中四）[illegible]
[illegible]
[illegible]
[illegible]
[illegible]
[illegible]
[illegible]

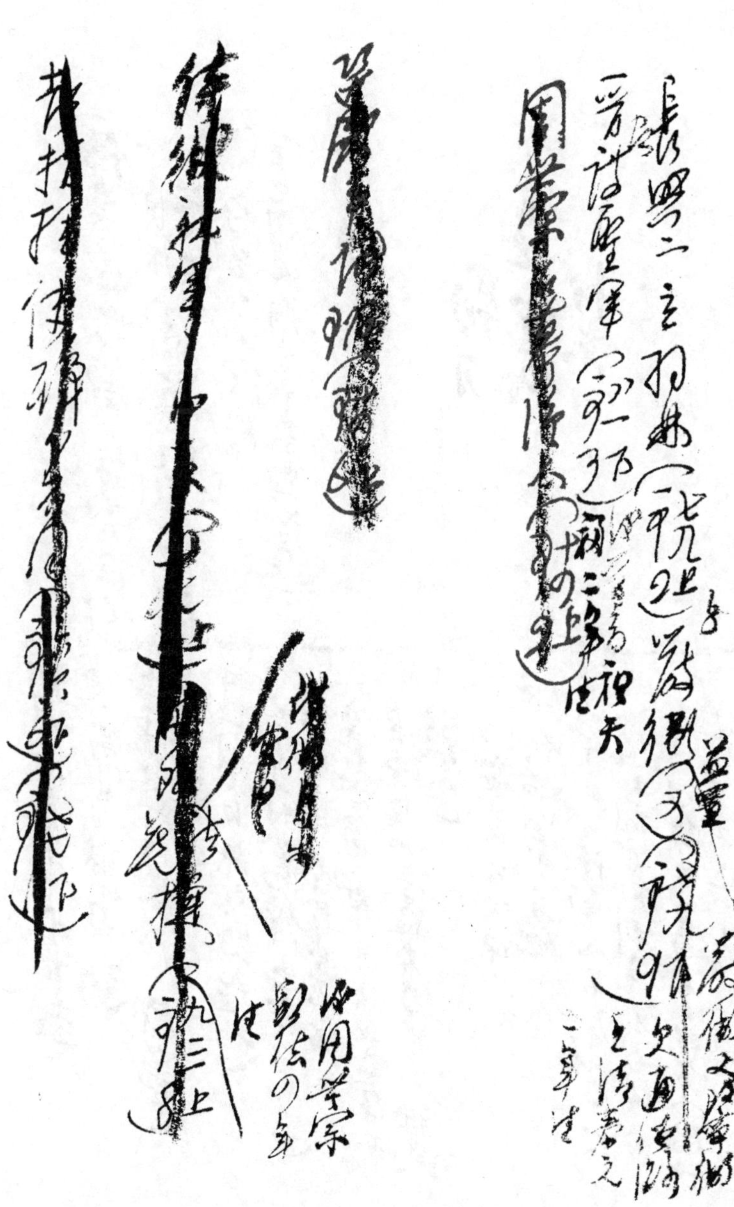

[illegible]英勇士[illegible]戴[illegible][illegible]五由
[illegible][illegible]（九五七上）[illegible][illegible]元十[illegible]
[illegible][illegible]六[illegible][illegible]
王[illegible]何月[illegible][illegible][illegible]中（卷三上）

顏月
主[illegible][illegible]
同來

周[illegible]問[illegible][illegible][illegible]九[illegible]上）
崔郭[illegible][illegible]誅[illegible]九二[illegible]
[illegible][illegible]言[illegible][illegible][illegible] [illegible][illegible][illegible]
（凡八上）
王匡何平[illegible][illegible][illegible]戚（卷三上）
高仙芝討小勃律 [illegible][illegible]（[illegible][illegible]上）
[illegible][illegible][illegible][illegible][illegible][illegible][illegible]
九載討石國[illegible][illegible][illegible][illegible][illegible][illegible][illegible]
其[illegible][illegible][illegible][illegible][illegible][illegible][illegible][illegible][illegible]
（卷四上）
高仙芝[illegible][illegible][illegible][illegible]石敵
[illegible][illegible][illegible][illegible][illegible][illegible]
高仙芝[illegible]石[illegible][illegible][illegible][illegible][illegible][illegible]
[illegible][illegible][illegible][illegible][illegible][illegible][illegible][illegible]
[illegible]高仙芝[illegible][illegible][illegible][illegible][illegible]（卷四上）
仙芝[illegible][illegible][illegible][illegible]（[illegible]十[illegible]上）

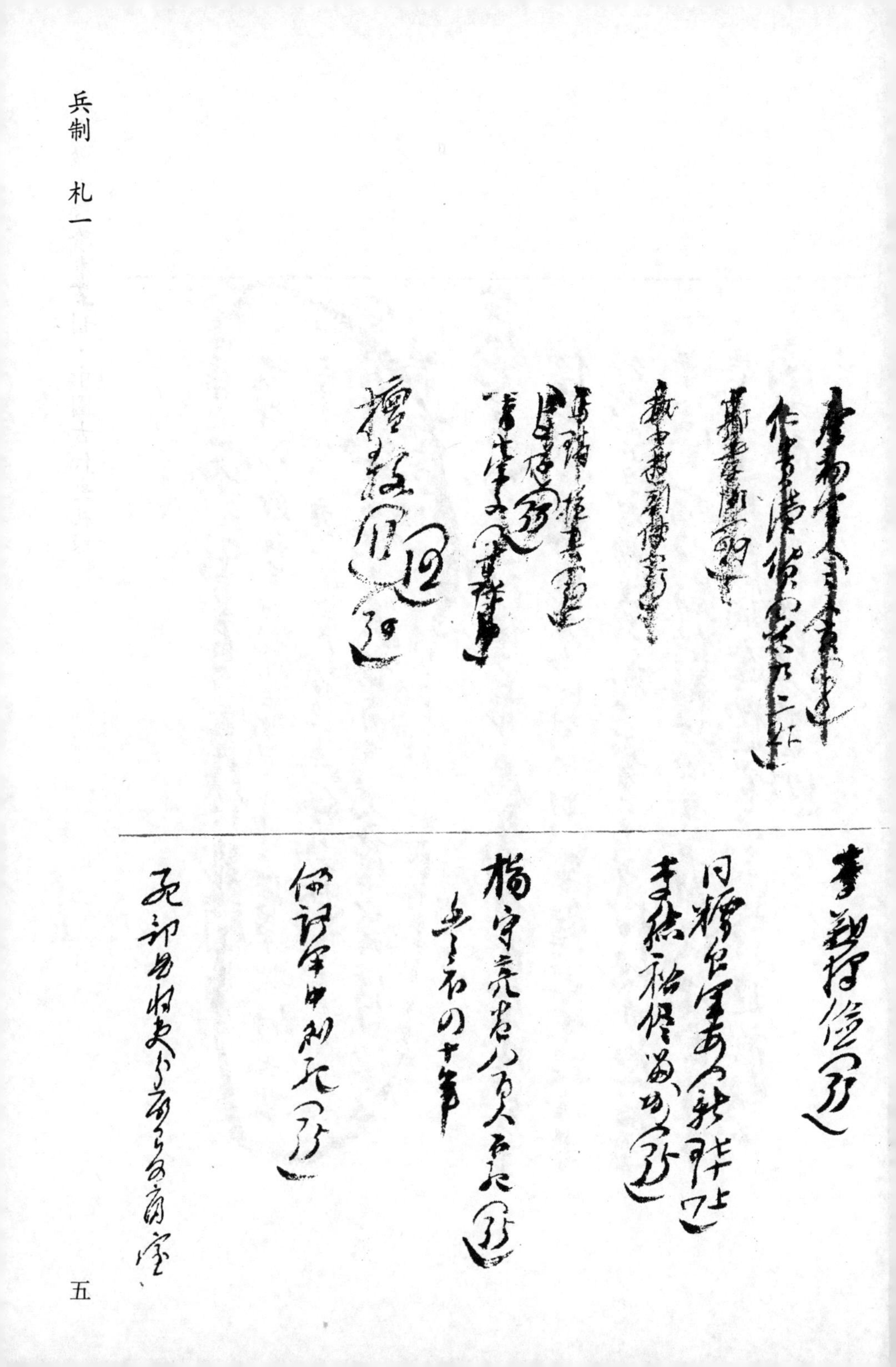

（宣）宗長慶元和十二年[illegible]前後卷

上尊號給赦書三軍[illegible]出天寶士馬

三軍加一章以南下資之一兵（十四・27）

（四）兵年進中書門下奏諸道有兵兄馬士可使以狀

藩鎮之地

（又）元和十四年□月設詔諸節度團練防禦經略等

使所管支郡除本軍州外別置鎮遏守捉兵馬

者並令屬刺史刺史帶本州團練防禦鎮遏

等使其兵馬額便隸此使如無別使即屬軍事

其有邊於谿洞連接蕃蠻之處特建城鎮不

閩粵即此不在此限（十五 27）

[illegible]

[illegible]

[illegible]

[illegible]

[illegible]

[illegible]

[illegible]

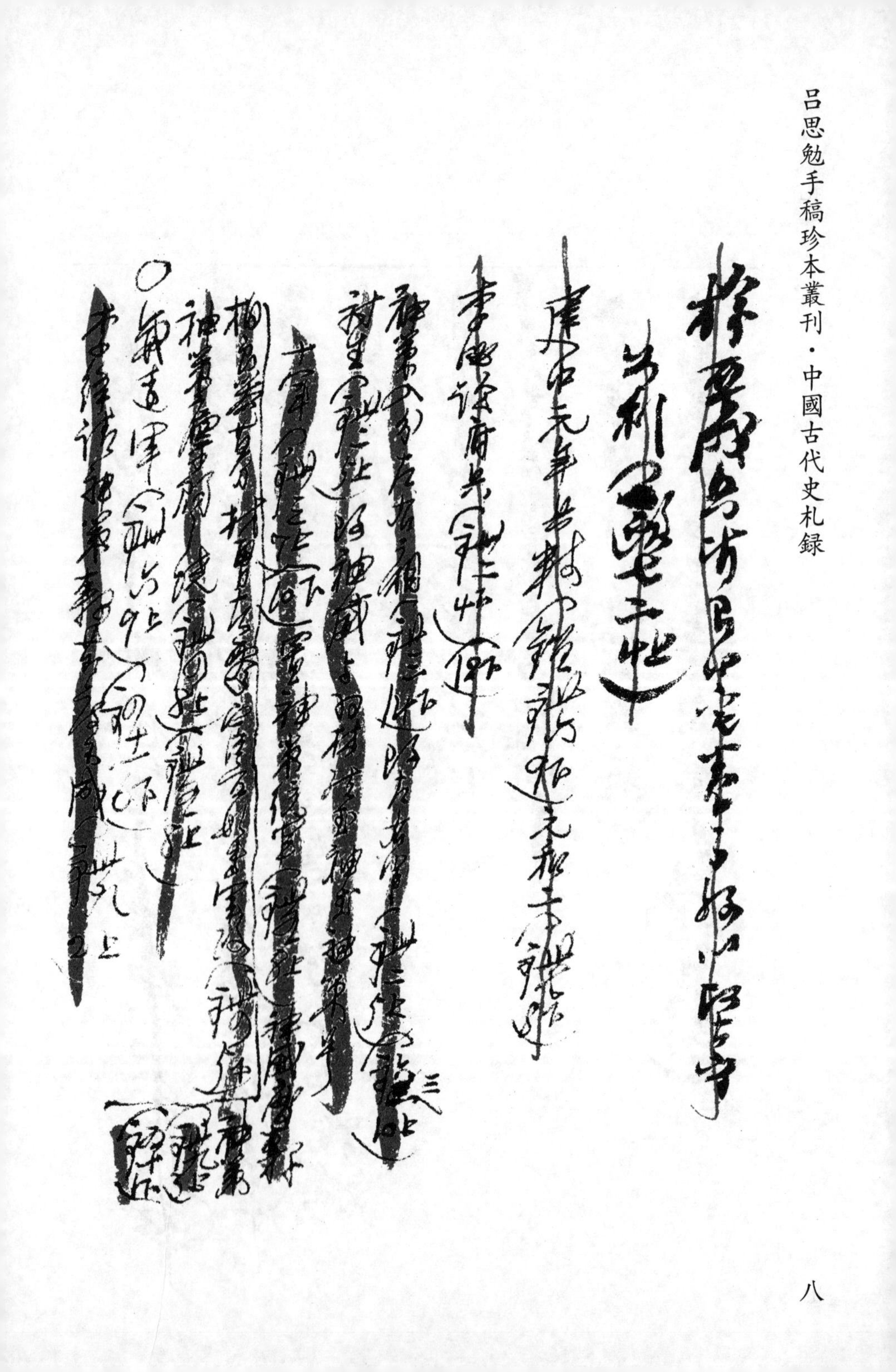

募役之始

周學元同十二卅下

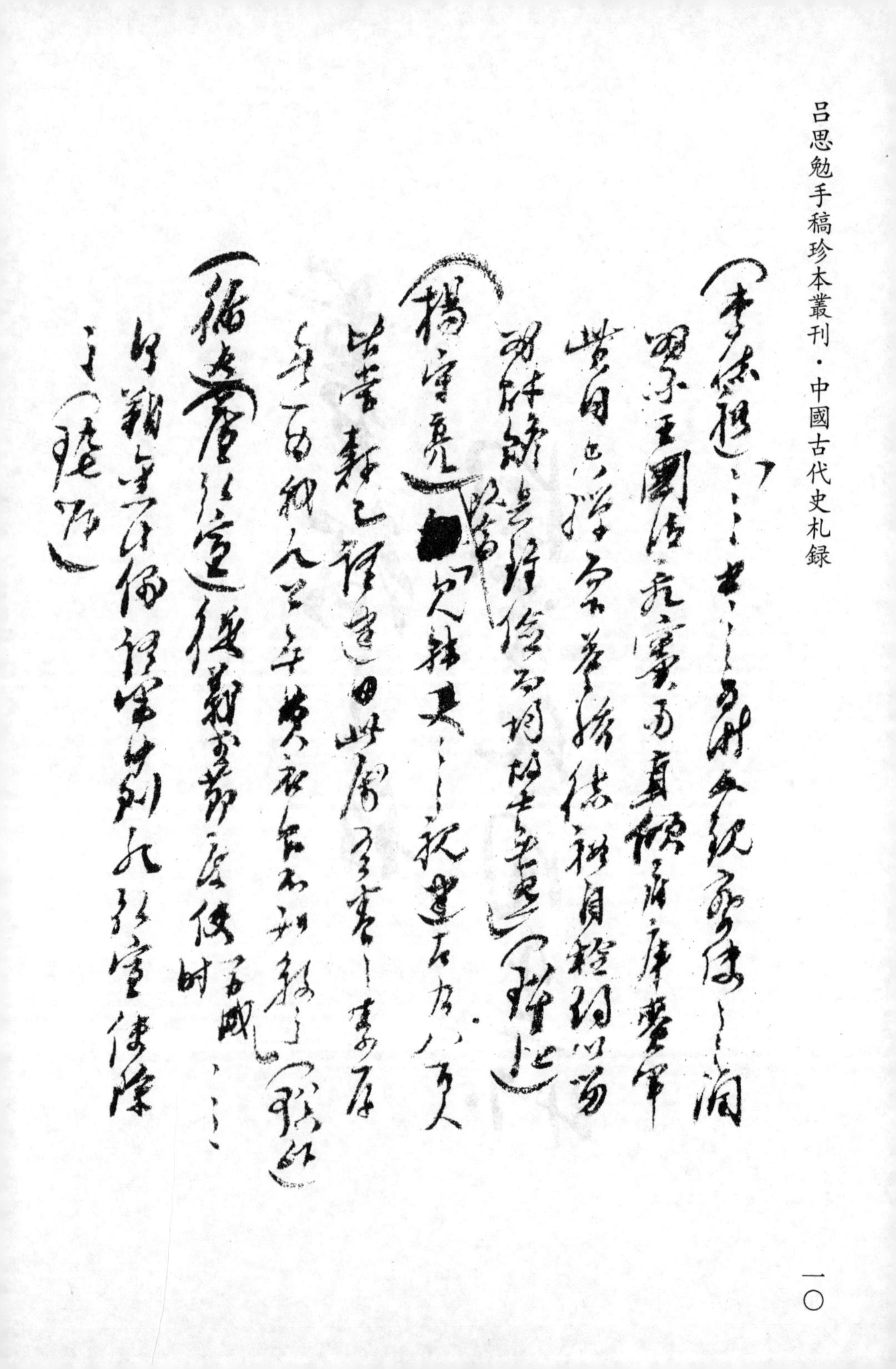

(李德裕傳)……出爲[illegible]觀察使……潤
州[illegible]王國清[illegible]兵[illegible]
皆自出[illegible]浮屠[illegible]以勸
[illegible](新書)
(楊[illegible])[illegible]
[illegible]
[illegible]
(孫[illegible])
[illegible]
[illegible]

[illegible]二年（[illegible]四上）[illegible]
[illegible]（[illegible]）
[illegible]
[illegible]（[illegible]上）[illegible]
三月（[illegible]上）（[illegible]三上）
[illegible]（同卷二）[illegible]
[illegible]（卅二上）[illegible]
（[illegible]同卷二）（七月）（[illegible]翔）[illegible]軍
節度使[illegible]兵八
千七百人（卅二之上）

兵

婦人（諱謝稱未穀（昭廣十七））女子全城（宣公九年）

西軍（鍾離卒七）

三代以上無稱女為兵者（何三十七）

（兵）

西門不得[illegible]觀（[illegible]上）
遣一人從[illegible]（隋[illegible]二上）
楊素[illegible]使[illegible]見殺（隋[illegible]三下）
廣武將軍[illegible]二萬人（八一[illegible]）
[illegible]將[illegible]（隋十[illegible]下）[illegible]（[illegible]）
[illegible]萬戶[illegible]（新[illegible]）
[illegible]毋隨[illegible]將軍（[illegible]上）

步直兵（[illegible]）

軍主（[illegible]）

直領天寶之義，以其屬使節鎮國軍[illegible]

後世因其稱任至重，至[illegible]

節度使之事可謂藩鎮[illegible]

押牙

判官（[illegible]）

十將（[illegible]）

虞候（[illegible]）

牙將（[illegible]）

押衙（[illegible]）

排牙（[illegible]）

將（[illegible]）

子將（[illegible]）

牙將（[illegible]）

[illegible]

衙隊

長直兵（[illegible]）

犬鋪

洞[illegible]（[illegible]）

兵

衣糧

唐藩鎮擅地養兵其出兵境外即須朝廷給

以衣糧　討李同捷時特置供軍糧料使

饟不仰有司

李鄘討李師道　不稽與討李同捷

自備者皆

月糧

以為美談

兵

鄉有軍制無田制遂有田制無軍制疏云互見其義 周学紀 頁四札

二人更出戰。見宋書鄧琬傳（八四上）

二人交矟鬥。見宋書殷琰傳（八七上）

兩騎督繼戰者百人。齊書周盤龍傳（廿九上）

乘單騎挑戰。梁書陳慶之傳（卅二上）

居道一人決戰。隋書史萬歲傳（五三上）

北齊書綦連猛傳（四一上）

札記

晉書庾闡傳：父東，以勇力聞。武帝時，有西域健胡，趫捷無敵，晉人莫敢與校。帝募勇士，惟東應選，遂撲殺之，名震殊俗。（九下）

又成帝紀：咸和八年，令諸郡舉力人，能舉千五百斤以上者。（七下）

南史梁武帝諸子傳：豫章王綜常於內齋布沙於地，終日跣行，足下生胝，日能行三百里。……又有勇力，制及奔馬，撲殺駒犢。案其勇力雖或自然，亦必以練習也。（三下）

陳書周文育傳：義興陽羨人也。少孤貧，本居新安壽昌縣，姓項氏，名猛奴。年十一，能反覆游水中數里，跳高五六尺，與群兒聚戲，衆莫能及。義興人周薈為壽昌浦口戍主，見而奇之，因召與語，

文育对曰。母老家贫。兄姊并长大。困于赋役。荟愍之。乃随文育至家。谓其母请文育养为己子。母遂与之。(四上)

南史刘康祖传。彭城吕人也。世居京口。……康祖便弓马。膂力绝人。以浮荡蒱酒为事。每犯法。为郡县所录。辄越屋逾墙。莫之能禽。夜入人家。为有司所围。突围去。并莫敢追。因夜还京口。半夕便至。明旦。守门诣府州要职。俄而建康移书录之。府州执事者并证康祖其夕在京。遂得无恙。(十七下)

又书怀荣祖传。荣祖善弹。弹鸟。毛尽而鸟不死。海鹄群翔。荣祖登城西楼弹之。弹弓不拔而下。海太守嘉附为宋(卅八下)

梁书羊侃传。侃少而雄勇。膂力绝人。所用弓至十余石。尝于兖州

夷服踴躍直上。至五六高。橫行因七跡。四橋有數百人。長八丈。大十圍。低執以相擊。其皆被碎。（卅九北）

拔距投石。師古曰：拔距者有人連坐相把據地以為堅而能拔取之。投石以石投人。皆言其有勇力也。通鑑注（卅七北）

晉書惠帝紀元康五年冬十月。武庫火，焚累代之寶。十二月丙戌。
新作武庫。大調兵器。

又祖逖傳：帝乃以逖為奮威將軍、豫州刺史。給千人廩。布三千匹。
不給鎧仗。使自招募。……屯於淮陰。起冶鑄兵器。得二千餘人
而後進。（以二九）

又朱伺傳：夏口之戰。伺用鐵面自衛。（以六上）

又石季龍載記：高力等皆多力善射。一當十餘人。雖無兵甲。所在
掠百姓牛馬。持一丈柯。攻戰若神。所向崩潰。（卯七子上）

宋書武帝紀：賊遣十餘艦來，拔石頭柵。公命神弩射之，發輒摧陷，循
乃止。石頭下柵。（一 9上）十二月，循遂雷澤，衆數萬。方艦而下，前
後相抗，莫見舳艫之際。公悉出輕利鬥艦，躬提幡鼓，命衆軍齊
力擊之。又上步騎於西岸。右軍參軍庾樂生乘艦不進，斬而徇
之。於是衆軍並騰踴爭先。軍中多萬鈞神弩，所至莫不摧陷。公中
流蹙之。因風水之勢，賊艦悉泊西岸。岸上軍先備火具，乃投火焚
之。煙燄張天。賊衆大敗，追奔至夜乃歸。循等還尋陽。初分遣步
軍。莫不疑怪。及燒賊艦，衆乃悅服。（一 10上）

宋書孝武帝紀大明八年。春正月。甲戌。詔曰。東境去歲不稔，宜
廣商貨。遠近販鬻米粟者。可停道中雜稅。其以仗自防，悉勿禁。（六

上止

宋書百官志左尚方令丞各一人。右尚方令丞各一人。並掌造軍器。秦官也。漢因之。於周則曰玉府。晉江右有中尚方左尚方右尚方。江左以來，唯一尚方。宋高祖踐阼，以相府作部配臺，謂之左尚方。而本署謂之右尚方焉。又以相府細作配臺。即其名置令一人，丞二人，隸門下。世祖大明中，改曰御府，置令一人，丞一人。御府二漢世官婢作褻衣服補浣之事。魏晉猶置其職。江左乃省焉。後廢帝初，省御府，置中署，隸右尚方。漢東京太僕屬官有考工令。主兵器弓弩刀鎧之屬。成則傳執金吾入武庫，及主織綬諸雜工。尚方令唯主作御刀綬劍諸玩好器物而已。晉則考工令

以今當之，之今中書令中書監矣。（四九下）

又五兵尚書，領中兵、外兵二曹。昔有騎兵、別兵、都兵，故謂之五兵也。（四九上）

宋書王弘傳：[illegible]為會稽王司馬道子參軍主簿。時農務頓息，末役繁興。弘以為宜建屯田，陳之曰：……伏見南局諸冶，募吏數百。雖資以廩贍，收入甚微。愚謂若回以配農，必功利百倍矣。然軍器所須，不可都廢。今欲留銅官大冶及都邑小冶各一所。重其功課，一準揚州，州之求取，亦當無乏。餘者罷之，以充東作之要。（四二上）

宋書何承天傳：撰安邊論，三曰：纂偶車牛，以飾戎械，計千家之資。

不下五百耦牛。為車五百兩。墨太二言濠、溝、城，隍以一城千家計，參合鉤連。以衛其痛。設使城不可圍。平行超險。賊所不能干。既已族居，易可檢括。艱今先路。民知風戒。有急徵發。信宿可聚。四曰計丁課伎。向使有穡。千家之邑。戰士二千。隨其便技。各自有仗。素所服習。鋁刻由己。遂保聚之程庫。出行借以自衛。日轄利鐵。民不攜以者。古以制之之。數年之內。要用粗備矣。（以の8ト）今承平未久。景今紀綱已繁。剝鎖既不可毀。往歲蒙定。垂二十年。課其所任。程應消壞。稽宜申明舊制。嚴加禁塞。諸商賈往來。懂攜持械者。皆以軍法治之。又嚴上立禁候。杜塞間諜。城保之境。諸所課伎並加雕鎸。別造程式。若有遺鏃之刀。及私冶鑄造者。皆可立驗。

於華容縣。（上）

宋書殷孝祖傳：太宗初即位，……遣向虎檻，拒南賊。御仗先有諸葛亮筩袖鎧帽，二十五石弩射之不能入。上悉以賜孝祖。（又下）

南史楊公則傳：郢州平，武帝命衆軍即日俱下。公則受命先驅。江州既定，連旌東下，直造建鄴……大軍至新林，公則自越城移屯領軍府壘北樓，與南掖門相對。嘗登樓望戰，城中遥見麾蓋，縱神鋒弩射之，矢貫胡床。（亦見上）

南史侯瑱傳：瑱與王琳戰於蕪湖之役。將戰，有微風至自東南，衆軍施拍縱火。定州刺史章昭達乘平虜大艦中江而進，琳軍大敗。發拍中於賊艦，其餘冒突青龍各相當值。又以牛皮冒蒙衝小船以觸賊艦，并鎔鐵灑之敗。（見六卷九卷[?]）陳書侯安都傳：及留異擁據東陽，又奉詔東討……異……奔桃枝嶺，處嶺谷間，於巖口豎柵以拒王師……因其山隴之勢，迮而為堰。天嘉三年夏，潦水漲滿，安都引船入堰，起樓艦與異城等，放拍碎其樓雉。異與第二子忠臣脫身奔晉安。

（又見南史六六[?]）陳書黃法𣰰傳：太建……五年。大舉北伐……法𣰰為都督，出歷陽。齊遣其歷陽王步騎五萬來援……大破齊軍。……於是乃為拍車及步艦，豎拍以逼歷陽。……人窘蹙乞降。……緩之，則又堅守。法𣰰怒，親率士卒攻城，施拍加其樓堞。時又大雨，城崩，克之。（又見南史六六[?]）

陳書章昭達傳：天嘉元年。……詔隨侯安都等拒王琳於沌口，戰於蕪湖，昭達乘

平虜大艦。中流而進。先鋒發拍。中賊艦。王琳平。昭達冊勳而

（一十一上）陳書徐世譜傳。領水軍。從司徒陸法和討景。與

景戰於赤亭湖。時景軍甚盛。世譜乃別造樓船。拍艦。火舫。水車。

以益軍勢。將戰。又乘大艦居前。大敗景軍。……（一十三上）南史六七下

陳書章昭達傳。歐陽紇據有嶺南。反。詔昭達都督衆軍討之。昭達

倍道兼行。達於始興。紇聞昭達奄至。恇擾不知所爲。乃出頓洭

口。多聚沙石。盛以竹籠。置於水柵之外。用遏舟艦。昭達居其上

流。裝艫造拍。以臨賊柵。又令軍人銜刀。潛行水中。以斫竹籠。籠

篾皆解。因縱大艦。隨流突之。賊衆大敗。因而擒紇。送於京師。（十

了七

陳書華皎傳……以吳明徹為湘州刺史。……帝令趣直趨郢州。
……又遣司空徐度與楊文通等自安成步出湘東。以襲皎。
是時皎陳於巴州之白螺。列舟艦與王師相持未決。及聞徐度
趨湘州。乃率兵自巴郢因便風下戰。淳于量乘大艦從吳明徹
明徹等
等募軍中小艦。多賞金銀。令先出當賊大艦。受其拍。賊艦發拍
皆盡。然後官軍以大艦拍之。賊艦皆碎。沒於中流。賊又以大艦
載薪。因風放火。俄而風轉自焚。賊軍大敗。(卷廿)

班劍。○劉良文選注曰班劍謂持飾劍而從川也。呂向曰班列也
言使勇士列持劍以為儀仗也。李周翰曰班劍木劍無刃假
作劍形畫之以文故曰班也。晉志又曰古為從虎賁二十人持

班劍通鑑胡注陳帝大
班劍已寫之第三頁(九二頁)

「馬甲謂之具裝」。通鑑宋文帝元嘉二十三年注（[illegible]）

火箭。「杜佑曰：以小瓢盛油冠矢端，射城樓櫓板木上，瓢敗油散，因燒矢內簳中，射油散處，火立然。復以油瓢續之，則樓櫓盡焚。謂之火箭。」通鑑宋文帝元嘉二十七年注（[illegible]）

骲箭。通鑑宋順帝昇明元年蒼梧王以骲箭射蕭道成，注：「骲，蒲交翻，又蒲角翻。集韻云：骨鏃也。」余謂骨鏃亦能害人，況以之射人乎？蓋當時所謂骲箭者，必非骨鏃。（[illegible]）

鐵纏矟。「以鐵線纏矟把。」手玉陵王是有銀纏矟。（[illegible]）通鑑齊和帝中興元年注

排城。「崔延伯別造大盾，內為鎖柱，使壯士負以趨，謂之排城。置輜重於中，戰士在外。」

拒馬槍。通鑑梁武帝中大通二年，爾朱天光攻王慶雲、万俟道洛，於水洛西城密使壯士多作木槍，各長七尺，昏後繞城布列，要路加厚，又伏人槍中，備其衝突，兼令密縛長梯於城北。其夜慶雲、道洛果馳馬突出，遇槍，馬各傷倒，伏兵起，即時禽之。軍士緣梯入城，餘衆皆出城南，遇槍而止，窮急乞降」。是此即拒馬槍也。杜佑曰：「拒馬槍，以木徑二尺，長短隨事，十字鑿孔，縱橫安檢，長丈，鋭其端，以塞要路」（通典）。

拍竿。通鑑陳文帝天嘉元年，「瑱[侯瑱]發拍以擊琳[王琳]艦」。注：「戰船皆置拍竿以拍敵船」（胡注）。臨海王光大元年，淳于量與吳明徹與華皎及周梁水軍戰于沌口，量、明徹募軍中小艦，多賞金銀

令先出當西軍大艦受其拍西軍諸艦發拍皆盡然後量等以大艦拍之西軍艦皆碎沒於中流注戰船置拍竿發之以拍敵船（陳紀）

陳後主禎明元年楊素在永安造大艦名曰五牙上起樓五層高百餘尺左右前後置六拍竿並高五十尺容戰士八百人注拍竿發之以拍敵船（陳紀七上）

銑鋧。通鑑陳宣帝太建五年蕭摩訶遙擲銑鋧殺西域胡正中其額應手而仆注銑蘇典翻鋧他典翻類篇曰銑鋧小鑿也（陳紀七上）

謹查
一則
光緒元年五月初四日[illegible]（內批）
光緒[illegible]年五月[illegible]
[illegible]（元[illegible]）
[illegible]
[illegible]
友[illegible]

創業之主亦須親戎 晉書王覽傳(四上)

晉書宣帝紀 景初二年平公孫淵，秦軍人年六十已上者罷遣，千餘人。將吏從軍死亡者致喪還家。(一上)

武帝紀 太康元年平吳，詔諸士卒年六十已上罷歸于家。(三上)

宣帝伐遼東，何曾疏陳宜選大臣名將爲副佐。晉書何曾傳(卅三上)

羊祜言昔魏武帝置都督，類皆與州相近，以兵勢好合惡離。晉書羊祜傳(卅四上)

晉書劉卞傳 卞兵家子。……少爲縣小吏。功曹夜醉如廁，使卞執燭，不從。功曹銜之，以他事補亭子。……祖秀才……謂[illegible]舍。……之令史，爲門下史。……在郡，言見爲太子長兵，既死，兵例須

代功曹。請以言付兄從。令白。祖秀才有言。遂不除焉。（卌六下）

晉書賈充傳。諸葛誕叛。從征。充進計曰。楚兵輕而銳。若深溝高壘。以逼賊城。可不戰而定也。（四十上）

又山濤傳。吳平之後。帝詔天下罷軍役。示海內大安。州郡悉去兵。大郡置武吏百人。小郡五十人。帝嘗講武於宣武場。濤時有疾。詔乘步輦從。因與盧欽論用兵之本。以為不宜去州郡武備。其論甚精。……帝稱之曰。天下名言也。而不能用。及永寧之後。屢有變難。寇賊猋起。郡國皆以無備不能制。天下遂以大亂。如濤言焉。（四三上）

又鄭袤傳。毋丘儉作亂……袤曰……江淮之卒。銳而不能持久。深

守高壘，以挫其鋒，此亞夫之長也。

晉書段灼傳：又陳曰：艾伐蜀，募取涼州兵馬、羌胡健兒，許以重報，五千餘人，隨艾討賊，功皆第一。而乙亥詔書，州郡將督，不與中外軍同，雖在上功，無應封者。惟金城太守楊欣所領兵，以逼江由之勢，得封者三十人。自金城以西，非在欣部，無一人封者。苟在中軍之例，雖下功必侯；如在州郡，雖功高不封。非所謂近不重施，遠不遺恩之謂也。……郿長假羊鄉至，臨危受遺，上表……其四曰：……臣前為西郡太守，被前所下已未詔書，覺破逆遠。其佳募取舉仍不當爲強，且被詔書，輒宣恩廣募，示以賞信。所得人衆，即傳言征西，其當人自可募取丁強，然後調取，委於羌胡。於是爲之告諭。自今郡縣度宮城以西地也。自後之無軍府。未曾見寇。始刺史郭綏。勸帥有方。除加獎勵。要使重擔。是以所募歲無利賞。遂立績效。功立第一。今郡郡增將。兼已受害。羌胡健兒。求其重賞侯。不蒙論敘也。（可入傳）

晉書馬隆傳：……涼州刺史楊欣。……爲虜所沒。河西斷絕。帝每有西顧之憂。臨朝而歎曰。誰能爲我討此虜通涼州者乎。朝臣莫對。隆進曰。陛下能任臣。臣能平之。帝曰。必能滅賊。何爲不任。顧方略何如耳。隆曰。陛下若能任臣。當聽臣自任。帝曰。云何。隆曰。臣請募勇士三千人。無問所從來。……帝許之。乃以隆爲武威太守。公卿僉曰。六軍既衆。州郡兵多。但當用之。不宜橫

設虎賁以衛帝典……帝將納陸景要引集三十六鈞弓の
鈞。立標簡試。自旦至中。得三千五百人。陸曰。足知國讀自至重
庫選材……（五七頁）
晉書武十三王傳齊王冏傳……出許昌王冏……鎮北將軍……倫陝有
異志。冏潛知之。猶疑不能。密與豫州刺史。與謀誅倫。與王彧謀
為之謀。冏示後宗室皆共當此。所將兵不得。倫遣御史逼之收
古慶之。冏勸以大義。冏……與國兵及帳下七百人……圍相
府。冏所將士皆隆其寄材劍客也。與戰。斬級數。倫兵死者千餘
人。……（六〇頁）
又冏之驕……黃東土謝鄰鬼被西宗坊。號曰樂府。移置南門。以充

兵役。东土嚣然。人不堪命。天下苦之矣」。（晋六四）

晋书刁协传「以奴为兵。取将吏客使转运。皆协所建也。众庶怨望之」。（晋六九）

又戴若思传「出为征西将军。都督兖豫幽冀雍并六州诸军事。假节。加散骑常侍。发投刺王官千人为军吏。调扬州百姓家奴万人为兵配之」。（晋六九）

又庾翼传「康帝即位。翼欲率众北伐。上疏曰……於是并发所统六州奴及车牛驴马。百姓嗟怨」。（晋七三）

又范宁传「出补豫章太守……陈时政曰……又方镇去官。[illegible]皆割精兵器仗。以为送故。米布之属。不可胜计。监司相容。初无殫竭。其中產貴清白。亦復不見較異。逃亡多出。至於手餘寡少。其數十六。既力入私門。復資其稟糧。且復復竭。桂服取人。廣引無謂。以相充補。若是功勳之臣。則已享裂土之榮。豈應更外。復置吏兵家。謂為將之極。宜由節制。以三年為斷。……官省諸兵。不相薦代。頃世小吏。便以補役。一經之遺。厚及其世。親戚旁支。罹其禍毒。戶口減耗。亦由於此。皆宜料實。以全國經。（宋書五四）

晉書何充傳：庾翼將北伐。庾冰出鎮江州。……徵充入為都督揚豫徐州之琅邪諸軍事。假節。領揚州刺史。……先是翼遣江荊二州編戶奴以充兵役。士庶嗷然。充復欲發揚州奴以均其謗。後以中興時已發三吳。今不宜復發而止。（晉七七）

晉书丁潭傳：元帝稽制，使主除時事損益。潭上书曰：……頃聞令之兵士，或私有役使，而營陳不充。……（七八頁）

又毛璩傳：遷寧朔將軍、淮南太守，補鎮北將軍、譙王恬司馬。海陵縣界地名青蒲，四面湖澤，皆是菰葑，逃亡所聚，威令不能及。璩建議率千人討之。時大旱，璩因放火，菰葑盡然，亡户窘迫，悉出詣璩自首，近有萬户，皆以補兵。（八〇頁）

又隱逸傳翟湯傳：建元初，安西將軍庾翼北征石季龍，大發僮客以充戎役，敕有司特蠲湯所調。湯悉推僕使，委之鄉吏。吏奉旨，一無所受。湯依所調限，放免其僕，使令編户為百姓。（九〇頁）

又列女傳虞潭母孫氏：及蘇峻作亂，潭時守吳興，又假節征峻。……

「……仍盡其宗族，今隨軍助戰。」（九六五）

晉書王敦傳：「帝以劉隗為鎮北將軍，戴若思為征西將軍，悉發揚州奴為兵，外以討胡，實禦敦也。永昌元年，敦率衆內向，以誅隗為名，上疏曰：……免良人奴，自為惠澤，自可使其大田，以充倉廩，今便割配，皆充隗軍。臣前求迎諸將妻息，聖恩聽許，而隗絕之，使三軍之士，莫不怨憤。又徐州流人，辛苦經載，家計始立，隗悉驅逼，以實己府。當陛下踐阼之初，投刺王官，本以非常之慶，使豫蒙榮分，而更充征役，復依舊名，普取出客，從來久遠，經涉年載，或死亡滅絕，或自贖得免，或見放遣，或父兄時事，身所不及，有所不得，輒罪本主，百姓哀憤，怨聲盈路。」（九六八）

「……乃

仲言敦死。於是下詔曰……敦之將士，從敦彌年，怨曠日久，或

父母隕歿，或妻子喪亡。不得奔赴，銜哀從役。朕甚愍之，希不悽

愴。其單丁在軍，無有兼重者，皆遣歸家，終身不調。其餘皆與假

三年。休訖還臺，當與宿衛同例三番。（以上）

晉書張昌傳……李流寇蜀。昌潛遁半年，聚黨數千人，盜得幢麾。

詐言臺遣其募人討流。會壬午詔書，發武勇以赴益土，號曰壬

午兵。自天下多難，數術者云當有帝王興於江左，及此調發，人

咸不樂西征。昌黨因之誑惑百姓，各不肯去。而詔書催遣嚴速，

所經之界，停留五日者，二千石免。由是郡縣官長皆躬出驅逐。

展轉不遠屯聚而為劫掠。是歲江夏大稔，流人就食者數千口。太安二年。

晉書安陸孫石巖山屯聚。去郡八十里。誘流人及避役者多往從之。（百六上）

晉書石季龍載記：季龍將討慕容皝。令司、冀、青、徐、幽、并、雍兼復之家。五丁取三。四丁取二。合鄴城舊軍。滿五十萬。（百六上）

河南諸州具南師之備。并、朔、秦、雍嚴西討之資。青、冀、幽州三五發卒。諸州造甲者五十餘萬人。兼公侯牧宰競興私利。百姓失業。十室而七。船夫十七萬人。為水所沒。猛獸所害。三分而一。（五下）

既將討三方。諸州兵至者百餘萬。太史令趙攬私於季龍曰：白雁集殿庭。宮室將空之象。不宜行也。季龍於是臨宣武觀。大閱而罷。（六下）

晋书慕容儁载记　儁于是复图入寇，兼欲经略关西，乃令州郡校阅见丁，精覆隐漏，率户留一丁，余悉发之，欲使步卒满一百五十万，期明年大集，将进临洛阳，为三方节度。武邑刘贵上书，极陈百姓凋弊，召兵非法，恐人不堪命，有土崩之祸，并陈时政不便于时者十有三事。儁览而悦之，付公卿博议，事多纳用，乃改为三五占兵，宽戍备一周，悉令明年季冬赴集邺都。是时兵集邺城，盗贼互起，每夜攻劫，晨昏断行。于是宽常赋，设奇禁，贼盗有相告者，赐奉车都尉，捕诛贼首木穀和等百余人，乃止。

又慕容暐载记　暐仆射悦绾言于暐曰：大宰政尚宽和，百姓多有隱附。傳曰。惟有德者可以寬臨衆。其次莫如猛。今諸軍營户三分共一貧。風務陵弱。威網不舉。宜更督肆軍考。以寬大府之饒。當以法令。以濟四海。歸納之。維既定制。朝野蒼黎。出户二十餘萬。墓宗師大公平。蹈維維敎之。(孫紹)其書云[illegible]延昌中紹上疏曰。……中州鬱實之人。兼二寡之勇。弓馬之勁。秦晉所憚。雲騎風馳。國之常也。而比趨邊前機。各不適陽地也。皆由隨逐廢[illegible]役之非道。郡縣守宰。每於差調之際。無不舍越殷強。首先貧弱。行留俱窘。資贍無所。人懷嗟怨。遂致逃亡。進闕供國之饒。退離蠶農之要。兵豈在多。貴於用命。宜嚴制軍科。務先饒養。習兵教戰。使偏伍有常。從戎之外。只營私業。(48)

晉書苻堅載記下：堅下書悉發諸州公私馬，人十丁遣一兵。門在灼然者，為崇文義從。良家子年二十已下，武藝驍勇，富室材雄者，皆拜羽林郎……良家子至者三萬餘騎……遣征南苻融……率步騎二十五萬為前鋒。堅發長安，戎卒六十餘萬，騎二十七萬……（十四下上）

又：堅聞慕容沖去長安二百餘里，引師而歸。……苻暉率兵五萬距沖。堅又以苻琳為中軍大將軍。為暉後繼。沖乃令婦人乘牛為衆。揭竿為旗。揚土為塵。督厲其衆。晨攻暉營於鄭西。暉出距戰。沖揚塵鼓譟。暉師敗績。（十四上）東山周婦人以壯勇

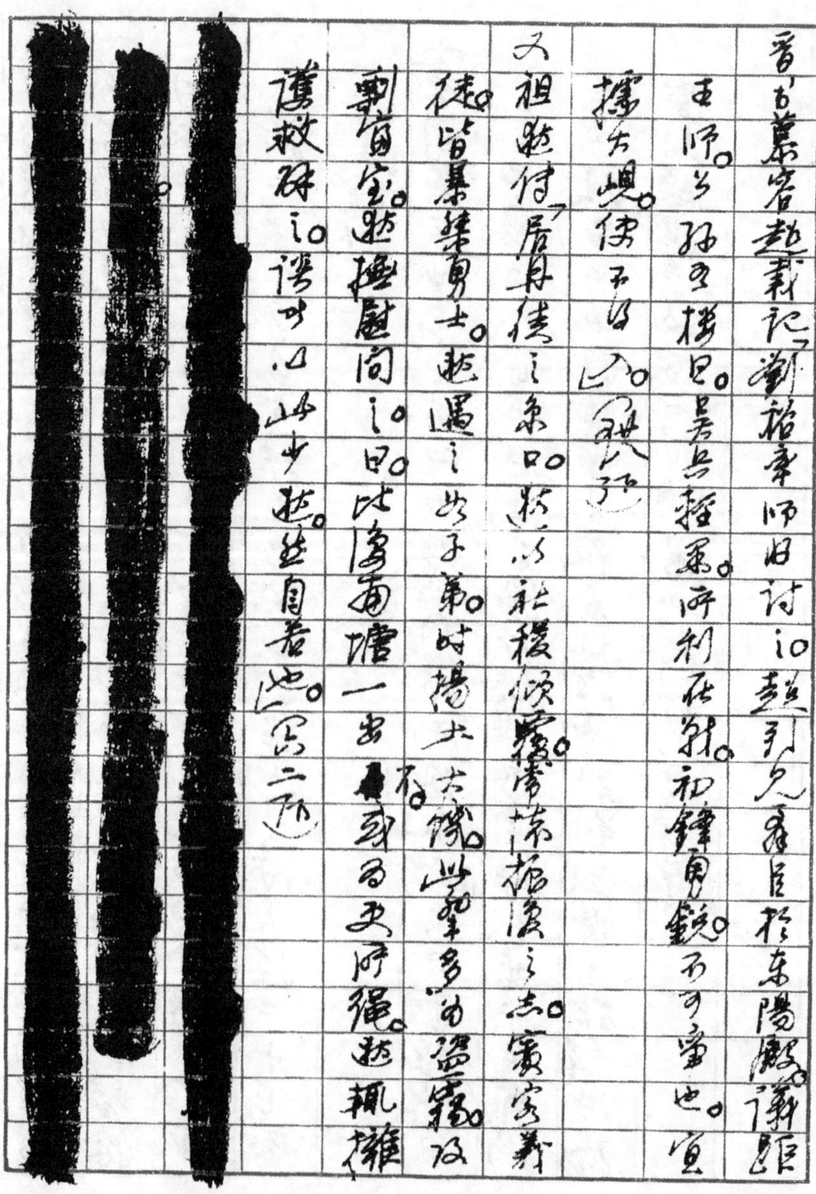
晉書慕容超載記：劉裕率師伐超。超引見羣臣於東陽殿，議距
王師。公孫五樓曰。吳兵輕果。所利在戰。初鋒勇銳。不可當也。宜
據大峴。使不得入。（百廿八下）
又祖逖傳：居丹徒之京口。逖以社稷傾覆。常懷振復之志。賓客義
徒。皆暴桀勇士。逖遇之如子弟。時揚土大饑。此輩多爲盜竊。攻
剽富室。逖撫慰問之曰。比復南塘一出不。或爲吏所繩。逖輒擁
護救解之。談者以此少逖。然自若也。（六二下）

晉書羊祜傳：祜出軍行吳境，刈穀為糧，皆計所侵，送絹償之。

又荀勖傳：時官騎始置，求為刺客入吳。勖言於帝，帝文曰：明公以聖為宰天下，宜杖正義，以伐違戾，而名以刺客除賊，非所謂刑於四海，以德服遠也。帝稱善。

宋書武帝紀：永初元年[illegible]月，追謚妃臧氏為敬皇后，王太子為皇太子。詔曰：……先因軍事所發奴僮，各還本主；若死亡及勳勞破免，亦依限還本。

又二年三月乙丑，初限荊州府置將不得過二千人，吏不得過一萬人；州置將不得過五百人，吏不得過五千人。兵士不在此限。

宋書武帝紀永初二年冬十月丁亥。詔曰。兵制峻重。務在得宜。役身死叛。輒考傍親。流遷彌廣。未見其極。遂令冠帶之倫。淪陷非所。宜革以弘泰。去其密科。自今犯罪充兵。合舉戶從役者。便付營押領。其有戶統及謫止一身者。不得復侵濫服親。以相連染。

（三下）

孝武帝紀大明二年正月壬寅。詔曰。先帝靈命初興。龍飛荊楚。歲紀浸遠。感往纏心。其從文武。情深常隸。思弘殊澤。以申永懷。吏身可賜爵一級。軍戶免為平民。（別下）

又七年五月丙子。詔曰。自今刺史守宰。動民興軍。皆須手詔施行。惟邊隅外警。及姦釁內發。變起倉卒者。不從此例。（別下二外）南史

自曹魏至宋諸軍之稱。宋書禮志。（古18〇頁）

宋書天文志：晉孝武太元四年，發丹陽民丁，使戶佐湖屯衛京都。……是歲，又募揚州萬人戍夏口。（四百四頁）

宋書劉粹傳附弟道濟傳：……益州刺史。……元嘉九年。……帛氏奴……亂……道濟窘懼，乃免吏兵三十六營，以為平民，分立

宋吳喜傳：二郡。又招集商賈及免逃作數僮。東西擣兵。可有四千人。（四五頁）

宋書劉敬宣傳：孫恩為亂，東土擾擾。牢之自表東討。軍次虎疁。賊皆殊死戰。敬宣請以騎傍南山趣其後。吳賊畏馬，又懼首尾受敵，遂大破之（四七頁）

宋書劉敬宣傳：義熙三年，表遣敬宣率衆五千伐蜀。國子博士周祇書諫高祖曰：……宜所遣之，皆烏合受募之人。（四七上）

宋書蒯恩傳：蘭陵承人也。高祖征孫恩，縣差為征民，充乙士。使伐馬芻，恩常負大束，兼倍餘人。每捨芻於地，歎曰：大丈夫彎弓三石，奈何充馬士。高祖聞之，即給器仗，恩大喜。（四九上）

宋書劉鍾傳：義旗將建，高祖以鍾為郡主簿。明日，從入京城。將向京邑，高祖命曰：預是彭城鄉人赴義者，並可依劉主簿。於是立為義隊，恆在左右，屢戰皆捷。（四九上）

宋書沈曇慶傳：……世祖孝建元年……明年，召入為尚書右丞。時將士休假，年開三番，紛紜道路。曇慶建議曰：……程令限促，紫非在草。故一戰之首。而馳逐路。季失屢乖拒。或遇惡秋霖。殺使而權常備。宗寡為策。……習識多代之隊。以一至為制。……後之。(五三下)

宋書王華傳：父廞。隆安初。王恭起兵討王國寶。時廞丁母憂在家。恭檄令起兵。廞即聚眾應之。以女為貞烈將軍。以女人為官屬。(六三上)

宋書何承天傳：撰安邊論。……其論曰。……漢魏以來。……屯田非緣兵士之精。治兵復選耳目之類。有急之日。民不知戰。至乃廣延賓募。奉以厚秩。發遣遠救。天下騷然。方伯刺史。拱手坐聽。自無經略。推鋒超遠寇。此皆兵戰之害。不教之失也。今移民寰內。浚治城隍。族居郡齋。謀節騎射。安事簡牘。甚至於[illegible]不。甲科上第。漸以儒別。以共盤木。乘言州郡。如此。則吏部有常。不遷其業。內護骨鎦。外通商賈。朋曹索室。同慶等樂。情由習熟。聲同事著。書辭見親。兩相結託。以通同類。相救。形義群之一隅。先哲之遺州。……(六の8下)

宋書沈演之傳。子勃。太宗泰始中……時欲北討。使勃還鄉里募人。多受貨賄。上怒。下詔曰。……自恃吳興土豪。比門義故。脅說士庶。告索無已。又輒聽募將。委役還私。托注病叛。遂有數百。周旋門生。競受財貨。少者至萬。多者千金。考計臧物。二百餘萬。(六三6上)

宋書范泰傳。廣州人周靈甫有家兵部曲。泰以六十萬錢與之。使於廣州合兵。靈甫一去不反。（又見九上）

宋書文九王傳建平宣簡王宏。時普責百官讜言。帝時宏議曰：……干戈未戢，戎備宜修。而卒不素練。兵非夙習。且戎衛之職。多非其才。或以資厚素加。或以祿薄帶帖。或寵由權門。恩自私假。取與將領。虛尸榮祿。至於邊城舉燧。羽檄交馳。而望其擐甲推鋒。立功閫外。譬緣木求魚。不可得矣。實宜精臨雜命師。旨出倉卒。驅烏合之眾。隸造次之主。貌疏情乖。有若胡越。豈能使其同力。拔危濟難。故奔北相望。覆敗繼有。今則改選將校。皆得其人。亦量見將。各以配給。領護二軍。乃其總統。今撫養士卒。使恩信先加。營陣相接。以習其事。三令五申。以喜其心。使動止應規。進退中律。然後蓄銳觀釁。因時而動。摧敵陷堅。其術於此。（上）

二（下四）

宋書臧質傳。元嘉二十七年。質至盱眙。燾已過淮。冗從僕射胡崇之領質府司馬。崇之副太子積弩將軍毛熙祚亦受統於質。時盱眙東有高山。質慮虜據之。使崇之、澄之（又燾傳）章砍祖二軍營於山上。……虜攻……崇之等力戰不敵。眾散。並為虜所殺。虜又攻熙祚。〻〻所領。悉北府精兵。幢主李灌。率厲將士。殺賊甚多。隊主周傲之、張墨、楊方生又率討賊。賊無退。會熙祚被創死。軍遂散。（下四止）

宋書臧質傳。元嘉二十八年正月初。燾自廣陵北返。便悉力攻盱眙。……燾與質書曰。吾今所遣鬥兵。盡非我國人。城東北是丁零與胡。南是三秦氐羌。設使丁零死者。正可減常山趙郡賊。胡死。正減并州賊。氐羌死。正減關中賊。卿若殺丁零胡。無不利。

（巴の廿）

宋書沈攸之傳。司空慶之從父兄子也。……元嘉二十七年。索虜南寇。發三吳民丁。攸之亦被發。既至京都。詣領軍將軍劉遵考。求補白丁隊主。遵考謂之曰。君形陋。不堪隊主。因隨慶之征討。

（巴の廿）南史 老作

宋書柳元景傳。陝城之捷。面縛軍門者二千餘人。元景釋將遣之。

虜兵面縛者多河內人。元景詰之曰。汝等怨王澤不浹。請命無所。今並為虜盡力。便是本無善心。……皆曰。虐虜見驅。後出赤族。以騎蹙步。未戰先死。此親將軍所見。非敢背中國也。諸將欲盡殺之。元景以為不可。曰。今王旗北掃。當令仁聲先路。乃悉釋而遣之。家在關裏者。等關討軍遣出。皆稱萬歲而去。(七七頁)

宋書文五王傳竟陵王誕。孝武帝使垣閬襲誕。誕殺閬。誕焚兵籍。赦作部徒繫囚。開門。遣隊心幸壯士擊……(七九頁)以後誕不之。上欲使太史擇吉日。將自濟江。太宰江夏王義恭上表諫曰。誕……值賴免兵倉頭三四百人。皆須相隨從。

宋書周朗傳。世祖即位。……時普責百官讜言。朗上書曰。……今人知不以革退猥。經播罷。而今重車弱卒。與肥馬悍卒相逐。其不於簡閱宜矣。譯之中華。討車騎也。以馬多也。騎之汰除步也。亦以馬步也。既各不可去。車騎存焉。今宜募天下。使養馬一匹者。蠲一人役。三匹者除一人爲兵。自此以遠。階資有差。覺亭徽章。一無普動。又將功將求其死也。閱歷觀于花舉而不已。筋力盡於戎伍。其於陛上也。國已練矣。重有澄風掃穢之勢。繩波滌塵之力。此所自矜。尤須爲志。直所功賞。人知其隱。然後隨樽廬案。與無冒其罪。無辭而反覆者。樁樁爲部。稱謹而呼號者。處處之咸象。凡所人言氣。對易崩沮。設一旦有變。則向之兵者皆敵也。今宜國財無之共竭。府庫無之同盡。至書應當。遺葛加於濟。盤所在

積之。將積素之餘，費宜節。他事多擾，長不應興。惟可務以蓄積

之積。習以鉦鼓之節。若假勇以進，務黠共和，易動而難靜，責返於

驟。……（八五延）

宋書鄧琬傳……安國太守劉襲……等郡守以琰。……廖琰

乘數千人，益督廬陵守丁璩襲。……（八四鄧）

宋書殷琰傳，新蔡主簿同募江西楚人千餘，投子勛所置馬頭太

守王廣元，以同郡韓濠將軍。劉順■……等……並據宛唐。

去壽陽三百里。勔（太宗遣劉勔）呂安國西討，率■衆無進。……相持守。……

……順等……軍食盡。……叔寶乃發車千五百乘，載米餉順。中殷

去壽陽杜叔寶自以五千精兵防送之。……軍副呂安國曰：劉順精甲

八千。而我軍不甚應手。……守隆有曾遣其共來東。……動以
數萬。乃以應騎常閒選千百精兵。已與安國及軍主黃同等。且路
難順從。只於撈清撈之。……叔寶……以米軍前來相隊。叔寶於外
西拒軍。惟王相仲懷領五万六廣萬。與安國同等相會。仲懷部
曲。兼引追款。叔寶。……仲懷……前戰。同所領兵並陸前樓子。天
下精兵。眾力難倍。合戰傷。破之。於陳叔仲懷之之所領五百人
死盡。叔寶云而仲懷及士卒俘戶嚴鑿。同等引兵撲擊之。安國
已從將自危。不假息轡。返營三十里止宿。夜遣騎斥候。叔寶求
棄米營安走。安國即復夜往。搶米軍。驅出二千餘頭而還。劉順
閱米營自焚。叔寶又走。……眾潰。奔至邊壽陽。仍去陸函款索孫

并。勔移吳方軌而進。（八七頁）

宋書索虜傳：元嘉二十七年，是歲軍旅大起。……兵力不足，尚書左僕射何尚之參議，發南兗州三五民丁。父祖伯叔兄弟仕州居職從事，及仕北徐兗為皇弟皇子從事、庶姓主簿、諸皇弟皇子府參軍督護國三令以上相府舍者，不在發例。其餘悉倩暫行征。符到十日裝束。緣江五郡集廣陵，緣淮三郡集盱眙。又募天下弩手，不問所從。若有馬步衆藝武力之士應科者，皆加厚賞。（九五頁）

宋書二凶傳：劭之拒義師，男丁既盡，召婦女親役。（九九頁）

宋書自序：元嘉三十年，元凶弒立。分江東為會州，以隨王誕為刺史。諸將學帝。正子端子說言曰強秦。……以江東新附之衆。為天下倡始。……謂曰。江東兵新附日久。士不習兵。……當須四方首難者。然其後啟之。……（自序）

又高祖北伐。田子與順陽太守傅弘之各領別軍。從武關入。屯據青泥。姚泓欲自禦大軍。慮田子襲其後。欲先平田子。然後傾國東出。乃率步騎數萬。奄至青泥。田子本為疑兵。所領裁數百。欲擊。傅弘之……固執。田子……自率所領。鼓而進。合圍數重。田子撫慰士卒。……棄糧毀舍。躬勒士卒。前後奮擊。所向摧陷。所領江東勇士。便習短兵。鼓譟奮之。賊衆一時潰散。所殺萬餘人。得泓偽乘輿服御物。（自序）

又亮材子為趙子第二子路 啟太祖陳府事曰。伏見西府兵士。或年幾八十。而猶伏隸。或年始七歲。而已從役。……詔曰。宰已令御史路等。通值遷風。竟是不梳門耶。今更勅西府也。（百卅下）

褚淵 穀方褚淵付果年。建元二年。虜動。上欲發王公已下無官者從軍。淵諫。以為無益實用。且擾動。上乃止。（廿三卅）南史廿八

又王敬則傳。敬則以舊將舉事。百姓擔篙荷鍤隨逐之。十餘萬衆。……遇興盛、山陽二砦。於曲阿長岡……盡力攻之。……官軍不敵。欲退。而圍不開。各死戰。胡松領馬軍突其後。白丁無器仗。皆驚散。敬則軍大敗。敬則索馬。再上不得上。興盛軍容袁文曠斬之。（廿六卅）（南史四五）

乃於三年唐寓之之亂。富陽但有四五十防縣。會稽太守沈文季發
吳嘉興海鹽鹽官民丁救之。爲賊所敗。四年。寓之於錢唐僭號。上遣
禁兵數千人馬數百匹東討。賊衆烏合。畏馬。官軍至錢唐。一戰
便散。禽斬寓之。（見沈文季傳（〇〇頁））可見白丁之不可用也。
崔慧景向京師。子覺及崔恭祖領前鋒。皆傖楚之善戰。（齊書崔慧景傳（五〇頁））
梁書武帝紀普通五年秋七月辛未。賜北討義客位一階。（三頁）
又曹景宗傳。景宗軍士。皆桀黠無賴。御道左右。莫非富家。抄掠財
物。略奪子女。景宗不能禁。及高祖入頓新城。嚴申號令。然後稍
息。遷郢州刺史。景宗在州。鬻貨聚斂。於城南起宅。長堤以東。
夏口以北。開街列門。東西數里。而部曲殘橫。民頗厭之。景宗

好内。妓妾至數百。窮極錦繡。性躁動。不能沈默。出行常欲褰車帷幔。左右輒諫。以位望隆重。人所具瞻。不宜然。景宗謂所親曰。我昔在鄉里。騎快馬如龍。與年少輩數十騎。拓弓弦作霹靂聲。箭如餓鴟叫。平澤中逐麞。數肋射之。渴飲其血。飢食其肉。甜如甘露漿。覺耳後風生。鼻頭出火。此樂使人忘死。不知老之將至。今來揚州作貴人。動轉不得。路行開車幔。小人輒言不可。閉置車中。如三日新婦。遭此邑邑。使人無氣。為人嗜酒好樂。臘月於宅中使作野虖逐除。遍往人家乞酒食。本以為戲。而部下多剽輕。因弄人婦女。奪人財貨。高祖頗知之。景宗乃止。（九，野虖）南史五五野虖

梁書夏侯亶傳：弟夔有部曲萬人。馬二千匹。並服習精强。為當時

之盛。性奢豪。後房伎妾曳羅縠飾金翠者。亦有百數。子譔。

弟諧。常停鄉里。領其父部曲。為州助防。刺史蕭淵明引為府長史。淵明彭城戰沒。復為侯景長史。景尋舉兵反。諧前驅濟江。頓兵城西士林館。破掠邸第。及居人富室子女財貨。盡略有之。淵明在州。有四妾。章于王阮。並有國色。淵明沒魏。其妾並還京第。譔至。破第納焉。（廿八夏侯亶傳）

梁武帝使陳慶之討妖賊沙門僧強。。。謂慶之曰。江淮兵勁。其鋒難當。卿可以策制之。不宜決戰。（梁書慶之傳）

梁書處士傳沈顗。天監四年。大舉北伐。訂民丁。吳興太守柳惲以顗從役。揚州別駕陸任以書責之。惲大慚。厚禮而遣之。（五十一）

陳書章載付……授……義興太守。高祖誅王僧辯。乃遣周文育
輕兵襲載。未至而載先覺。乃嬰城自守。文育攻之甚急。載所屬
縣卒。並高祖舊兵。多善用弩。載收得數十人。繫以長鎖。命所親
監之。使射文育軍。約曰。十發不兩中者則死。每發輒中。所中皆
斃。文育軍稍却。（下八廿上）

大蔡徵傳　後主……遣徵收募兵士。自為部曲。徵善撫卹。得物情。
旬月之間。衆近一萬。（四方廿上）　南史六八廿上

大樊毅付　累葉將門。……侯景之亂。率部曲隨叔父文皎援臺。文
皎於青溪戰歿。毅將宗族子弟赴援江陵。　高祖受禪。毅與弟猛
舉兵應王琳。琳敗績。大尉侯瑱遣使招毅。毅率子弟部曲還

（四〇）

隋書崔廣達傳同江表將帥，各領部曲，動以千數，而吳氏尤多。（四〇）

（四一）南史　卷七五

南史宋武帝紀：晉隆安五年，孫恩進向滬瀆。帝棄城追之。時帝築城於海鹽故

海鹽。海鹽令鮑陋遣子嗣之以吳兵一千請為前驅。帝以吳人不習

戰。命之在後。不從。……明日戰，伏發。賊退，嗣之追奔陷沒。（四二）

又義熙五年討燕，入峴，大軍分車四千輛為二翼，方軌徐行，車悉

幰。御者執矟，以騎為遊軍。（四三）

南史何承天傳：又兼尚書左丞。吳興餘杭人薄道舉為劫。制同籍

期親補兵。道舉從弟代公、道生等並為大功親，非應在補謫

之例。法以代公等母存爲朞親，則子宜隨母補兵。承天議曰：……婦人三從，既嫁從夫，夫死從子。今道舉爲劫，若其叔父尚存，應制補謫，妻子營居，固其宜也。但爲劫之時，叔父已殁。……主者守朞親之文，不辨男女之異。謂代公等母子並宜見原。（四三叶）

南史顧覬之傳：嘗於文帝宋坐論江東人物，言及顧榮，袁淑謂覬之曰：卿南人怯懦，豈辦作賊。覬之正色曰：卿乃復以忠義笑人。淑有愧色。（四五叶）

南史沈慶之傳：慶之前後所獲蠻，並移都下，以爲營戶。（四七叶）

南史薛安都傳：及魯爽反叛，遣安都及沈慶之濟江。安都望見爽，便躍馬大呼，直往刺之，應手倒。左右范雙斬爽首。爽世梟猛，咸

云萬人敵。安都單騎直入。斬之而反。時人皆云。關羽斬顏良。不是過也。（四十上）

南史蕭宗室傳始安王遙光反時名……謝僖之（四二上）

南史李安人傳高帝即位……自宋泰始以來。內外頻有賊寇。將帥以下。各募部曲。屯聚京師。安人上表。以為自非淮北常備。其餘軍兵皆輸遣。若親近宜立隨身者。聽限人數。上納之。故詔斷衆募。等喜（同上作）

南史楊公則傳和帝即位。授湘州刺史。……直造建鄴。……公則所領。多是湘溪人。性懦怯。城內輕之。以為易與。每出蕩。輒先犯公則壘。公則獎厲軍士。剋獲更多。（五五七上）

南史陳伯之傳。濟陰睢陵人也。年十三四。好著獺皮冠。帶刺刀。候鄰里稻熟。輒偷刈之。嘗爲田主所見。呵之曰。楚子莫動。伯之曰。君稻幸多。取一擔何苦。田主將執之。因拔刀而進曰。楚子定何如。田主皆反走。徐擔稻而歸。(卷六十一)

南史王僧辯傳。僧辯雖有。滅賊之功。而馭下無法。軍人鹵掠。驅迫居人。都下百姓。父子兄弟相哭。自石頭至于東城。被執縛者男女裸露。衵衣不免。緣淮號叫。翻思景焉。(卷六十三)

南史郭祖深傳。梁武帝溺情内教。朝政縱弛。祖深輿櫬詣闕上封事。其略曰。……朝廷擢用勳舊。爲三陲州郡。不顧御人之道。唯以貪殘爲務。迫脅良善。害甚豺狼。江湘人尤受其弊。自三關以北。足處盡矣。而以重人。於代之格。但有一身及役任用。皆募部曲。而揚徐之人。逼以眾役。多投其募。利其貨財。皆虛名上簿。止送出三津。名在遠役。身歸鄉里。又懼本屬檢問。於是逃亡他境。僑戶之興。良由此故。又梁興以來。發人征役。號為三五。及投募將客。主將無恩。存恤失理。多有物故。輒刺叛亡。或有身殞戰場。而名在叛目。監符下討。稱為逋叛。錄質家丁。合家又叛。則取同籍。同籍又叛。則取比伍。比伍又叛。則望村而取。一人有犯。則合村皆空。恩詔符旨時降。蕩滌推格。而監符稽下。舊日限以嚴程。上下[illegible]任信下附相猜促。甚使到州。州又遣押使至郡。州郡急切。同趣下賊。令長多庸才。望風畏伏。於是斂戶課。薦其筐篚。使人納重

侯。許之。文其百里徼外。鎬俗。劉嚴科立。自是所在盜賊息

亂。以事上官。晉七十

舊直七年。陳南州津西南津校尉。以祖係西……依豪部曲

二千。及至南州。以嚴清刻。由來西津勢家出入津不立塞網。使

藏亡命。祖係搜檢發露。不避強禦。動挫貴勢。……所領皆精兵。

令行禁止。有所討邀。越竟追禽。江中黨有賊。祖係自率討之。列

陳未敢進。仍令所親人先登。亦時追斬之。遂大破賊。威振遠近。

長江肅清。晉七十

而央賊匡術舉付王覓闘臺閣門。引裴之橫入宮。縱兵掠奪。是夜。

遂燒陵太極殿及東西堂、尺閣、祕署、諸書。明儀華林。莫有孑遺。

王僧辯令武州刺史杜崱救火，僅而得滅。故至德[illegible][illegible]重雲殿及門下、中書、尚書省得免……都下戶口，百遺一二。大航南岸極目無煙。老小相扶競出，纔度淮，王琳、杜龕軍人掠之，甚於寇賊。號叫徹於石頭。僧辯謂爲有變，登城問故，亦不禁也。僉以王師之酷，甚於侯景。君子以是知僧辯之不終也。（卒四）

南史賊臣侯景傳：初，景之圍臺城，援軍三十萬，兵士望景旗即氣消膽奪。及赤亭之役，胡僧祐以羸卒一千，破任約精甲二萬。侯敗而東，衆無橫陳。及南侯瑱追及，景衆未陳，皆舉幡乞降，景不能制。

宋書殷孝祖傳：爲兗州刺史。太宗初即位……時普天同逆，朝廷唯得丹陽一郡。而永世縣又反叛。義興賊垂至延陵。內外憂危。咸欲奔散。孝祖忽至。衆力不少。並傖楚壯士。人情於是大安。（八六傳）

晉書劉弘傳：陳敏寇揚州……陶侃與敏同郡。又同歲舉吏。或有間侃者。弘不疑之。乃以侃爲前鋒督護。委以討敏之任。侃遣子及兄子爲質。弘遣之曰。賢叔征行。君祖母年高。便可歸也。匹夫之交。尚不負心。何況大丈夫乎。（六六傳）

又劉遵考傳：出爲義興太守。未拜。徵拜中書侍郎……會帝崩。擢居臨終。遷射聲校尉。時軍校無兵。義興人多義隨遵考。因統其衆以宿衛。擢爲西乃子營。（七十傳）

魏治兵之禡，至晋惠帝而废。晋宋之禡（宋书礼志，十四上）

左右甄。甄音坚，谓左右翼。见通鉴晋元帝建武元年注（九十上）

地突。为地道突出于城内。（晋通鉴穆帝永和三年注，九七上）

副马、兼马。通鉴晋孝武帝太元十六年：拓跋珪追柔然，诸将请还。珪问诸将曰：若杀副马，为三日食，足乎？注：凡北人用骑兵，各乘一马，又有一马为副马（一〇七上）

宋文帝元嘉六年，魏主[illegible]焘帅轻骑兼马袭击柔然。注：兼马者，每一骑兼有副马也（一二一上）

长上。通鉴晋安帝隆安二年：慕容宝长上段速骨、宋赤眉等作乱。注：凡卫兵皆更番迭上，长上者不番代也。唐官制，怀化执戟长上、归德执戟长上，皆武散阶九品。长上之名古有矣（一一〇上）

兵制

魏書太宗紀永興五年正月己酉，詔諸州六十戶出戎馬一匹。(三上)

又泰常六年二月，調民二十戶輸戎馬一匹，大牛一頭。三月，……

乙亥，制六部民羊滿百口，輸戎馬一匹。(三下)

又世祖紀始光二年五月，詔天下十家發大牛一頭，運粟塞上。(四上)

又太平真君六年八月，車駕幸陰山之北，次於廣德宮，詔發天下兵，三分取一，各當戒嚴，以須後命。(四下)

又高祖紀延興二年七月壬寅，詔州郡縣各遣二人，才堪專對者。

起九月，詔武官親問風俗。（七上9上）
又三年十月，太上皇帝親將南討，詔州郡之民，十丁取一，以充行戶，收租五十石，以備軍糧。（七上3上）
又四年十有二月，詔西征吐谷渾兵在內律城初教軍士，動次分配柔玄、武川二鎮，斬廿千餘人。（七上7下）
又延興元年六月甲子，詔中外戒嚴，分京師見兵為三等，第一軍出遣第一，二等兵亦如之。（七上4上）
又太和十九年八月乙巳，詔選天下武勇之士十五萬人為羽林虎賁，以充宿衛。丁巳，詔從兵從征被傷者，皆聽還本。（七下8上）
二十年十月戊戌，以代遷之士，皆為羽林虎賁。司州之民，十二

夫闕一夫。功の星兵卒。歲無蓄儲，以供公私力役。（七下9上）

又二十一年十二月丁卯。詔流徙之囚。皆勿決遣。有登城之際。令其先鋒自效。華時方入寇（七下10上）

二十二年三月辛亥。移華懸瓠民

衣內自。……庚午。發州郡兵二十萬人。限八月中旬集懸瓠。（10下）

又世宗紀景明四年六月丙戌。發冀定瀛相并濟六州二萬人、馬千匹。增配壽春。（八3上）

又正始元年九月丙午。詔緣淮南北所在鎮戍。皆令及秋播麥。春種粟稻。隨其土宜。水陸兼用。必使地無遺利。兵無餘力。比及來稔。令公私俱濟也。（八3下）

又三年七月己丑。詔發冀定瀛相并濟六州十萬人。以濟南軍。（八

5下

魏書大武五王傳孝友臨淮王譚孫孝靜帝時奏表曰今制百家爲黨族
二十家爲閭五家爲比隣百家之內有帥二十五徵發皆免苦
樂不均羊少狼多復有蠶食此之爲弊久矣京邑諸坊或七八
百家唯一里正二史庶事無闕而況外州乎請依舊置三正之
名不改而百家爲四閭閭二比計族有十二丁得十二疋貲絹
略計見管之戶應二萬餘族萬人則二百一歲出貲絹二十四萬疋
族十二疋二萬族則二十四萬疋十五丁出一番兵計一萬六
千兵此富國安人之道也（八頁下）
又景穆十二王傳任城王雲子澄之奏利國濟民所宜振舉者十

條。……七曰。邊兵逃走。或實陷沒。皆須精檢。三長及近親。若實
隱之。徵其代輸。不隱勿論。……十曰。羽林虎賁。邊方有事。暫可
赴戍。常戍宜遣蕃兵代之。靈太后下其奏。百僚議之。事有同否。
時四中郎將。兵數寡弱。不足以襟帶京師。澄奏宜以東中帶
滎陽郡。南中帶魯陽郡。西中帶恆農郡。北中帶河內郡。選二品三
品親賢兼稱者居之。省非急之作。配以強兵。如此則深根固本。
強幹弱枝之義也。靈太后初將從之。後議者不同。乃止。澄又重
奏。……卒不納。……澄以北邊鎮將。選舉彌輕。恐賊虜闚邊。山
陵危迫。奏求重鎮將之選。修警備之嚴。詔不從。賊虜入寇。至於
舊都。鎮將多非其人。所在叛亂。犯逼山陵。如澄所慮。甲九五七上

魏书獻文六王傳咸陽王禧。禧表曰。國無偃武之容。備擇來久。矣
鎮兵之人。或有雄勇。不閑武藝。今形歲農之暇。當上之日。訓其兵
法。詔曰。矢干補。三分兼教。使人閑其技。臨事無豫。詔曰。務之務至。
未經其力。既遠此。特閱務事。既事訓戒。且可停之。（卅上斷）
又、蕭鳳傳：將軍遣使朱椿將兵。令風振之。風謂……曰。卿輩北人。
新聞甲利兵銳。將所遇。[illegible]即道去。若材藉重。風曰。北人好悍。
上馬射之。條驅地蕃死。……軍無輜重。攜擁之苦。輕以速捷。因
敵取資。此兩方所以[illegible]勝敵。而北方之所以常勝也。（卅四上）
又、侯景傳：從太祖征蠕蠕。云云。直達之。遂之至可百里。詔郭仲因襲
言於太祖曰。今賊遠遁。處不宜深入。請速還軍。太祖令襲聞詔

郭沖若教副馬。足三日食。馳踏章是也。太祖乃倍道追之。及於

廣漢番地西床山下。大破之。（卅四葉）

獻之劉湛傳：時番湖失奴。有裸陟肌黃白。……羣閣之民。彊不

征討頻勤。吾[illegible]棄。以保全國。豈撥此一方耶。南岸之所濟。……

悉知其敬。以謂俊傑。……其祖德之。於是虞天下之嚴相難。（卅）

八頁

又蠻傳：東晉將討陷之面。理世指仁崇此州民反雷丁零等路

大軍還。以其為南面節。（四九葉）

又刁雍傳：……雍……誅刁氏。……奔姚興。……姚泓滅。與司馬

休之等歸國。上表陳誠。於南境自效。太宗許之。假雍建義將軍。

雍遂於河濟之間。招集流散。得五千餘人。南阻大峴。扇動徐兗。建牙聲眾。傳檄邊境。劉裕遣將李嵩討雍。雍斬之於蒙山。於是眾至二萬。進屯固山。七年。三月。雍從帝孫。欲寧東入京口。規共討裕。裕遣兵設伏。六月。雍又侵裕青州。雍敗。乃收散卒。保於馬耳山。又為裕青州軍所逼。遂入大峴山。八年。太宗南幸鄴。朝於行宮……謂之曰。朕先遣叔孫建等攻青州。民盡藏避。城猶未和……士民又相信服。今引遣卿助建等。卿宜勉之。於是假雍鎮東將軍青州刺史東光侯。給五萬騎。使別立義軍。建先攻東陽。雍至。招集義眾。得五千人。遣撫慰郡縣。士人盡下。送租供軍。是時攻東陽。平其北城三十許步。劉義符青州刺史竺夔。於城

內屬地道。南方入邏水瀾，以爲退路。雜語建曰：此城已平，宜時
入取。不然者，建遣傷兵士。雜之雜曰：若遣傷官兵，雜今諸
將兼兵先入。建不欲難，東去。今兼符遣其將檀道濟等救去
地。雜語建曰：城長度軍窮蹙，以鎮軍東面陵陷，大峴已歸，
扶濟不日方拔。雜求兼兵而平。要險得之，建不能。……引退。雜
遂鎮之，即圍。又從今西入，以窮賊境。雜攻克郢城。會有劫退。今
隨機立效。雜於枯葉攬其輩，撫民五千餘家，置二十七營。還鎮
山陰。延和二年，立德於村於蒼梧。置僮族，撫傷郡九縣。以雜
爲平西將軍、侍中，兼關中，弟英，僮仕鎮七年。大延中徵還
朝。而撫其西邊民所傷。世祖嘉之。真君二年，復授使持節、侍中

督揚豫兗徐四州諸軍事，征西將軍，徐兗二州刺史。（卌八上）

魏書源賀傳：賀上書曰：……自非大逆赤手殺人之罪，其坐贓及盜與過誤之愆，應入死者，皆可原命，謫守邊境。是則已斷之體，更受全生之恩；徭役之家，漸蒙休息之惠。……高宗納之。已入死者，皆恕死徙邊。久之，高宗謂羣臣曰：源賀勸朕宥諸死刑，徙充北番諸戍。自爾至今，一歲所活殊爲不少。生濟之理既多，邊戍之兵有益。……（四一下）

寅依古今兵制，其先儒者算之說，略常至數爲十二陳團以上。

剏祖覽西嘉。（四一上）

又語督督三道諸軍，屯於漢南。其時爲鎮將，兼督軍三道要害。

以備北寇。至春仲乃班師。賀以勞役京都。又非禦邊長計。乃上
言。請募諸州鎮有武健者三萬人。復其徭賦。厚加振恤。分爲三
部。二鎮之間築城。城置萬人。給强弩十二床。武衛三百乘。弩一
床。給牛六頭。武衛一乘。給牛二頭。多造馬槍及諸器械。使武
略大將二人。以鎮撫之。冬則講武。春則種殖。並戍並耕。則兵未
勞而有盈畜矣。又於白道南三處立倉。運近州鎮租粟以充之。
……不可歲常舉衆。連動京師……重擾不損。（四一 21）
魏書薛虎子野䐗子……降……徐州刺史。時州鎮戍兵。資絹自
隨。不入公庫。任其私用。常苦飢寒。虎子上表曰……竊惟在鎮
之兵。不減數萬。資糧之絹。人十二匹。即自隨身。用度無準。未及

伸可不免飢寒。……蓋以為緡市牛。分減戍卒。計其牛數。足以

募驍。與力不回。必畜大犢置耦。一歲之中。且給衣食。軍兵賴植。

緣其為家。且耕且守。不待揀選。一年之間。遠於十倍之價。暫時

之耗。足定數載之食。於以安家。權須內庫。五稔之後。數常償盈。

……萬頃納之。(の5上)　在物成兵。然歲久代遷。子孫承襲。良等

遂。盡其給其斂息。(5下)

魏書裴宣傳　宣上言曰。自遷都已來。凡戰陳之處。及軍罷兵還之

道。所有骸骼。無人覆藏者。請悉令州郡戍邏。檢行埋掩。并符出

兵之鄉。其家有死於戎役者。使皆招魂復魄。祔祭先靈。復其年

租調。身被傷痍者。免其兵役。上時世宗(の五7上)

魏書皮豹子傳：而仇池鎮將興安二年豹子表曰〇……臣所領之兵〇本自不多〇惟仰民兵專恃防固〇其統萬安定二鎮之衆〇從戎以來〇經三四歲〇長安之兵〇役過期月〇未有代期〇衣糧俱盡〇形顏枯悴〇窘切戀家〇逃亡不已〇既臨寇難〇不任攻戰〇士民姦通〇知臣兵少〇南引文德〇共為脣齒〇計文德去年八月與義隆梁州刺史劉秀之同征長安〇聞臺遣大軍〇勢援雲集〇長安地險〇用■馬為便〇異國將軍不敢出〇但仇池局■（亦或作局戍；作勾咱精。）人〇稱臺軍不至〇成其勢力〇計彼雜人〇亦有畏思〇軍勢若及〇必自奔逃〇進軍取城有易反掌〇遂行其謀〇同遣長安之兵〇遣文德當道〇咸王凡等將令知來攻圍仇池〇強運秦隴〇進圍武都〇已經積月〇畏臣截隴對其權輕。關鎮少兵。未有大損。今外寇無僵。力窮弱。但賊備嚴。
求兵不擬。乞選壯兵。增戍實邊。寧城自守。可以無虞。今東已切
急。若不馳聞。損失城鎮。恐招深責。顧處遠高車寇掠。二千。費損一
日。速起仇池。且可抑挫逆民。支當蠻虜。須立關上郵。安定戍兵
動。可得自全。……請高平鎮將苟莫于率突騎二千以赴之。遂
賊等乃退。（五一 2下）

魏書崔挺傳（九）遷平東。時河東大守。郡有鹽戶。常供州郡為兵。子孫
見丁從役。挺矜其勞苦。乃表聞。請依律更代。郡內感之。（五七 8下）

魏書楊椿傳（播）除定州刺史。時宗自太祖平中山。多置軍府。以相威
攝。凡有八軍。軍各配兵五千。食祿主帥。軍各四十六人。自中原

補定。八軍之兵。制劃而成。一軍兵總于綠。其帥不協。黄祖不

少。精兵罷為軍。減其帥百八十人。留有宗子福田屯兵八百

戶。年常費大三千。草三百束。修福田堰。精以屯兵雜以田課。

更無精兵。及至閑時。即應修治。不[illegible]屯後帶[illegible]百[illegible]。精亦[illegible]。

[illegible]廷傳之。（云）八（十四）

[illegible]鄭[illegible]傳[illegible]曰[illegible]之卒。[illegible]力[illegible]。[illegible]少。[illegible]有[illegible]

[illegible]。[illegible]傳人。（云）（二十）

又高[illegible]傳。大軍[illegible]東陽。[illegible]從入平城。[illegible]少[illegible]為營中兵戶。實

因其所為。孫祖又視之[illegible]。方加[illegible]給。[illegible]。

本。之來了。[illegible]。

雜畜折損，並皆有之。由是與少壯同類中書情士。」（以下八六上）

親書表識，待一成議，遣戍守事。在京諸將，歷議……自此緣邊西

郡。官主使發，強壯既成，隨番即用。或值饑饉，凡人或是窮家賣

子。不擇守民溫撫之方，唯知重役殘賊之勢，廣開戍邏，多置屯

飯，或用其左右親昵，或受人財貨請屬，皆無防寇禦賊之心，惟

有通商販斂之意。其勇力之兵，雖令抽練，若值強敵，即可奴虜。

如有執權，厚自己富。其羸弱者，亦以之繫衛，解金錢之二，少閑草

木之作。其不擇督察，若役百端，自餘或伐木深山，或耕草平

陸，販貿往還，相望道路。此等祿既不多，資亦有限，皆以其資補

給其屋業。竊其力，薄其衣，用其工，節其食，綿冬歷夏，加之疾苦

死於陣陳，如常十七八家。是以吳楚百御，寫此虛實，皆云權遣兵疲，易可乘擾。故驅率犬羊，屢犯疆埸……（見九下）

魏書李苗傳：正光末，二秦反叛，侵及三輔。時承平既久，民不習戰。苗以隴兵強悍，且羣聚無資，乃上書曰：……但天下久泰，人不曉兵。奔利不相待，逃難不相顧。將無法令，士非教習。不慣將御循率。……（見七一下）

魏書路思令傳（恃慶）：時天下多事。思令乃上疏曰：……竊以比年以來，將帥多是寵貴子孫，軍幢統領，亦皆故義託附。貴戚子弟，未經戎役，至於銜杯躍馬，志逸氣浮。軒眉攘腕，便以攻戰自許。及臨大敵，怖懼交懷。雄圖銳氣，一朝頓盡。乃令羸弱在前以當鋒彊壯居閒，以為和直，後為捕，不精，進止不集，任年衰之將，驕不練之兵，背多陰之眾，敵數戰之虜，號令不肅，賞罰無章，以為知兵勢，指蹤而先避，怯於禦敵，避退而不進，國家便謂我競求國，重斂厚積，糧資費之耗，每常日蹙，帑項空虛，民財殫屈，被使饑後更擾，聽業為屬，生民積耗，屠毒無窮……（七二下）

魏書爾朱榮傳：父新興，太和中，繼為酋長，家世豪擅，財貨豐贏……牛羊駝馬，色別為群，谷量而已。朝廷有征討，輒獻私馬，兼備資糧，助裨軍用。……榮襲其爵……正光中，四方兵起，遂散畜牧，招合義勇，給其衣馬。（七四上）

又：時葛榮將向京師，眾號百萬……榮啟求討之，乃自，乃率精騎

七千。尊皆有部。信道盡矣。東出陳也。（七の牡）

魏書高陽王雍傳：雍又上疏曰……自正光已來。邊城屢擾。命將出師。相繼於路。軍費戰資。委輸不絶。至於弓格賞級。咸有首者和。斬剌敵首。又蒙階級。故四方壯士。願征者多。各各爲己。公私兩利。若使軍帥必得其人。賞罰必當其實。則何征不平。何往不捷也。但守帥雖非其才。多遣親者。妄稱入募。別遣他人。引弓格授。虚受征役。身不赴陳。惟當遣奴客之戰而已。貪竊陵敵。身不臨陣。

（七七 9下）

又常景傳：杜洛周反於燕州。仍以景兼尚書爲行臺。與幽州都督平北將軍元譚以禦之。譚……又以時未羌兵。不足以此。今之……

知京師門寨丁為。今收權歸有無。當宮諸從。（六二 4上）

世祖不得統帶發書鐵井（究九五 8上）

親書高車蕃衍傳。又稱有兵士。時須鐽械。不求使即出邀擊。（究九八 12上）

又地形志。自恒州已下十州。所安以隘。禁旅所出。（魏書宣 2493）集

恒州朔州雲州蔚州顯州廓州武州西夏州寧州靈州

又禮志。太祖天興二年。十月。頁擬著作郎王宜弟造兵法。（魏一〇八之 8上）

又高宗和平三年。十二月。因歲除大儺之禮。遂耀兵示武。更為新制。

令步兵陳於南。騎士陳於北。……陳畢。南北二軍皆鳴鼓角。眾

盡大譟。各令騎將六人。去來挑戰。步兵更進退以相拒擊。南敗

北捷。以為盛觀。自後踵以為常。（魏一〇八之 8上）

魏書太祖紀天賜元年五月，置山東諸冶，發州郡徒謫造兵甲（二節）

又世宗紀永平二年二月乙卯，詔曰：比軍役頻興，仗多毁敗，在庫戎器見有無幾……今可量造四萬人雜仗（八節）

又尉地干（尉古真傳）世祖將征平涼，試衝車以攻冢。地干爲索所罥，折脅而卒（卅八節）

又王建傳：初，建兄豆居，以建功賜爵即丘侯。無子，建以子斤襲之爵——世祖紀赫連昌遣所部告設具（卅節）

又司馬悅（司馬楚之孫）世宗初，除……豫州刺史。時有汝南上蔡董毛奴，齎錢五千，死在道路，郡縣疑民張堤爲劫，又於堤家得錢

不和堪按撩。自谓言教。状既至那。悦视其家言。称苦不宽。引
见毛奴足灵之。谓曰。杀人取钱。当时狼狈。忘有所遗。此贼意遗
何物。灵之答。惟得一刀鞘。而已。悦取鞘视之。曰。此非里巷所为
也。乃召诸城刀匠示之。有郭门者，前曰。此刀鞘门手所作。去岁
卖与郭■董及祖。悦收及祖诘之。汝何故杀人取钱。而遗■刀鞘。
及祖款引。灵之又于及祖身上得毛奴所着皂襦。及祖伏诛。：：

上：卌七张

魏书辛子馥先传。辛绍天平中。为东南道行台郎。徐州府长史。入
除太尉府司马。长白山连接三齐。瑕丘。数为逃□之薮。多有盗贼。子
馥受使检覆。因辞山后要害。宜立镇戍之所。又请以[illegible]豪右在山

鼓鑄。蠡靈多依之。又得蜀道兵仗。正精破壁諸冶。鍛延著而從

之。（四五 9下）

魏書崔鑒傳：出為……東徐州刺史。……又於州內冶銅，以為農

具，兵民獲利。（四九 4上）

又慕容白曜傳：克東陽，擒沈文秀，凡獲……弓九千張，箭十八萬

八千，刀二萬二千四百，甲胄各三千三百。……（五十 5下）

又尒朱榮傳：榮討葛榮……以人馬逼戰，刀不如棒，密勒軍士馬

上各齎神棒一枚，置於馬側，至於戰時，不聽斬級，以棒棒之而已。

慮廢騰逐也。（七四 4上）

又高昂傳：乾解衣，與昂俱在御前，隆眉壯士，尒朱榮閱而異之。

壹令刺史元仲宗誘執昂。送於晉陽。永安末。榮入洛。以昂自隨。禁於駝牛署。既而榮死。魏莊帝即引見勞勉之。……昂請還本鄉。招集部曲。……隨高祖討爾朱兆於韓陵。昂自領鄉人部曲王桃湯、東方老、呼延族等三千人。……廿一張

季式……乾第四弟也。……季式兄弟貴盛。並有勳於時。自領部曲千餘人。馬八百匹。戈甲器仗皆備。故凡追督賊盜。多致克捷。[illegible]有客書謂季式曰。濮陽、陽平。乃是畿內。既不奉命。又不侵境。季式時何得為刺史而自勞。遣私軍遠戰。萬一失脫。豈不招罪。……元象中。西窺方熾。高祖親率三軍以禦之。陳於邙北。師徒方陳。……人情騷動。……所親部曲請季式曰。今日形勢。方未可知。可服隨之

二万騎衆……延乾而慎大營初置，選老弱兵……時天下初定。諸將以本假部曲數千人自隨。延其隱之而二子儒高祖嗣。猶未發表。世宗以子儒為西陽太守。令馳驛赴任……仍請將舊部曲一千人。延（7至）

法言方據塞傳：時又方接慕朔顯蔚二夏，高平之涼之民，以為軍士。臨陣時不及主人，或守舍罷，以大飯得入其家。於是所獲甚衆。譽之計也。時謂神

又杜弼傳……除光州刺史……時天下多難。盜賊充斥。徵召兵役。途多亡叛。朝廷患之。乃令兵人所齎戎具，道別車載。又令縣令自送軍所。時光州發兵。例送所部達於海郡。留兵一時散

之。惟衛府兵不動。他境數兵。並未行動。則與同去。衛率(四)所領

親兵極陽。緣革背後。逆陽俱遣軍府。……共得人心者也。(卅頁上)

高祖令杜弼不責文武不廉撫民(此の頁)北史卷五十五

黑獺新出何以投黑獺蕭梁元帝出之 北齊書 廿二頁上

北齊書唐邕傳擢為世宗大將軍府參軍。及世宗崩。事出倉卒。顯

祖部分將士。鎮壓四方。夜中召邕支配。造次便了。顯祖甚重之。

顯祖頻年出塞。邕必陪從。專掌兵機。識悟閑明。承變敏速。自督

將以還。軍吏以上。勞效由緒。無不諳練。每有顧問。占對如響。或

於御前簡閱。雖三五千人。邕多不執文簿。暗唱官位姓名。未嘗

謬誤。(四十頁)齊氏一代。典執兵機。凡是九州軍士。四方勇募。

強弱多少。番代往還。及器械精粗。糧儲虛實。精心勤事。莫不諳
知。又初因顯祖作相。丞相府外兵曹騎兵曹分掌兵馬。及天
保受禪。諸司監咸歸尚書。惟此二曹不廢。令唐邕白建主治。謂
之外兵省。其後邕建位望轉隆。各爲省主。令中書舍人分判二
省事。故世稱唐白云。
北齊書の傳主紀當戲才　　　　以地而都。上路且唱曰高
末。不足。
又綦連猛傳云……云云。梁使來聘。云有武藝。求訪北人。能与
相角。世宗遣猛就館接之。雙帶兩鞬。左右馳射。兼共試●力。挽強
之。梁人引弓兩張。力皆三石。猛遂并取。四張疊而挽之。過度。梁

人嗜賂之。」河清二年，加平南府。突厥侵逼晉陽，敕總騎三百騎與賊遭遇，以劉撫城步十七騎，追賊帥鍾，以敵眾多，蠻邦遂過。賊中有一驍極超出，求闘，植遣之。」即亦擬方將，與共拒戰，備仰之，一刺賊落馬，因即殺之。」（同一卷）

《北齊書·清河王岳傳》：（高祖從父弟）初，岳與高祖經綸天下，家有私兵，并畜戎器，儲甲千餘領。世宗之末，岳以四海無事，表求納之。世宗敦至親之重，推心相任，云：「叔屬居肺腑，職在維城，所有之甲，本資國用，叔何疑而納之。」文宣之世，亦頻請納，又固不許。及將薨，遺表謝恩，并請上甲於武庫。至葬畢，方許納焉。天保六年薨，其死時蓋以鴆。謝符（卷十三岳傳）

北齊書斛律光傳，何洪珍譖光云：家藏弩甲，奴僮千數。（十七4上）

白直○晉安帝義熙十三年，劉裕遣白直隊主丁旿渡北岸拒魏兵。注：裕選白丁之壯勇者入直左右，使旿領之。杜佑曰：白直無月給之數。（通鑑）（册八3上）

露布○山露布非必建之漆竿，如魏晉告捷之制，但露檄布言其事耳。（通鑑宋高帝永初元年注（册九2下））五代史志曰：後魏每攻戰克捷，欲天下聞知，乃書帛建於竿上，名曰露布〔諸始帝建武〕之年注（册四4上）

露板○書獲捷之狀，露板上聞，使天下咸知之也。（宋文帝元嘉二十八年注（册四2上））

參軍督護○晉氏渡江，有參軍督護……洪适曰：參軍督護，江左置，皆有部曲，宋則無矣。（通鑑宋文帝元嘉三年注（册8上））

戍主戍副○通鑑宋文帝元嘉二年注「戍主戍副宋齊以下至隋
咸有其官」（卅七下）
隊主軍主幢主邏主○「江南軍制呼長帥為隊主軍主隊主者主
一隊之稱軍主者主一軍之稱」通鑑宋元嘉十七年注（卅三上）「一軍有幢主隊
主……」幢付江翻廿七年注（卅七上）「一軍之將謂之軍主副將謂之軍
副」同上（卅八）「邏主主勇士以突邏敵人」梁敬帝太平元年注（卅七上）「邏主：驍銳
跳盪之兵猶北齊之直盪都督也」陳武帝永定元年注（卅四下）元嘉二十年
之出師「使魯秀……龐秀之等掌軍隊」注「軍隊謂軍主隊主所
統之兵」（卅七上）「緣諸幢隊以次奔散」注「幢隊幢隊主副所領兵也
同上（卅七上）

幢。百人為幢，幢有帥，[illegible]魏之法也。親幢將主三郎衛士直宿禁中。如自侍中以下中散以上皆統之（通鑑宋文帝元嘉七年注）（詳此）

三五發卒。三丁發二，五丁發三也（通鑑晉成帝咸康八年注）（九七此）。三五者三丁發其一，五丁發其二（宋文帝元嘉廿七年注）（詳外）

盡戶發丁。凡人戶見丁無論多少皆發之（元嘉廿七年注）（詳此）

皮艦。通鑑宋明帝泰始二年，令沈攸之、吳喜等以皮艦直攻濃湖。注：以牛皮冒艦，以禦矢石，因謂之皮艦（詳此）

水柵。立柵於水中曰水柵（通鑑宋順帝昇明元年注）（詳此）

仗身。執仗之衛士也。天子禁衛有齋內仗，亦見齊書蕭諶傳。又按杜佑通典曰：唐制，鎮戍之官給仗身，其人數視鎮戍之上中下

時兼各本品已上亦有仗身職員。通鑑齊建武二年注（胡注）

軍容馬容。通鑑齊明帝永泰元年王敬則……索馬再上不得，

旧崔恭祖刺之仆地，左興盛軍容袁文曠斬之。注：軍容蓋亦王

敬則所作軍容。南史有軍容馬容，如桓康為齊高帝軍容，蕭摩

訶馬容陳智深殺陳叔陵，蓋皆簡拔魁健有武藝之士，使之前

驅，以壯軍馬之容，故以為名（胡一注）。陳宣帝太建十四年注：軍

行，擇便於鞍馬、軀幹壯偉者，乘馬居前，以壯軍容，謂之馬容（胡注）

私屬。私屬者，家之奴客及其親黨，非古之所謂部曲也。通鑑東昏侯永元

元年，馮道根以私屬從軍。注（胡二注）

戍主戍副。凡邊戍有戍主戍副。通鑑東昏侯永元元年注（胡二注）

遊邏主。通鑑齊東昏侯永元元年：蕭坦之袒跣踰墻走向臺，道逢遊邏主顏端，執之。注：遊邏主，將兵在臺城外以邏者也。（卷一四二）

鼓吹。通鑑齊東昏侯永元二年注：鼓吹者，既擊鼓又以口吹也。柳元景曰：鼓繁氣易衰，吹難力易竭。鼓吹即鼓譟也。（卷一四三）

警嚴。通鑑齊東昏侯永元二年注：警，集也；嚴，裝也。警嚴，集衆裝也。（卷一四三）

助防。助防者，使之助城主防守，因以為稱。通鑑齊和帝中興元年注。（卷一四四）

領直（武直）。梁制，上臺東宮皆有領直，領直者，領直衛兵也。通鑑梁武帝中大通三年注。（卷一五五）武直，領武士以入直殿閣者。（卷一五六）五年注。梁宿衛之官有內府領直、盪領直，領直衛之士，因以名官。（卷一六四）元帝承聖元年注。

親信都督。魏末諸將擅兵始置是官，以領親兵。（通鑑梁武帝中大通三年注[illegible]）

「凡部將見主帥執鞭以為禮」（通鑑梁武帝太清三年柳仲禮神情傲很，陵蔑諸將，邵陵王綸每日執鞭至門，亦移時弗見。注（胡三省））

鬥場，教場，戲場。鬥場猶今言教場。晉成帝咸和中詔內外諸軍戲於南郊之場，因名戲場，亦曰鬥場。（通鑑梁敬帝太平元年注（胡注））

都督。通鑑陳武帝永定元年「吐谷渾為寇於周，攻涼鄯河三州，秦州都督遣渭州刺史于翼赴援」注：魏黃初三年始置都督諸州軍事，又有都督中外諸軍，其任尤重，南北朝皆因之，而軍州又有都督，諸軍左右廂及中軍大都督，內而宿衛有正副都督、散都督、帥都督、旅都督，外而州郡有防城都督、帳內都督」。

之名雖同，其位任懸絶矣。此秦州都督，督秦渭涼鄯洮州
也。以周九命之制，都督八命，若柱國大將軍、開府儀同者並
加使持節大都督，九命也。（陳紀）注
鎮城。即防城大都督之任。通鑑陳武帝永定二年注（陳紀一）
卽刀。卽刀者，拔刀雖削攬寸許。通鑑陳文帝天嘉元年注（陳紀）
馬主。馬軍主也。通鑑陳宣帝大建十年注（陳紀七下）
樓艦。即樓船，兩面施重板，列戰格，故謂之樓艦。通鑑陳宣帝大建十一年注（陳紀七三上）
親鎮。將之制。見晉書卅校史五百六廿二葉
齋仗。天子齋內持仗者也。通鑑齊武帝永明八年注（齊紀）齋庫持仗，以給禁衛
勇力之士。通鑑永明十一年注（齊紀）

鄉帥鄉兵。周書蘇綽傳万椿十四年大統當州鄉帥自非鄉望

允當衆心不得預焉乃令驛追椿領鄉兵（卅三頁）

打此面以下皆鐵甲護衛之部分 水雷 以炸藥
爆炸物製成 自動水雷 以魚雷 於是有魚雷
艇 抗之 又有驅逐艇 亦曰驅逐魚雷船 作戰 初以
板隔成若干部分 水入此部分不能入他部分

填　表　說　明：

一、為了解全國高等學校教師情況，以便有計劃地培養、提高和充實高等學校的師資，特製發此表，請助教以上的教師，每人填寫一份。

二、填寫時請按本人實際情況，具體詳細忠實地分別填入本表各欄，務請填寫清楚明確。

三、此表均報送中央教育部一份。

增厚鐵甲 砲外更需發動機 面積小 分量輕 而力
大 推進 速率 1900年 渦輪機 始用於巡洋艦

●雪窗零話（仲珂）

競走一曰賽跑・爲運動之事・限若干距離・先到者勝・有跳欄競走戴囊競走障礙物競走遠距離競走二人三足競走諸法・純飛按競走・即元之貴由赤・輟耕錄・貴由赤者・快行是也・每歲一試之・名曰散走以脚力便捷者・膺上賞・故監臨之官・齊其人數而約之以繩・使無先後參差之爭・然後去繩放行

[illegible]

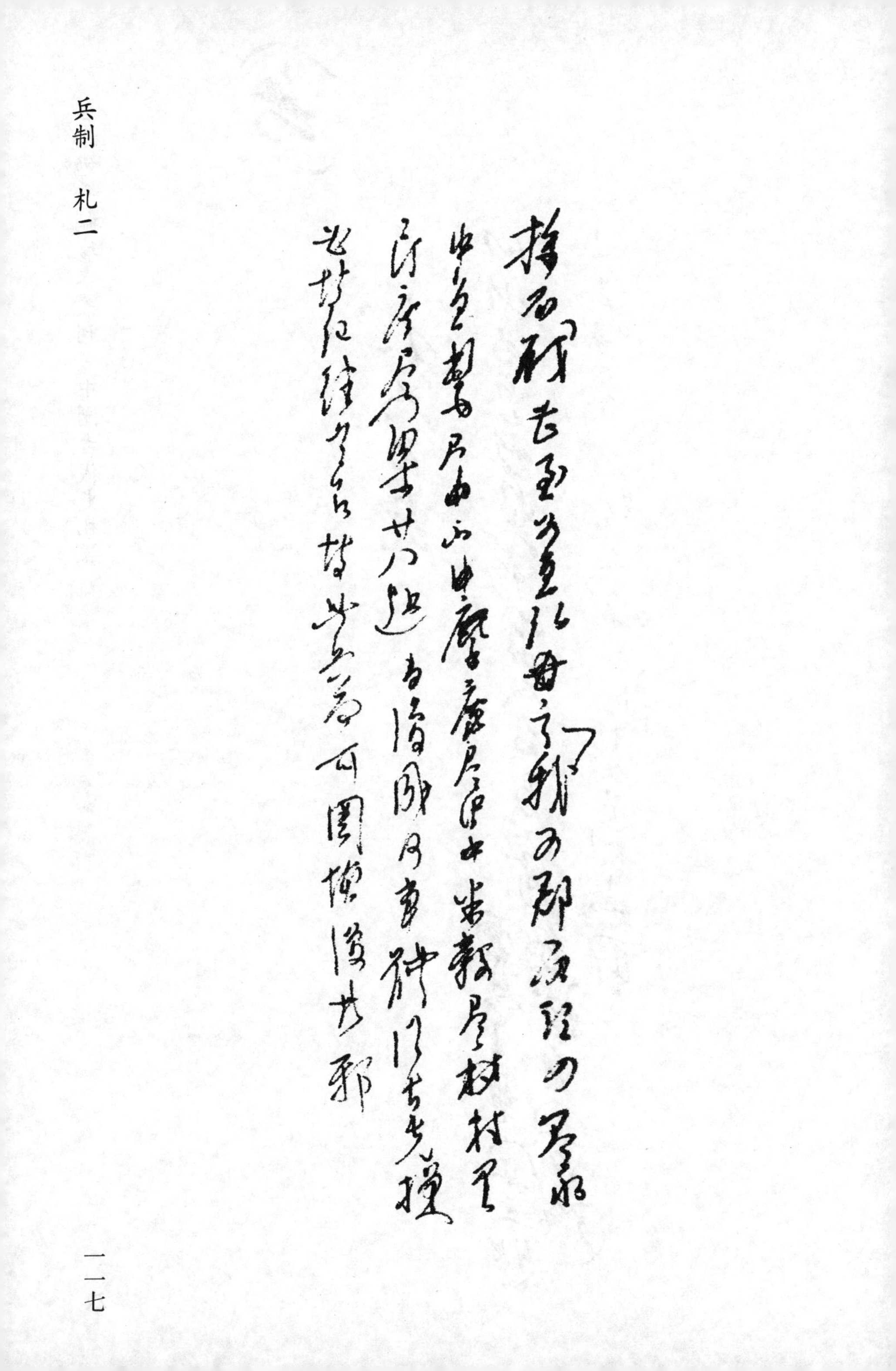

[illegible]

[illegible]

[illegible]

[illegible]

狂人爲兵

以女爲兵列陣留軍以婦人爲女厲 南史王華（廿三也） 顧琛傳（卅五下）

壵擇令婦人守陴 三月志一冊

[illegible]

（選）

（東）選（見紀簡文帝大寶元年）旁齋至陣簡練人

揀之人為一人足當百人任其臨陣必不敢死之謂

之謂之百倍鮮卑（注百倍于其勇可倍一人者言

人此其精衛者字謂之人以百人倍任之）又簡草

人之勇力絕倫者謂之勇者備邊要也（正字從選）

事此與將軍之從擇人而當任於其首選相反

兵之氣留百指

將教四氣不還行下

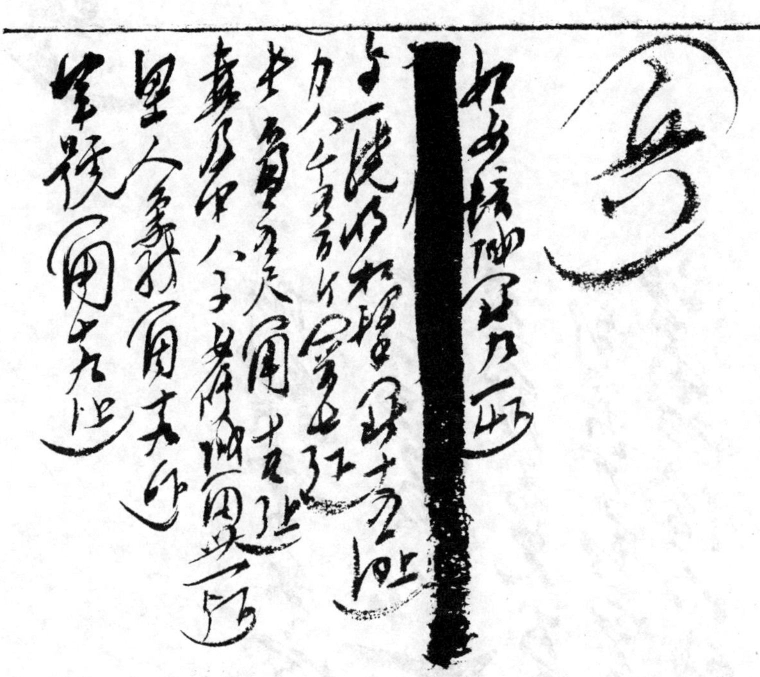

兵

西域諸國兵實乃由罽賓（漢書96上）

車師前王尤若石校（漢書96上）

龜茲王來朝（漢書96下）

皆封侯乃殺（漢書96下）

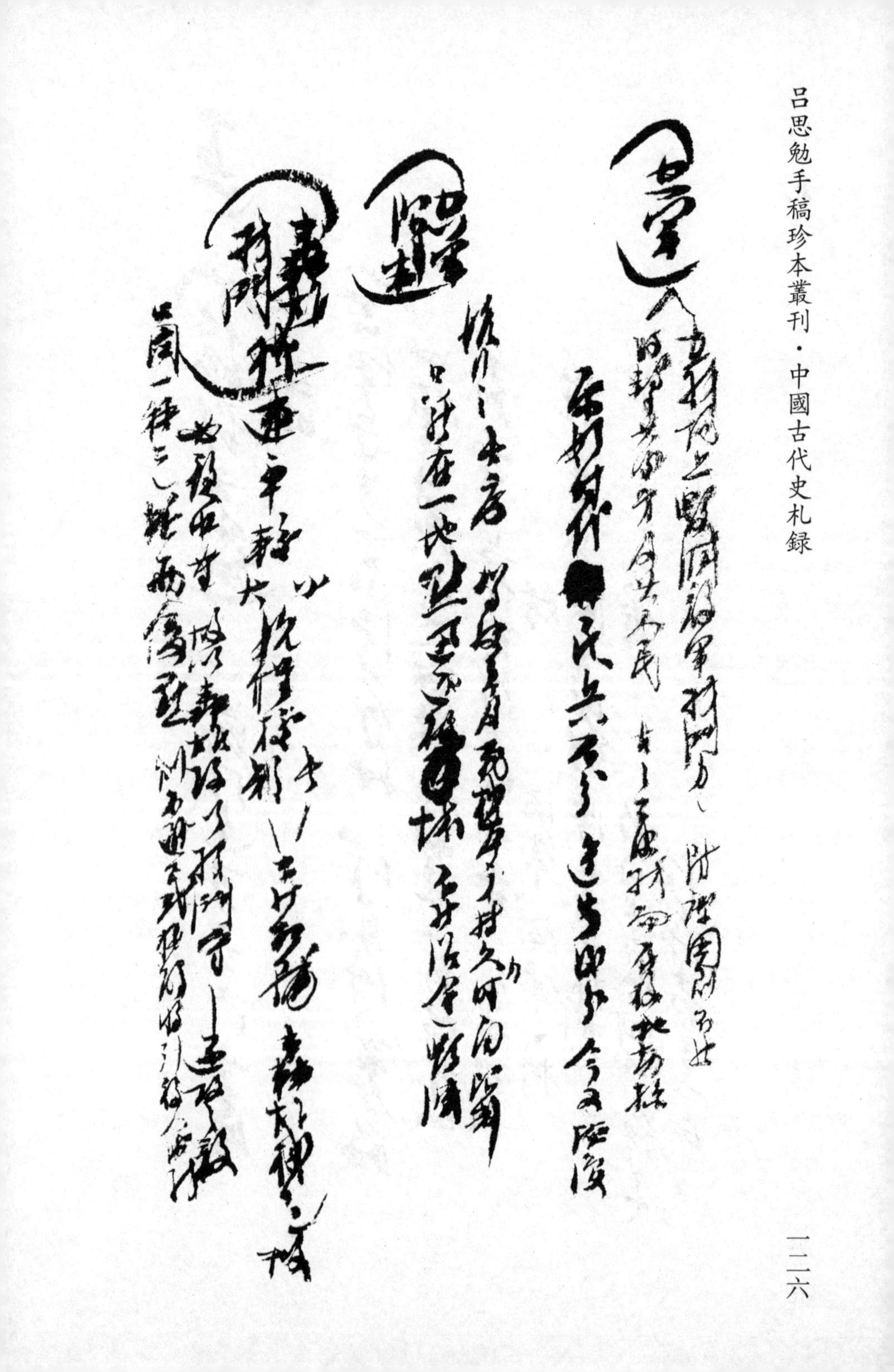

[illegible]

[illegible]

[illegible]

[illegible]

[illegible]

[illegible]

[illegible]

[illegible]

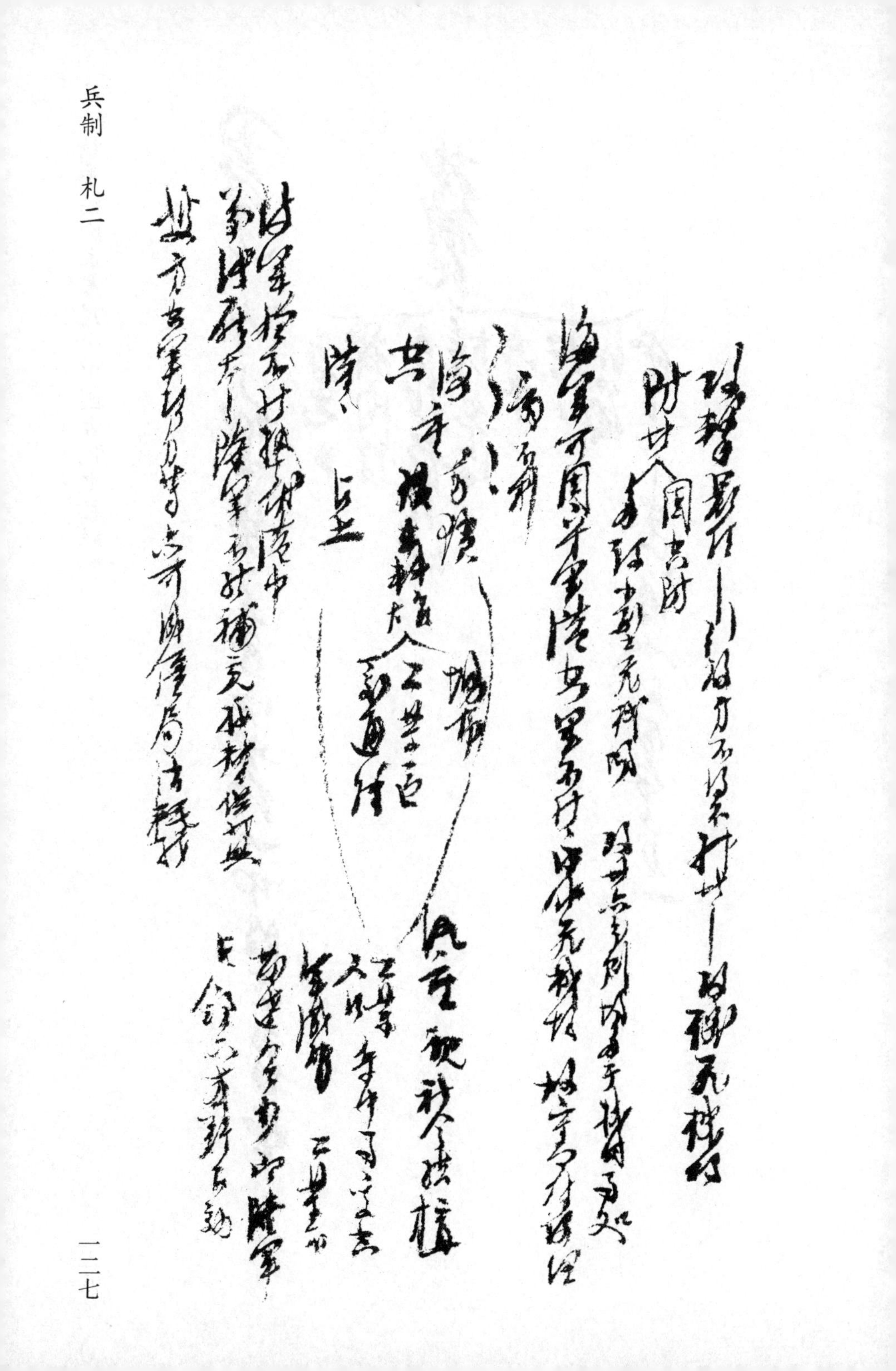

（古學）今[illegible]中[illegible]中[illegible]花一切[illegible]生之[illegible]

[illegible]

宋之事
校同[illegible]
生活與文化
[illegible]
古學
[illegible]
地圖
零星——東[illegible]
（[illegible]學生力）

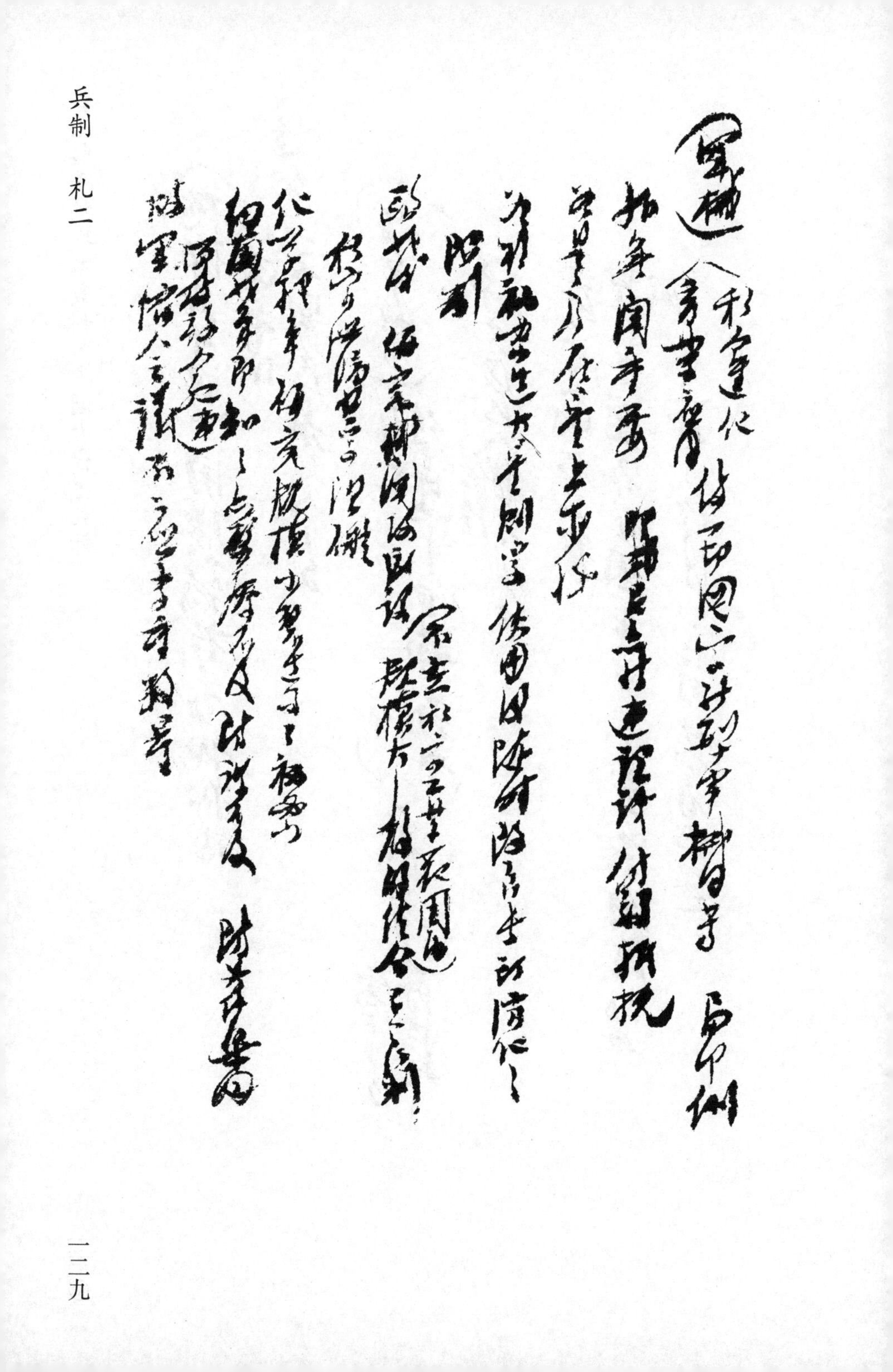

[illegible]

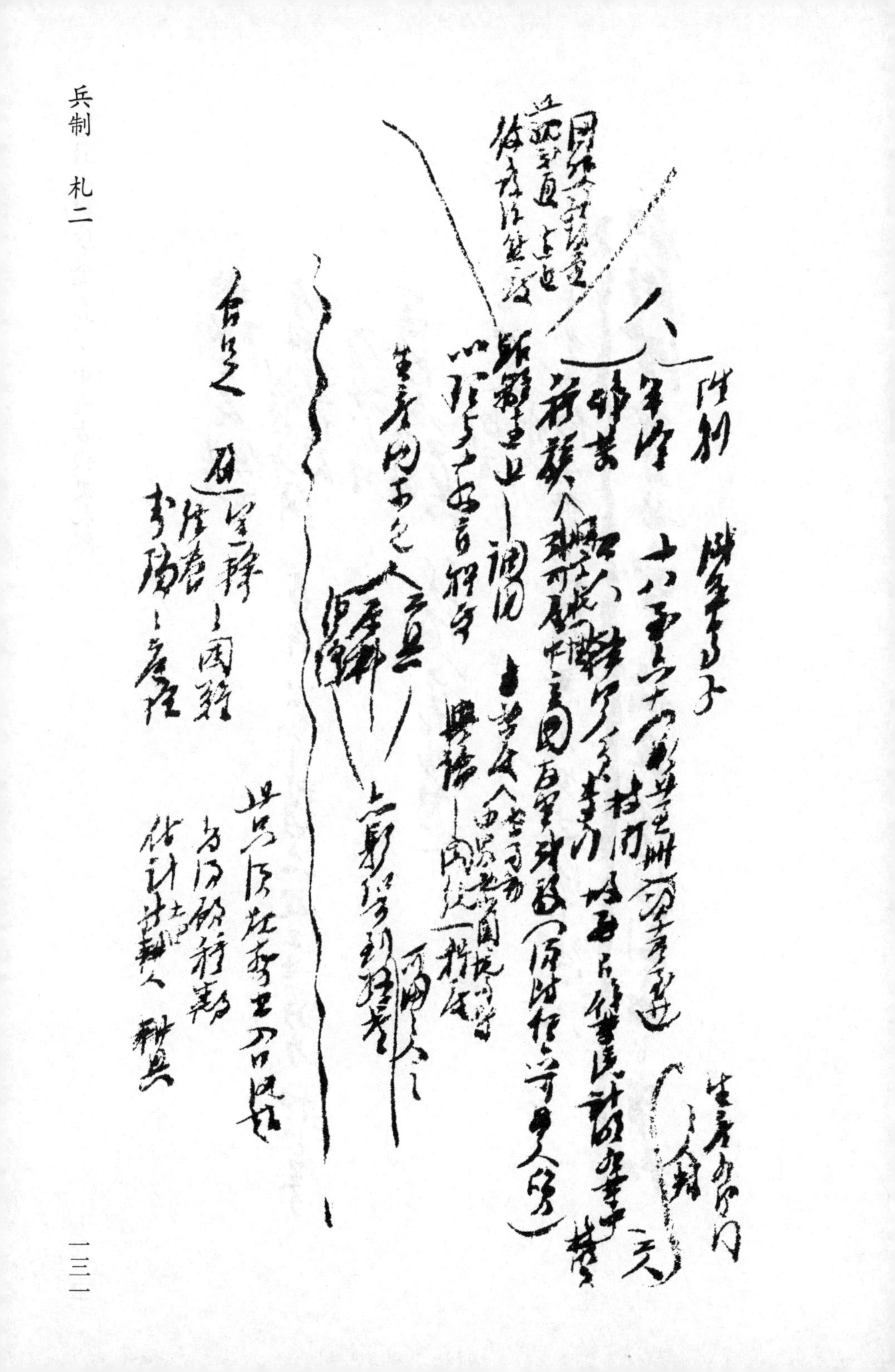

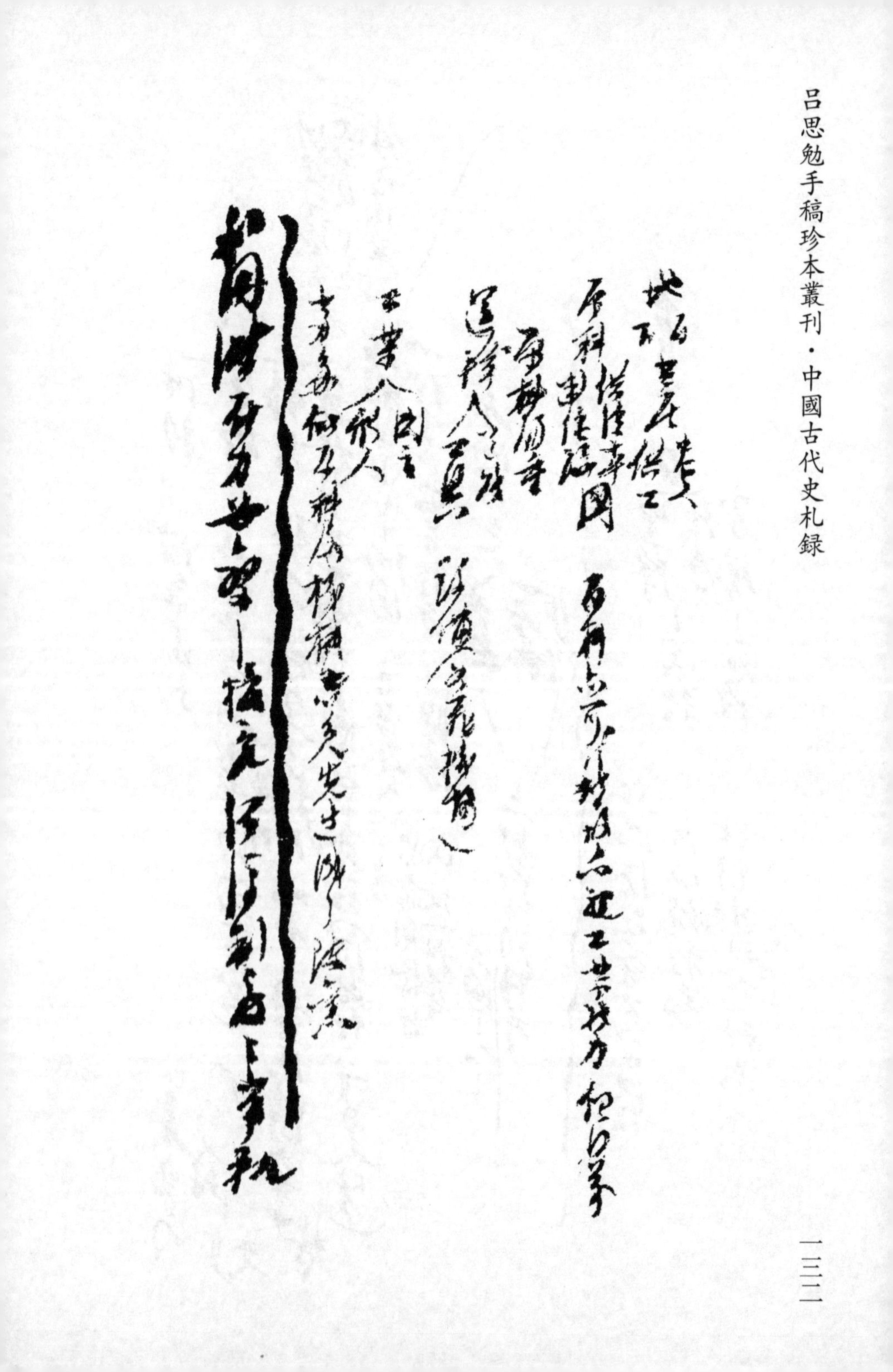

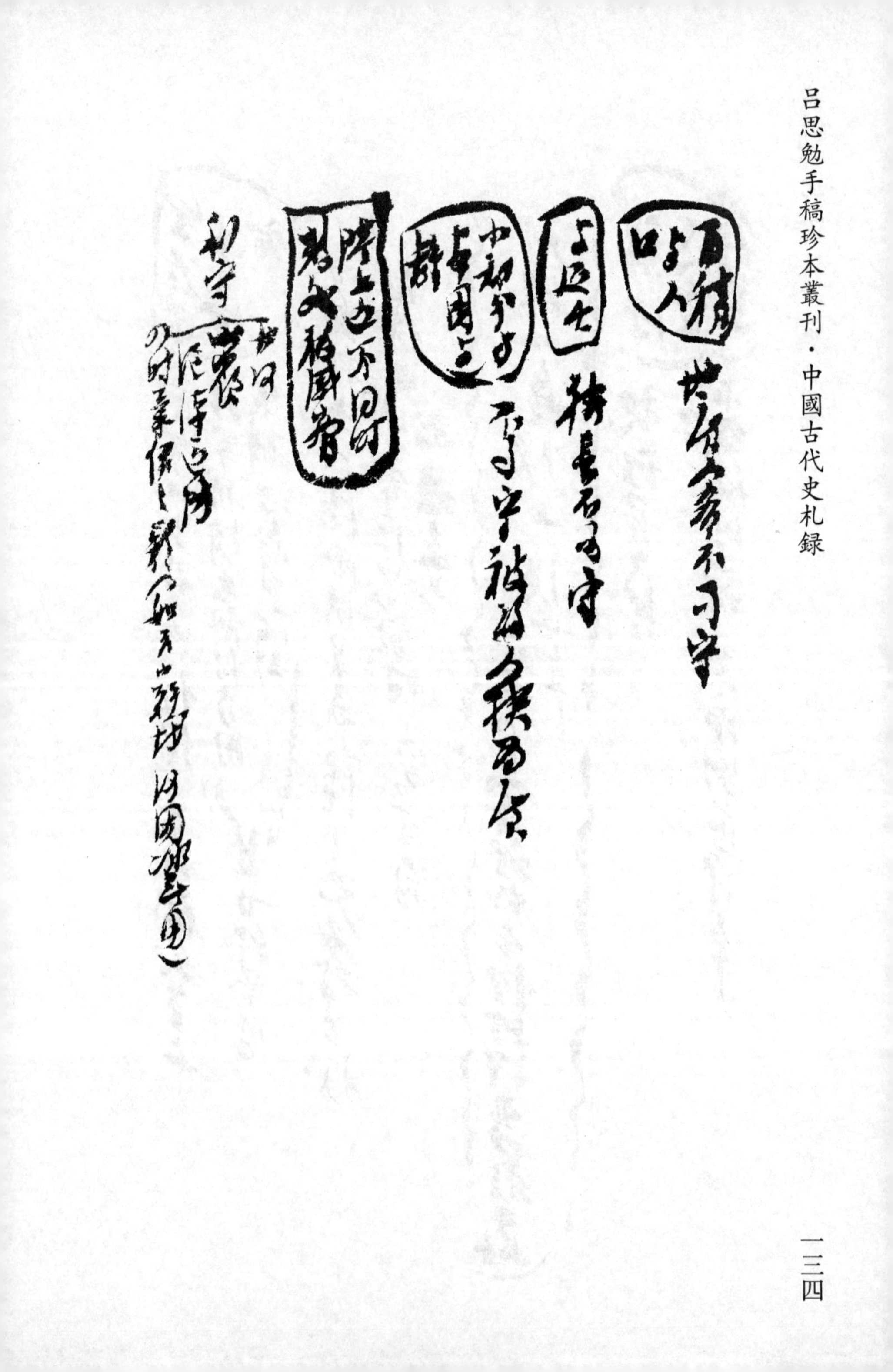

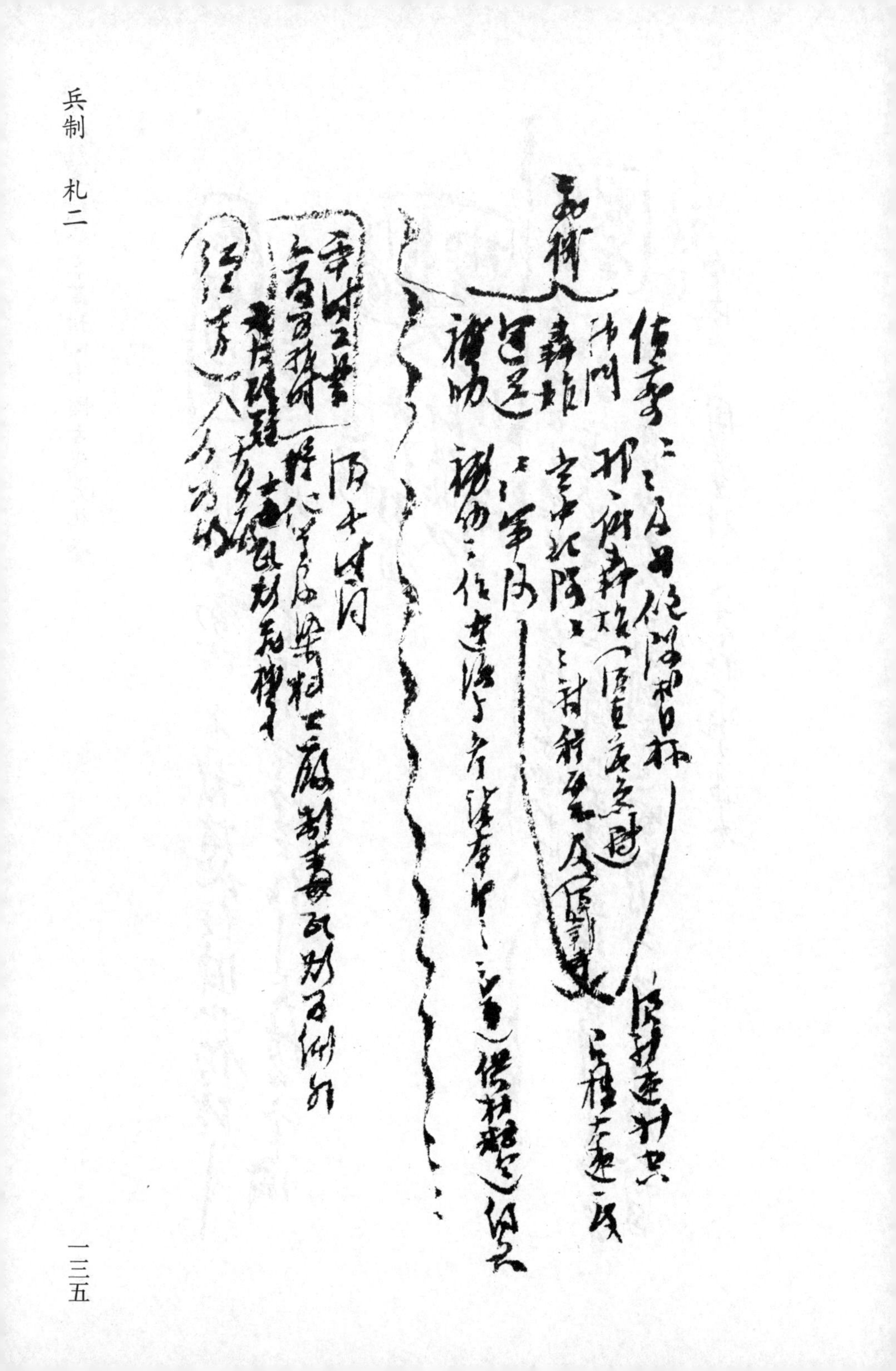

合作團結 增加生產 有裁減地位傭不能禁

並增加保護物 有生大[illegible]陸[illegible]任一大族中人之職

團結人群 [illegible]

運轉 此外 財政收次 外[illegible]同[illegible]

軍備 [illegible]國[illegible]世界[illegible]擇[illegible]

國營 並[illegible]業[illegible]國[illegible] [illegible]

其[illegible]私人 [illegible]國[illegible]械[illegible]

詳之 [illegible]

政府
省長
國本

已足對抗兩路海上霸之對等防禦及大戰時後援
人口之數量 國力 分配 海外僑民 何國 藉此爲守之人力
資源之發展國運轉動力共同之國外能力 分配
協力防禦 留其之位軍及共之自由（協調 協作 調節之保住）
一、陸軍（陸空 一、陸軍 航空 兵器）之與國民聯合
調動 責任 制定 指揮 建築之能力
中國 精兵 材料之能力
海入
國外 ■ 之民族 能力

（兵）

（錢刑獄）[illegible]

[illegible]

（方制改革）[illegible]

[illegible]

（兵）保甲[illegible]

（文）[illegible]

國[illegible]

[illegible]

里[illegible]

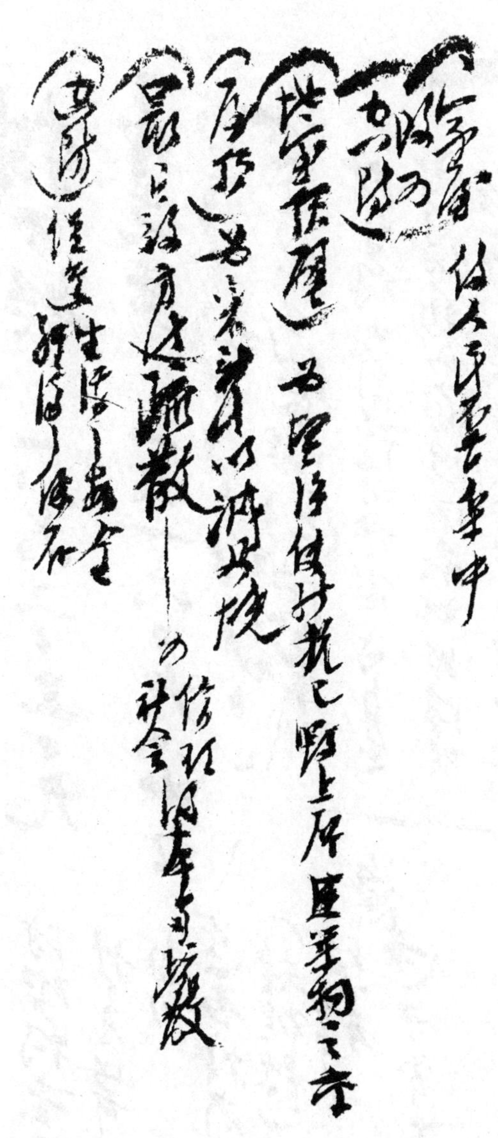

唐代史

錢口帳 一八六二・三・九

附加稅重不

唐史事 一九一六・九・廿五

[illegible]

沈曾植以(一)[illegible](二)[illegible]

附[illegible]

附[illegible]

[illegible]

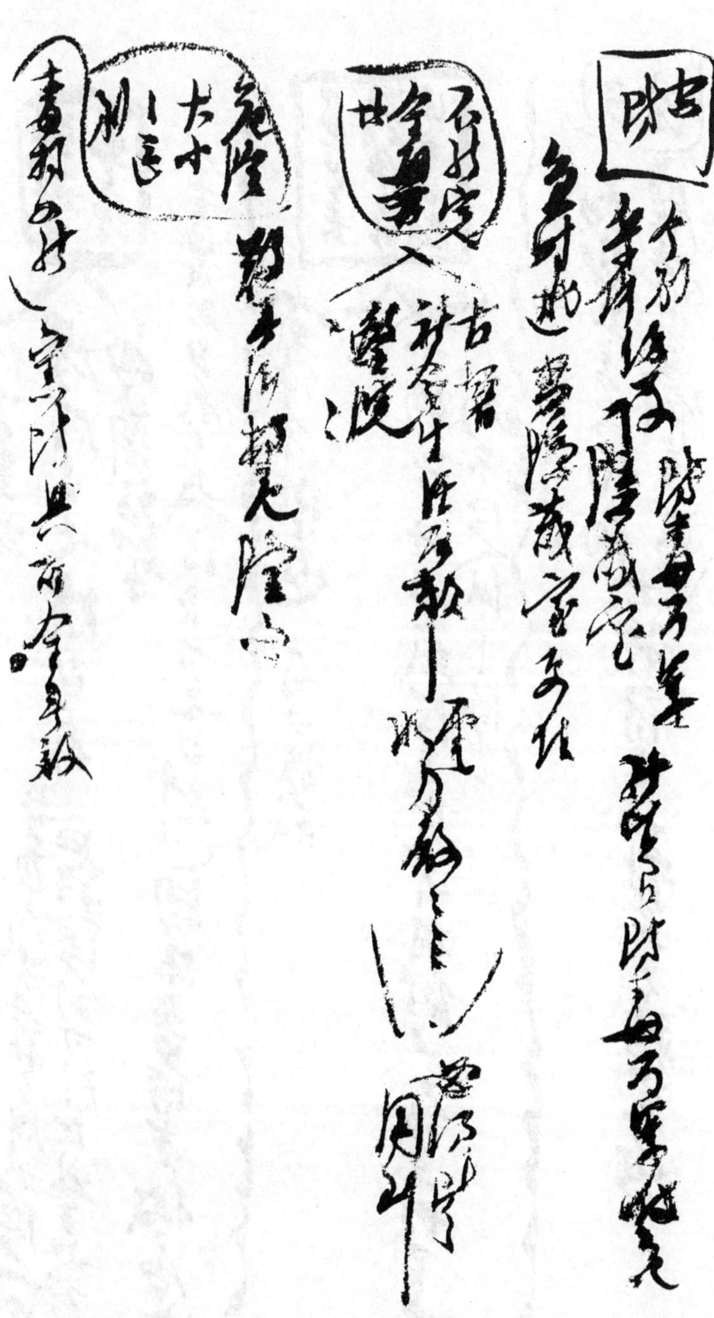

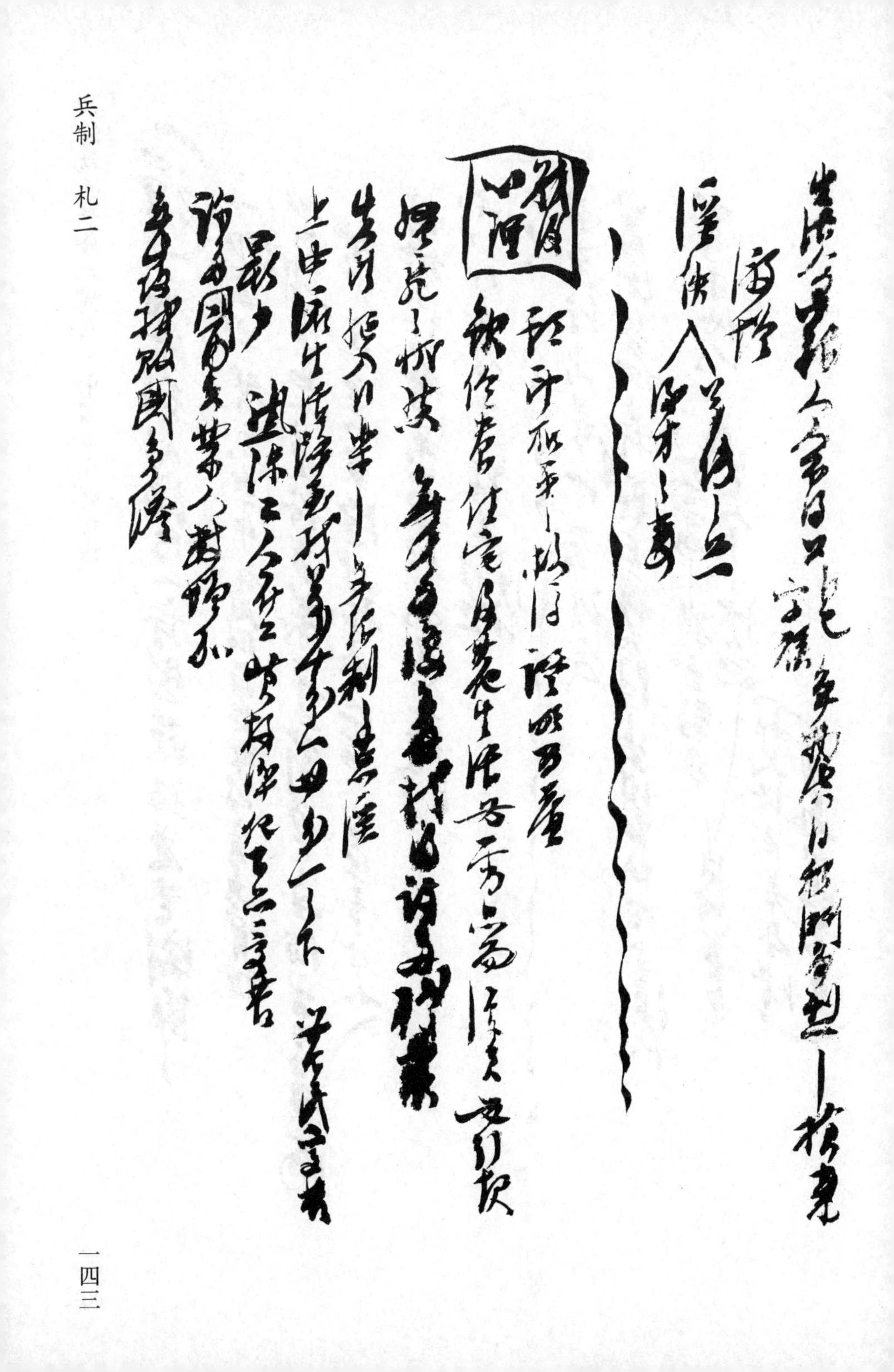

（理）和容鈞的講得一府熙然若合符節

一切固然者兵爭中所殘暴者無存而有標

以爲樑算中可以隨手采其利益　即隨意生之無量生之滴

昔　且達一步隨時循進到一步　是即事理之入

修養之作用爲不顧手段之道（注意）之議

知識有者一一類其相違注論

、、、、、、、、、、、、、、、

且更達情求其道理從以頗有

實因其故所以致我則無往非所以其保

萬手代之〔墨〕安寧之於世推動力

生命之讀記　自由（此爲重要）

（如只推及其本身而已，自然以爲萬道）

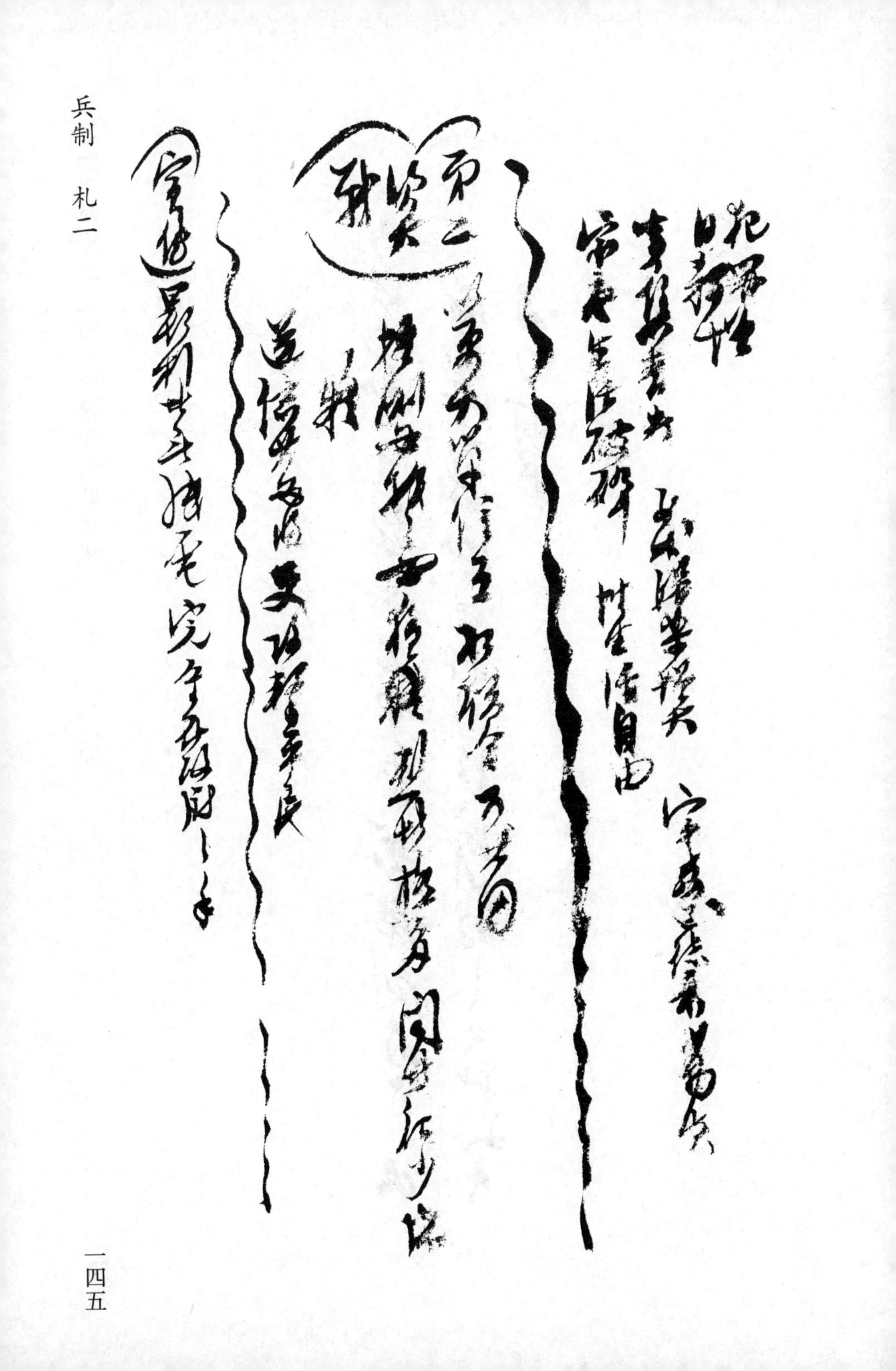

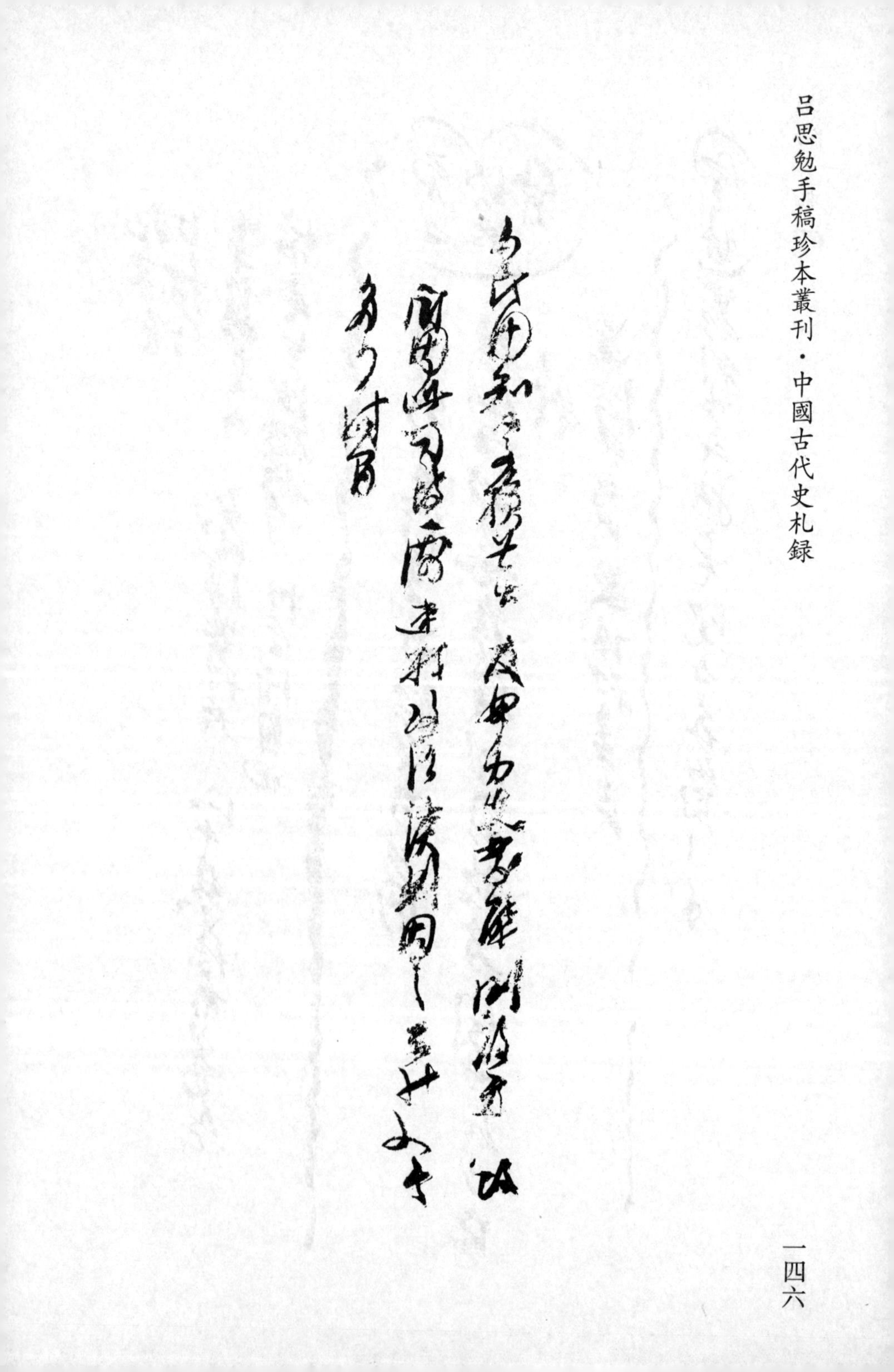

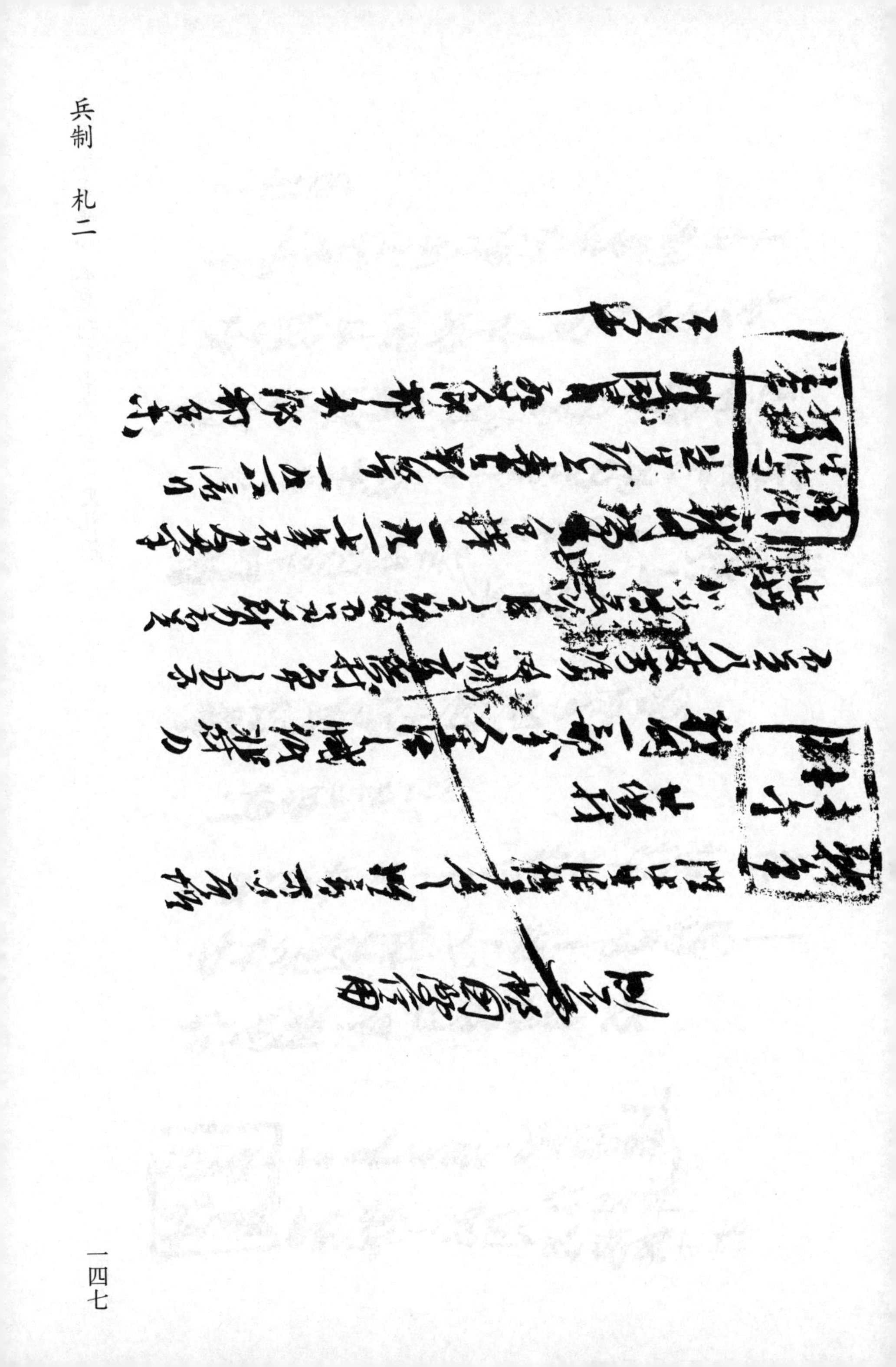

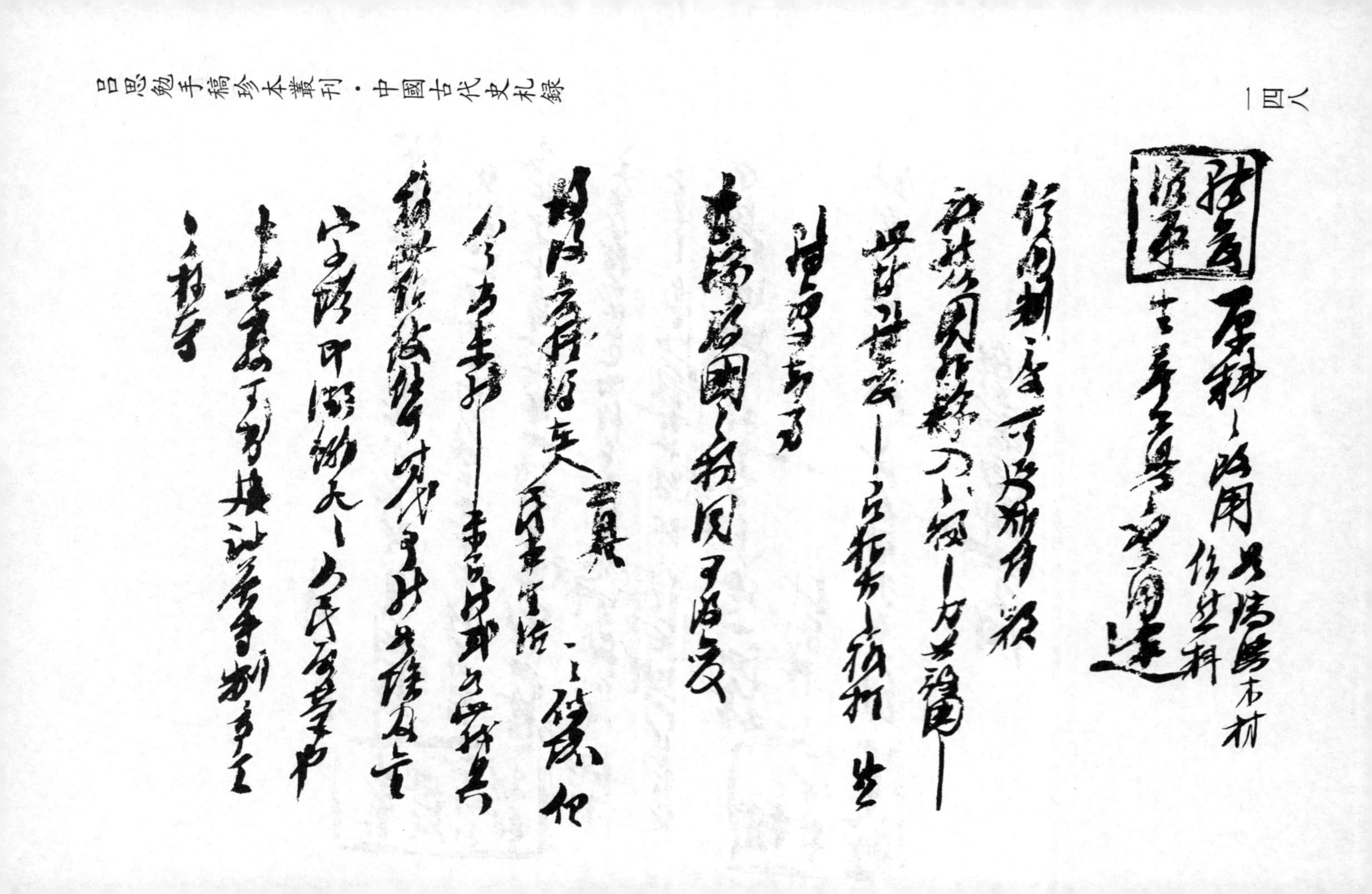

[illegible]

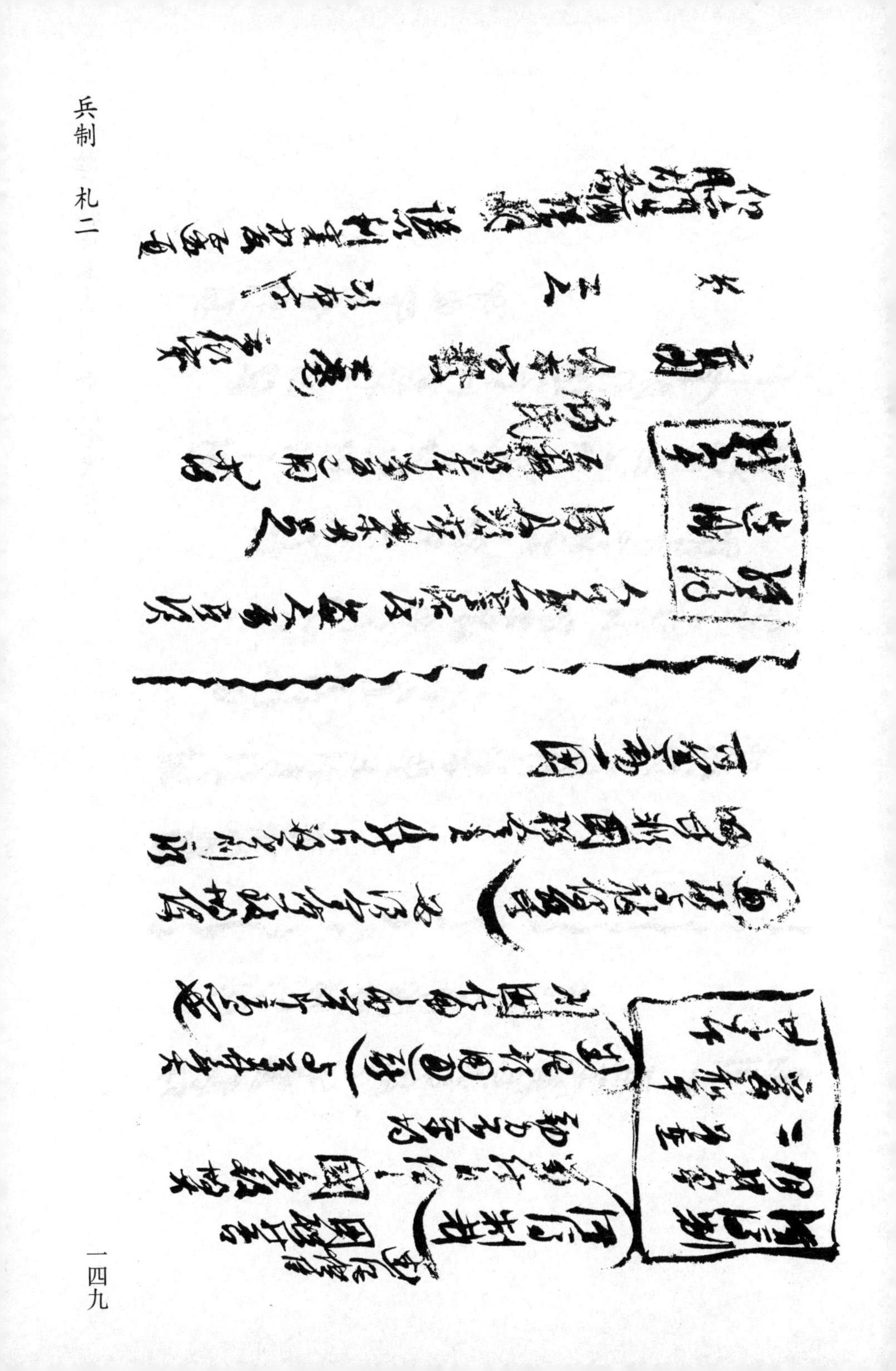

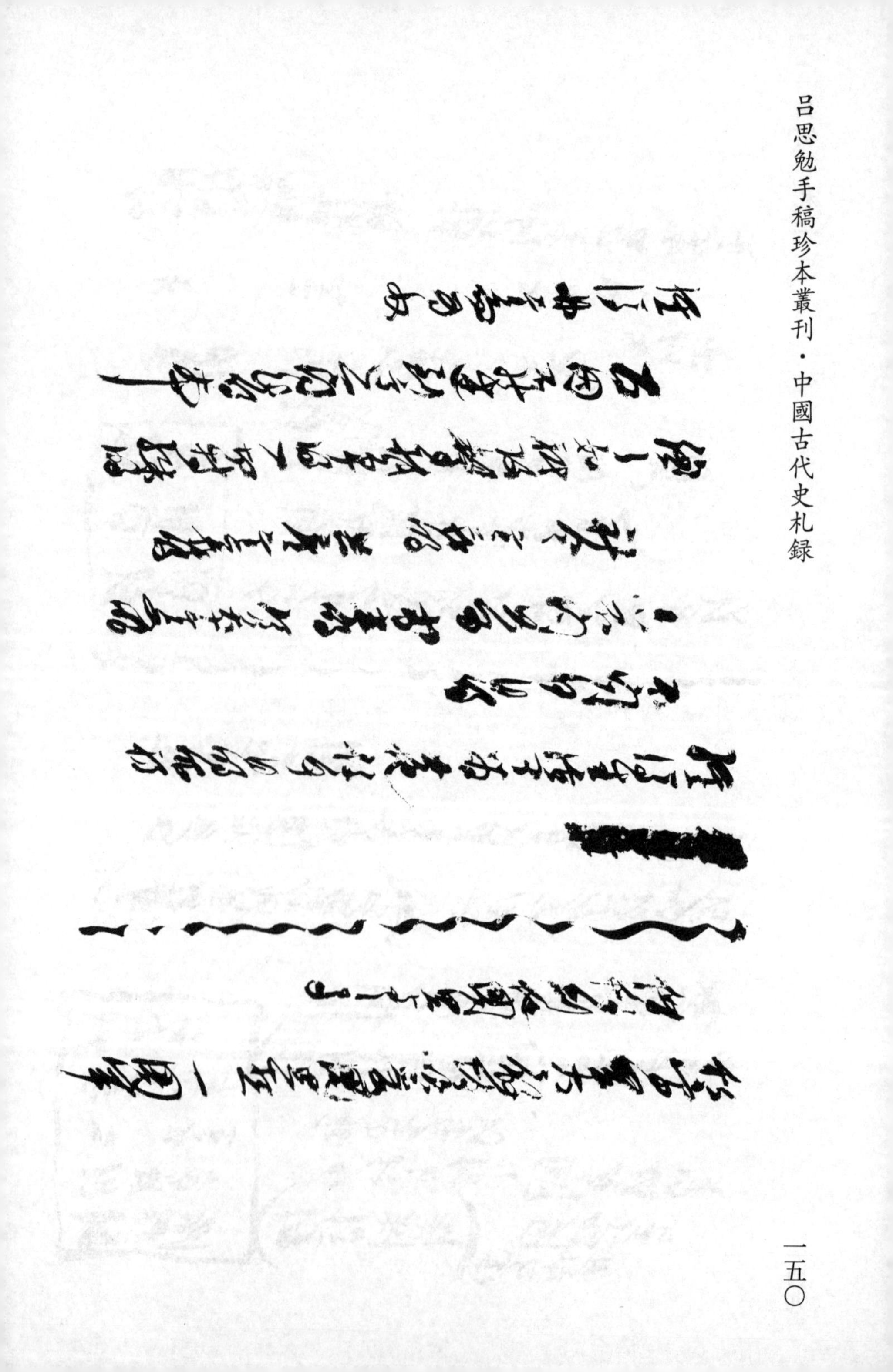

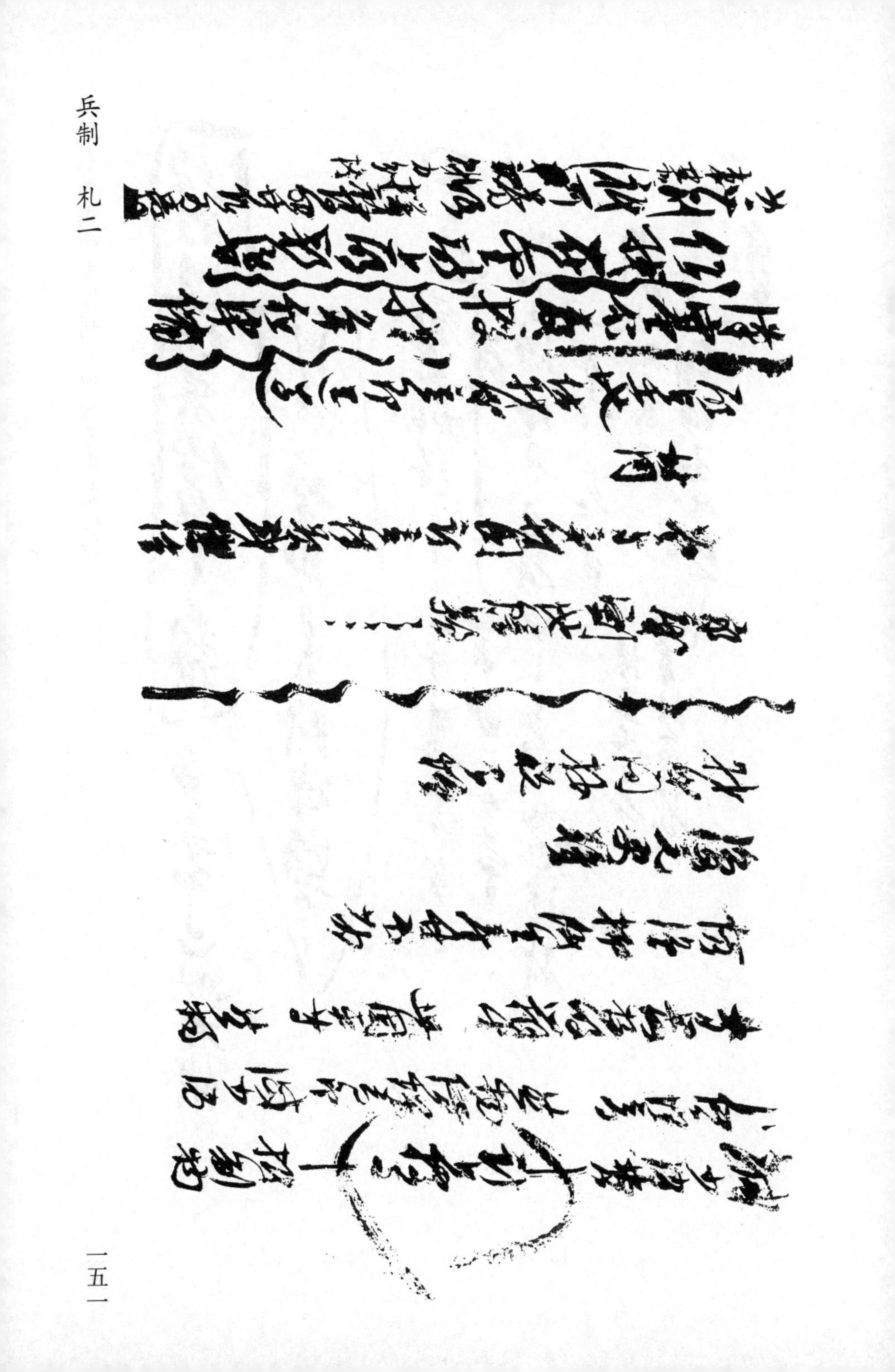

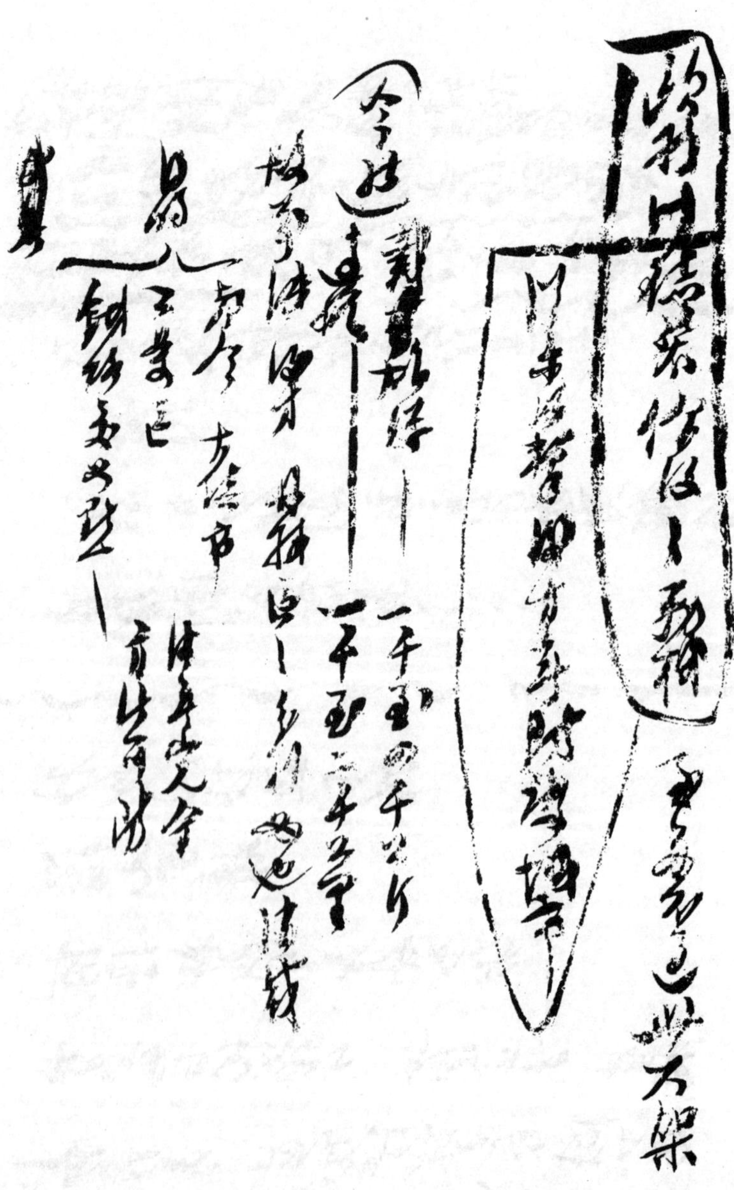

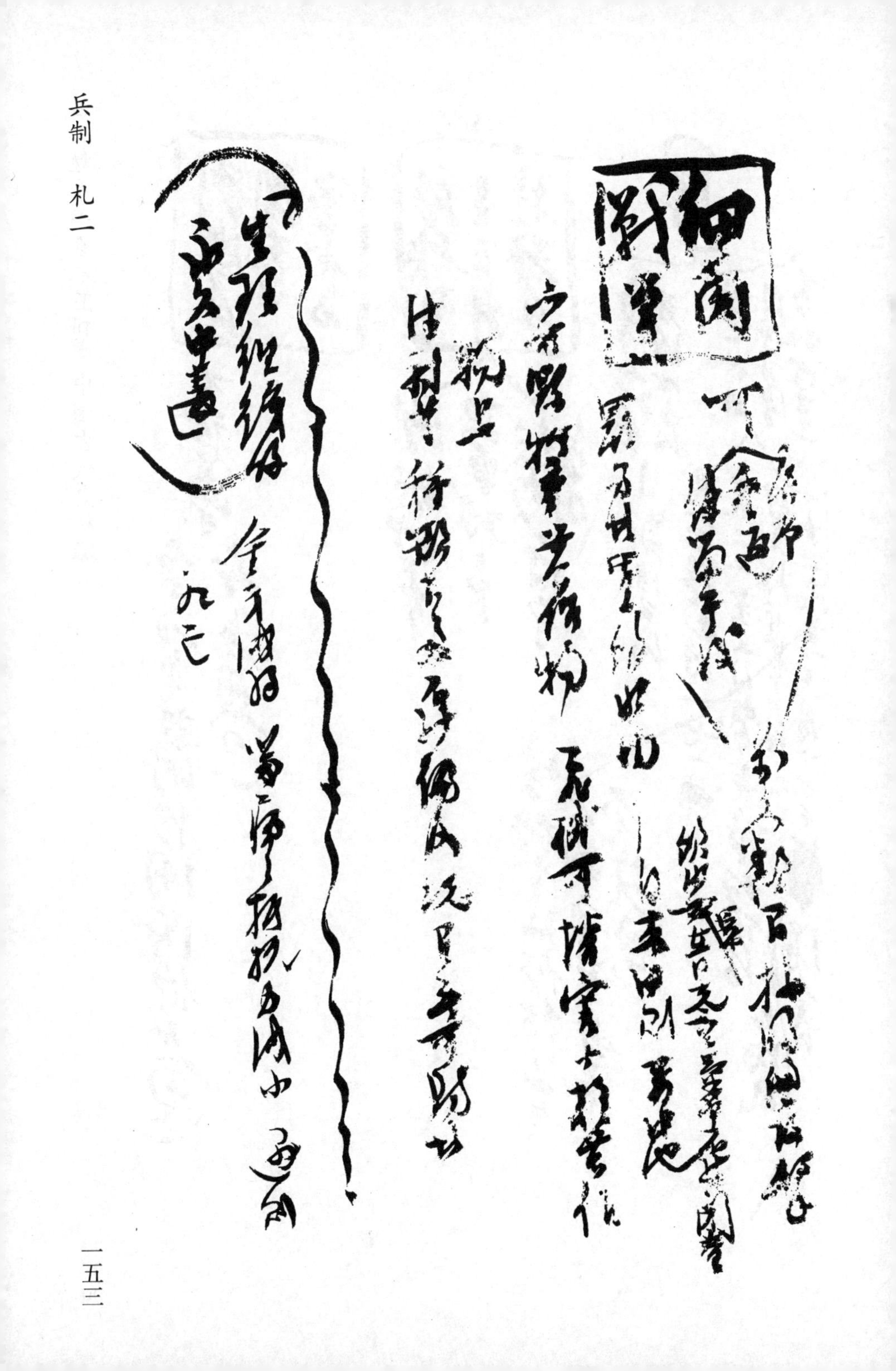

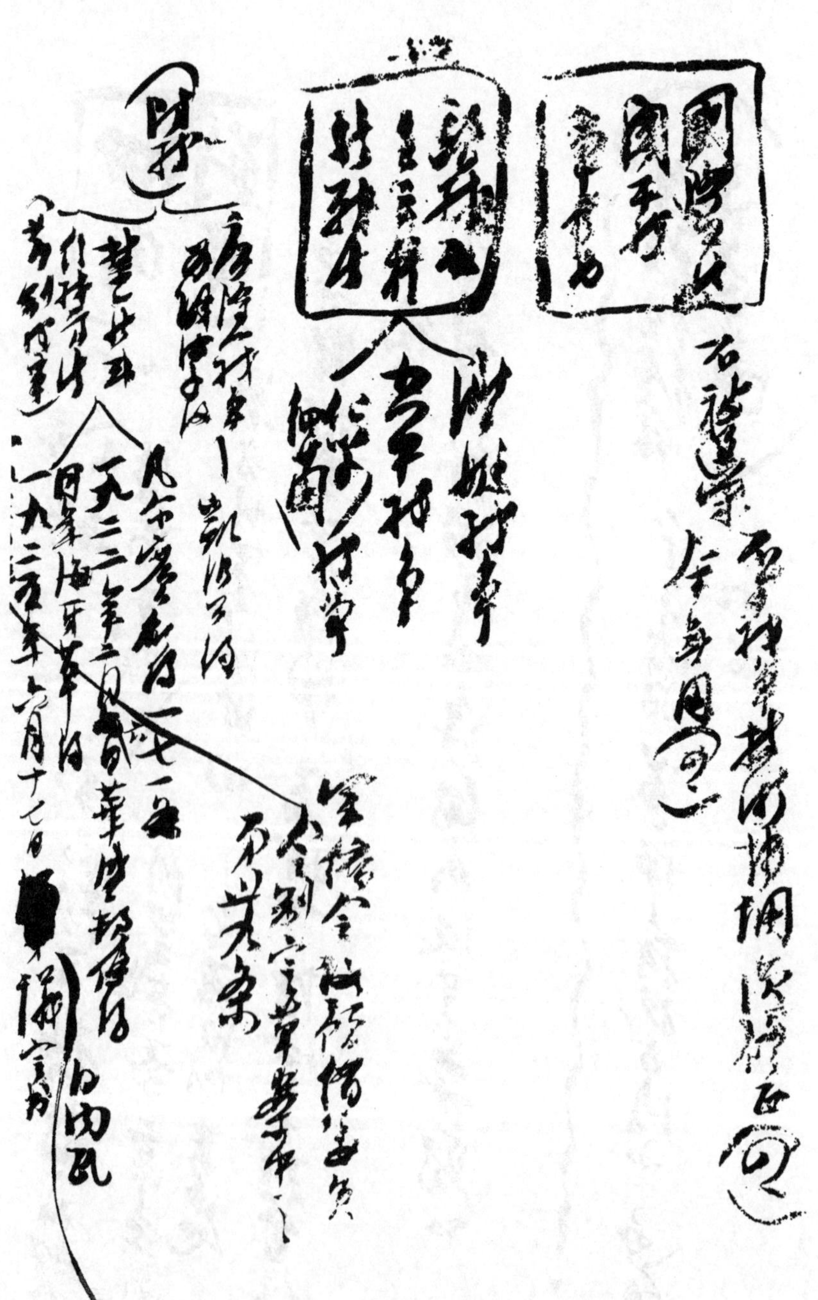

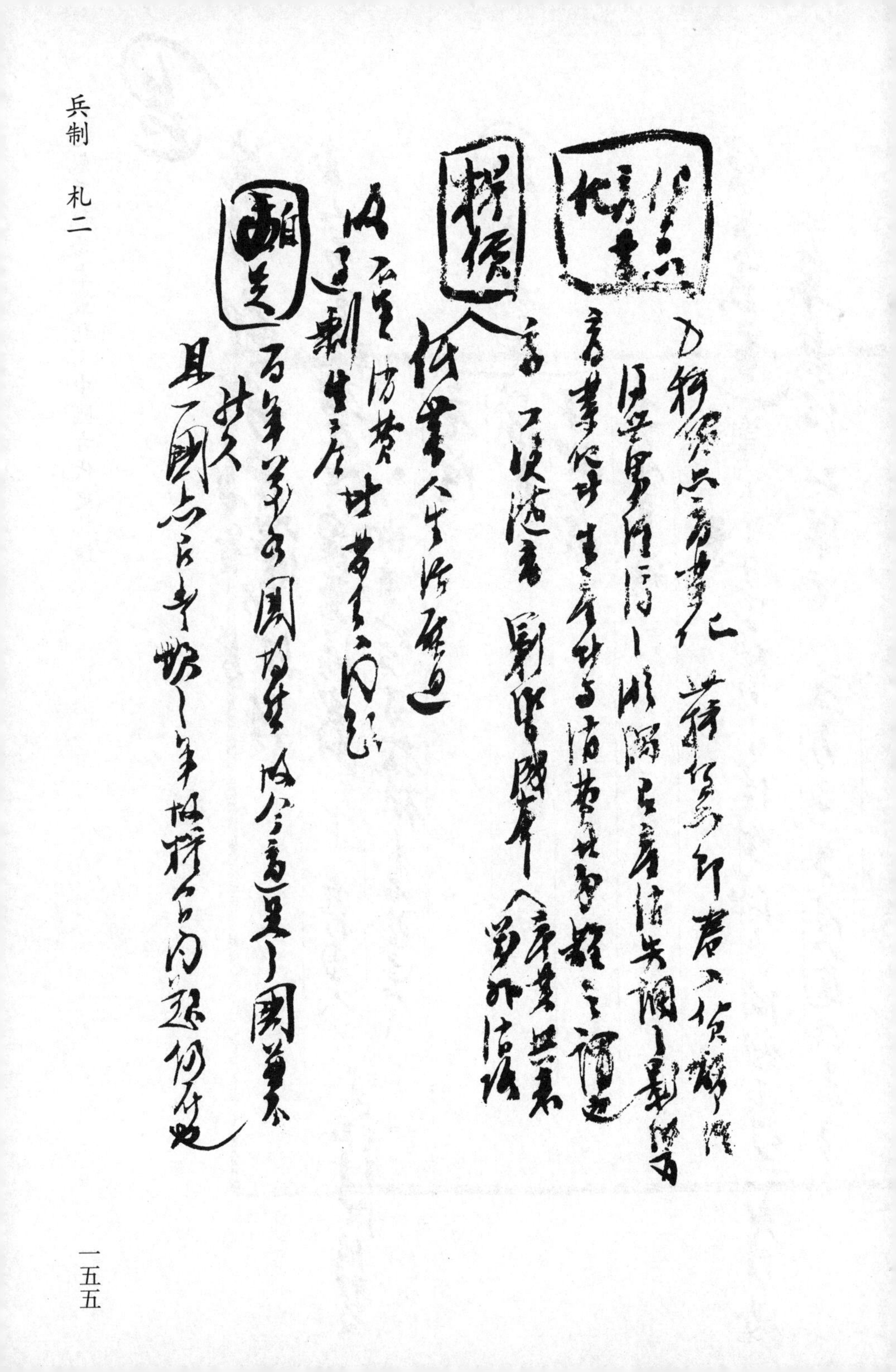

[illegible]

思

[illegible]

[illegible]

[illegible]

[illegible]

[illegible]

[illegible]

[illegible]

[illegible]

[illegible]

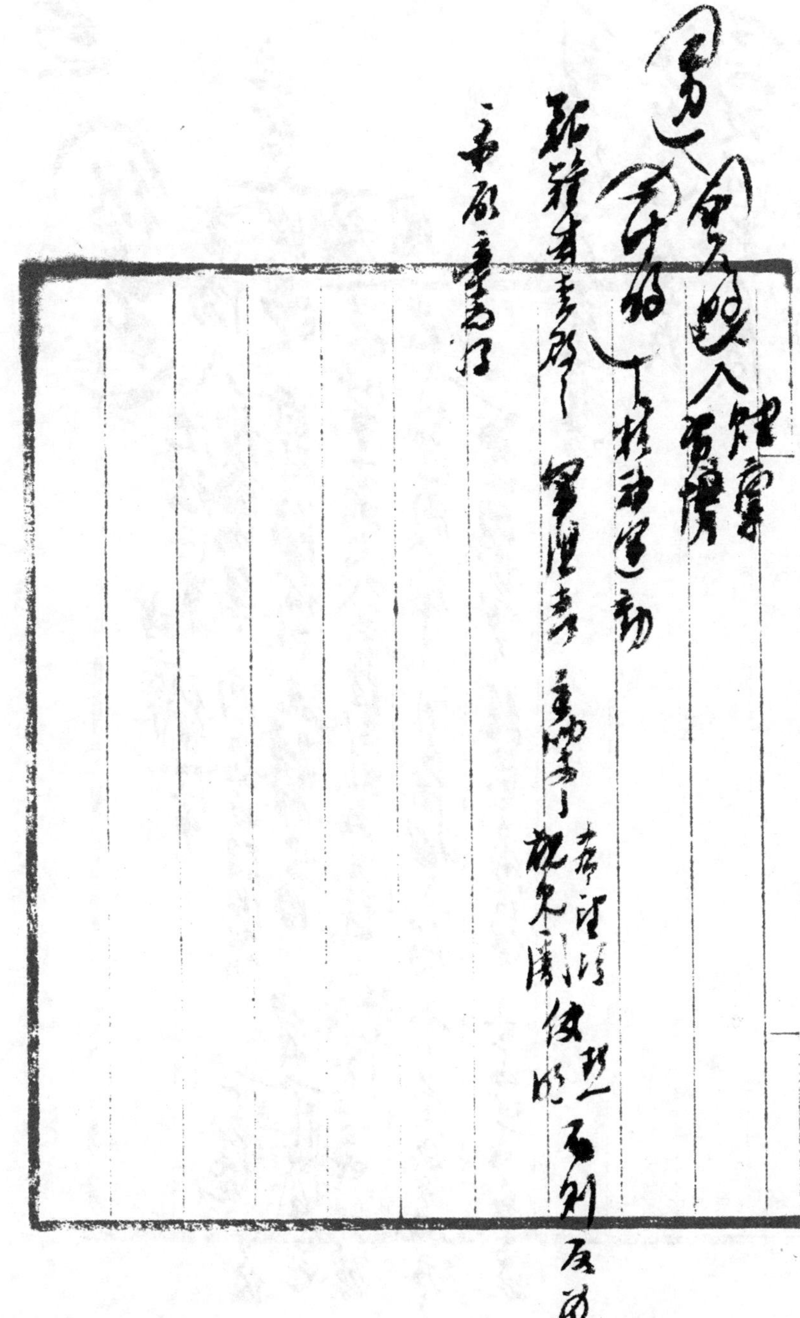

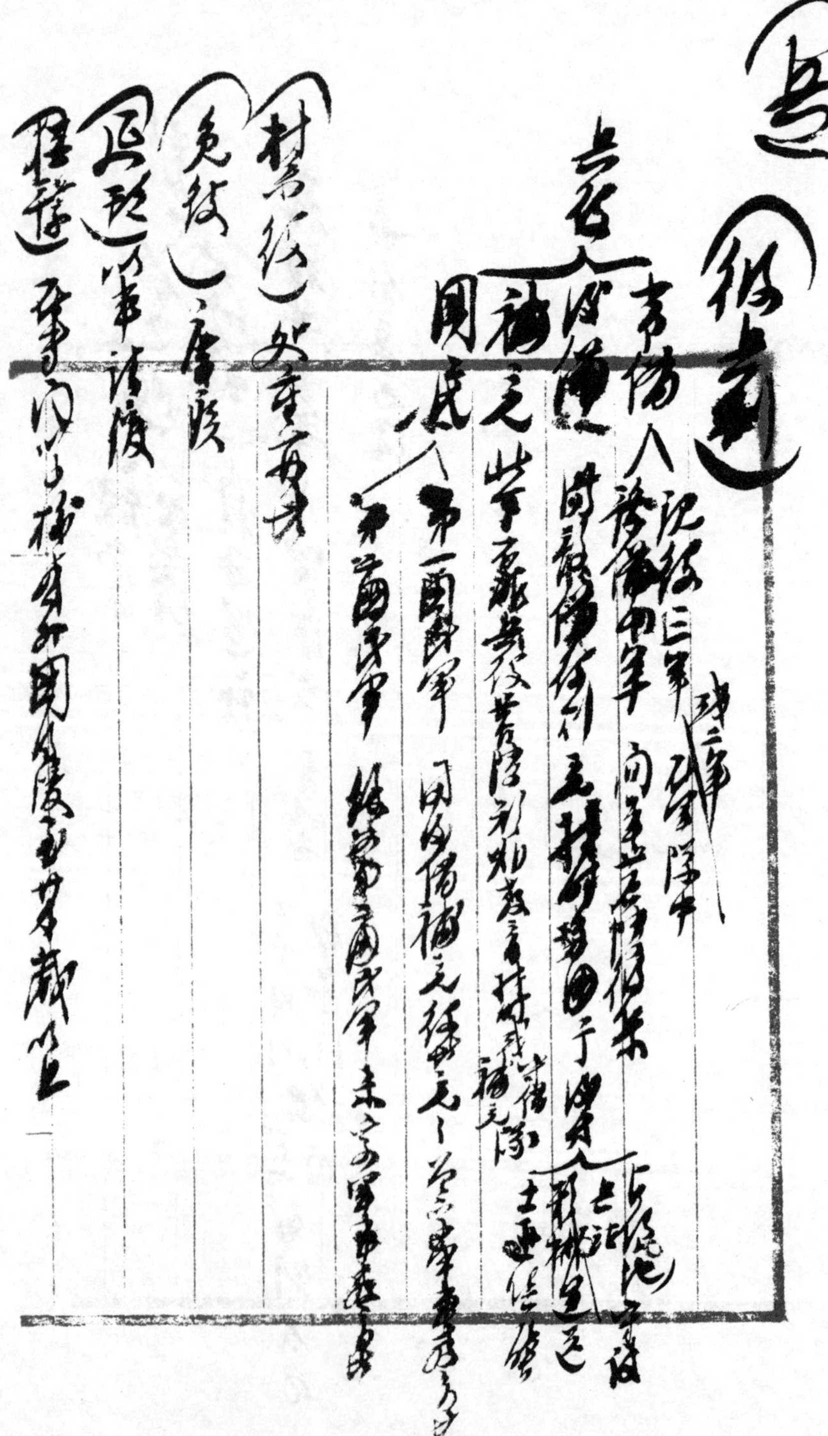

今全国兵事ヲ三区ニ分ツ第一区　軍司令部所在区トシ第二区
并役第区トシ二三ノ大営ノ下ニ於テ検査区ヲ分チ各区ニ徴兵
以該区二徴一路以本区ノ民籍下ノ軍之兵曹官郎人名
人ヲ一名毎ニ切
案子
図面
下以ノ役ヲ振収ノ一名毎出被所轄役所
検査畢標ノ顕兵ヲ軍人ニ振込ム　所ニ於テ到着ノ際徴兵区ニ
徴集人員一名ニ付何某ノ村某地徴集地ニ補欠人員ト下付シ　此方ヨリ
一村一人　地方長官于要塞司令官ノ

軍費益巨而財政不能支，彼使全國民民皆習於軍而一旦

時彼自可解

廢兵則廢戰，不剷除階級而消滅其工具，不可解也，亦且逢其附

戰爭不可免也

無產階級之第一須勤勞大衆之民甚及其說成閔國反帝命外

拒資本主義國須審慎

戰爭之大小依重工業化、輕工業之發展而異，而戰爭亦使重工

業化，若無工業，技術不能完成，方實為而紀無產業者全部支

本國中其技術最高力必戰勝其生產能同以奪之，其在戰爭

於是(一)為本國擴充軍備(二)競銷兵器於小國，原料亦購由以此為當事

兵

十等之官 權

百官表說言尉典武職守府掌之

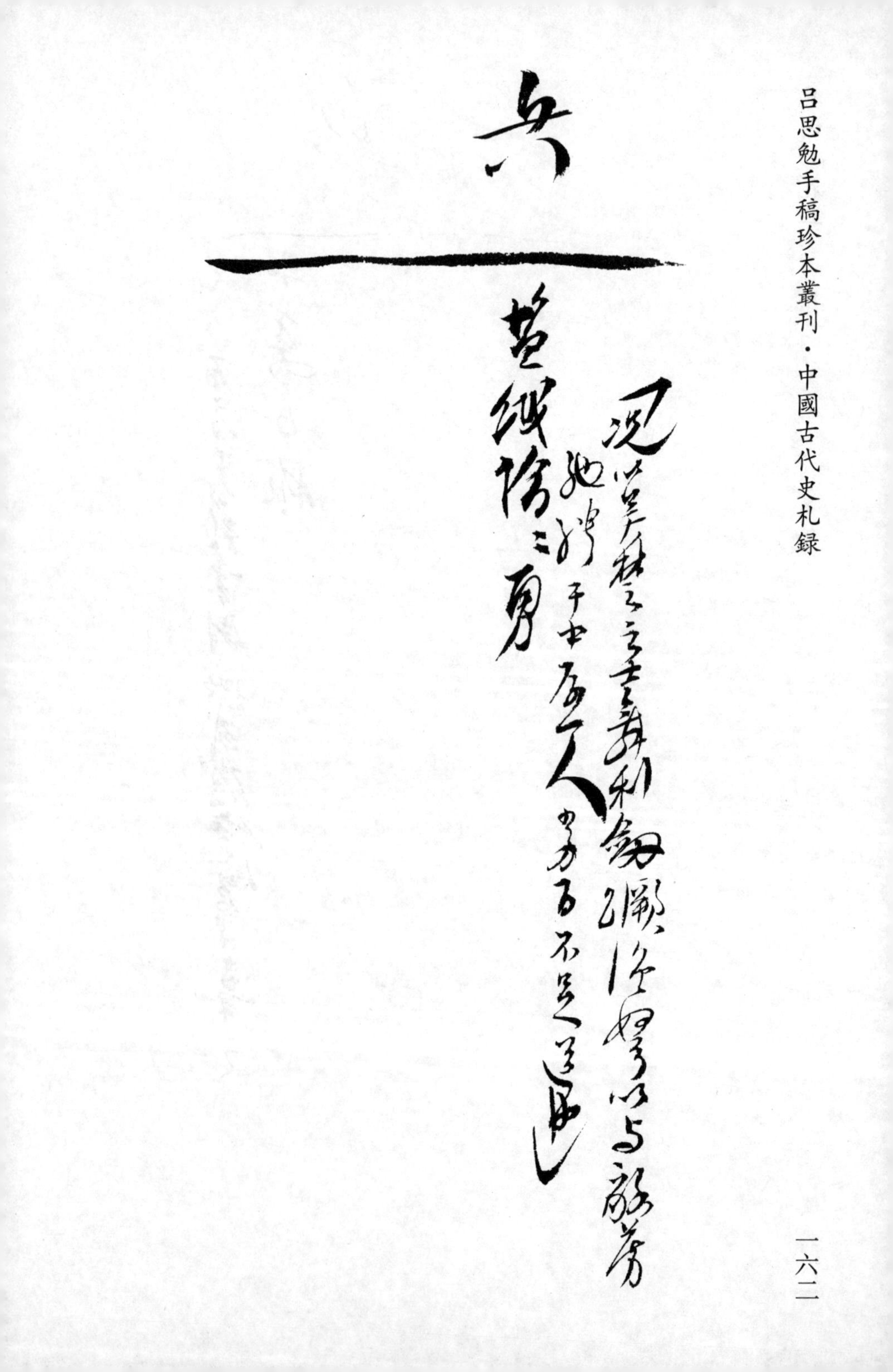

六一

楚繩陰之勇

見呂氏春秋之言[illegible]利劍[illegible]之[illegible]以與[illegible]

[illegible]千古[illegible]人力[illegible]不足之[illegible]也

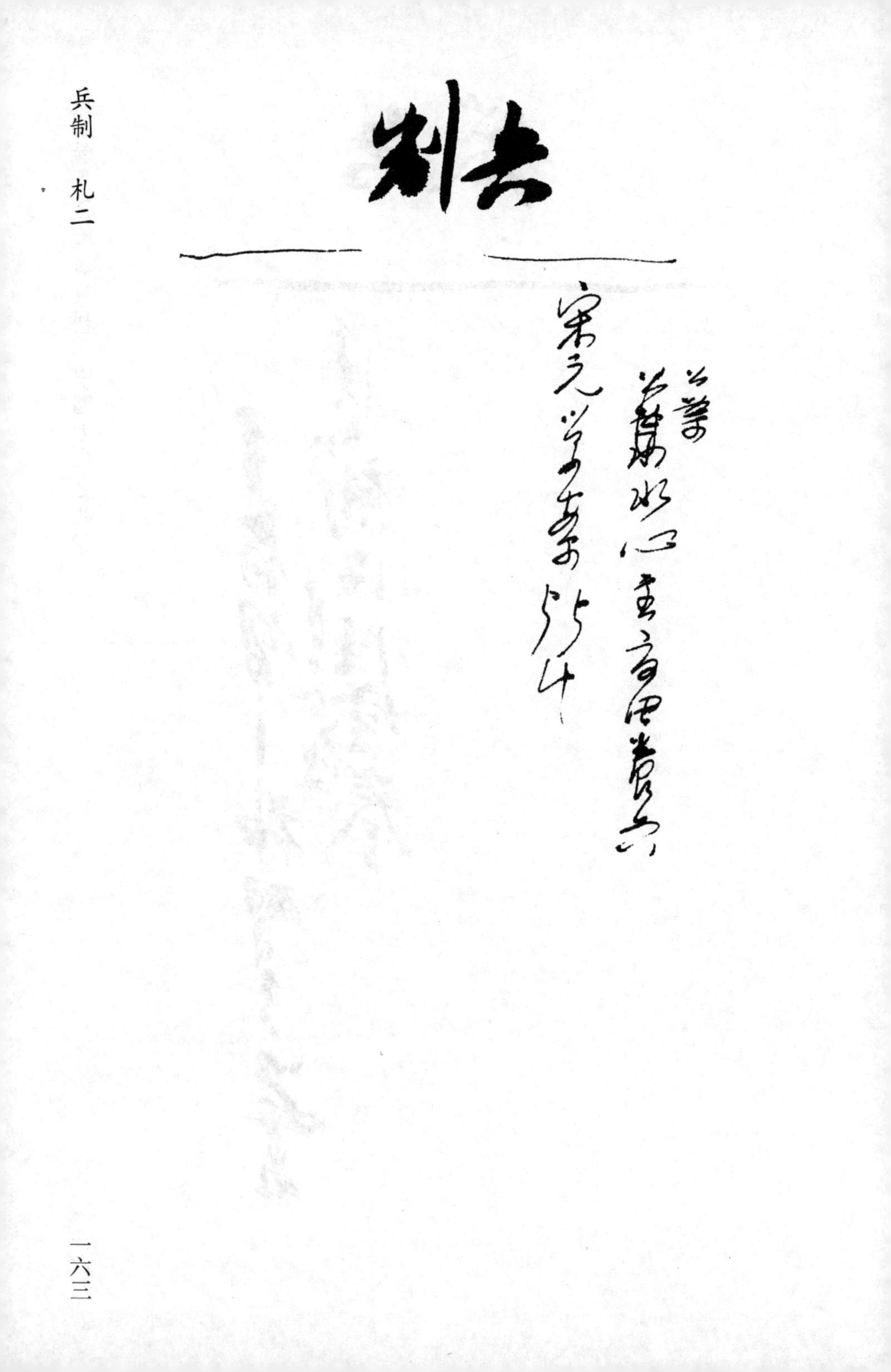

卷名

予有問一神問予以著

俟分補注法宮卷

又

但知保民，此猶一家財主只管神佛保佑子孫，

殊不諸庫之蓄日以此一節之無干也。

五六

屯田二道

漢文帝時從晁錯言，募民徙塞下，使屯戍之事，蓋省轉餉之費，益實邊，此民屯也，而即以民為兵也，民屯之一道也。宣帝時趙充國擊先零羌，罷騎兵，而留步士萬人以屯田，使部曲相保，塹壘相通，羌人不能擾田者，乃當積日每與少知兵之代，如兵如農，此又屯之一道也。

信欲屯田，延請募，于口足食

吾氏作之去

匡歲多係千

兵

隋唐初年兵制

歷代兵制上 51 又 208

清兵制

又 513 至 528

又 538 至 540

又 713

又 249

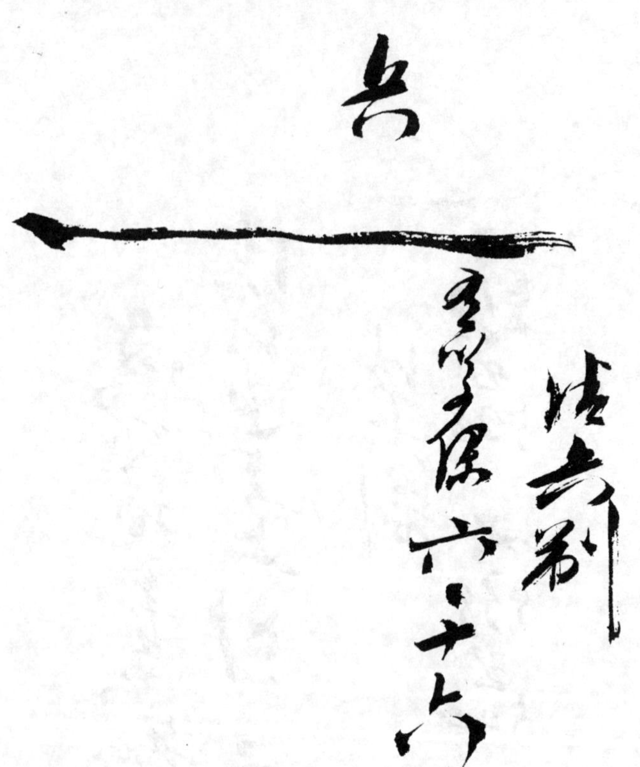

兵

桐城耆舊傳姚湘門副使傳姚公諱〻駪字
比調授湘潭令同庭多嘗以諸往循職不班
湘潭事不宜而聞之湘潭人之所係也耳
曩視邪事繁趨避得也不知嘗要時捨棄
使卒乃織箕梗其魁罪遂誅之

兵

淮勇

相傳者，若作馬衛兵付，馬衛兵請三倫字命之，號[illegible]，咸豐

……三年七月，與訓練淮甸團練[illegible]，四年春，與[illegible]成[illegible]

時廬[illegible]集鄉勇於霍山，據相城[illegible]。長子復霞，字心樵，若[illegible]圍

咸豐十年，[illegible]若[illegible]……[illegible]若[illegible]淮勇……[illegible]

之年[illegible]以淮勇風氣[illegible]別立軍，不出不[illegible]，[illegible]

以[illegible]，[illegible]之[illegible]淮[illegible]，[illegible]淮勇[illegible]，初[illegible]之[illegible]

安徽[illegible]淮勇……[illegible]自[illegible]。[illegible]之[illegible]……[illegible]

……[illegible]……[illegible]淮勇……李[illegible]

總督盡兵當將採江撫姚、、、飭當查辦調兵回防以保滬

若如乃兩江總督仍令兵往東南攻、、、

六

根據考古所得史料之所得自劉光漢先生國立研究學

另據路南之淮海田西域於磁出版

戰爭論

戰爭者政治之一種手段也用另一種手段繼續進行其政治者
也 故帝國主義者之平和與戰爭其質不異
那一個階級進行戰爭此為重要之問題
進步之戰爭歷史上有之矣 戰爭者排除障礙以便發展者也
戰爭者急激取消無用之制度者也 故與革命類且常與革命
相關連 故戰爭者最尖銳之政治之過程也
掃除封建勢力 時資產階級之戰爭為進步之戰爭過此以往則
日入於帝國主義矣 普法之戰資產階級最後之義戰也
今之所謂義戰者(一)無產階級對資產階級(二)被壓迫民族對壓

迫民族（國）無產階級國家對資本主義國家此為道義的戰爭
反之則為反動的戰爭　或為攻擊或為防禦惟此階層而亦
不解放他國民族不能解放自己何也束縛于束縛他民族之
束縛中　拿破侖三世不致踐蹈自由主義國受阻遏即法國
民亦屈於其反動政治之下　是以德之工人反對割地直
亞薩斯洛倫而擁護共和政府之成立焉
馬克斯曰英國支配世界市場無產階級支配英國政治革命運
動與論為何不能避免與英國衝突
國內雖為資本主義所支配整個世界之情形仍係殖民狀態
下　議會絕對無用國與資本家階級為國家之情形殆無大

資產階級之國家則執行資本家之政策而已。政治者經濟之表現，此語於帝國主義時代尤為確。階級政策，國際政治也。世界分割勢力範圍決定，階級破壞使自由競爭資本自由移動隔離不可能，徒自由競爭而謀經濟之平衡不可得矣。競爭不自由，如訴諸武力。各國經濟之發展難平均，經濟之平衡由是破壞，世界必須再分割，決之於武力，故戰爭於帝國主義時代之所為不免於也。

使無產階級分裂，擁護資本家之財富，鼓吹國民之迷信，此帝國主義戰爭之反動性也。

殖民地與半殖民地之民族戰爭，於帝國主義時代勢不可免，此亦解放世界勞動大衆鬬爭之一部分也。須真對之。故殖民社會主義其理帝國之帝國主義戰爭與民族戰爭則緩矣。殖民地社會主義其乃自一八七一至一九一四年和平發展之資本主義所潤澤及之之勞動者即勞動貴族及小資產階級之流爲改良社會主義，其同其基礎，其即殖民地所謂民族戰爭已隨資本主義之發展而失其意義矣。真社會主義者反對個個資產階級，本國亦在其内。無產階級國家與資產階級國家之戰爭不可免者也。國於初期一國成立社會主義國不可能，今則以帝國主義發展之不平均及其本質而可於其彼戰爭時（一）本國無產階級及資產者之反

第(二)帝國主義者國內之抗爭(三)反對于植民地半植民地的

之抗爭而不敢進攻其核也

今日無產階級國家與民族解放運動二者相合之資產主義國

家對國家之　無產階級國家與民族解放聯軍同盟進攻

其必相要連其勢也

因此見帝國主義戰爭(一)擴展擴張主義時便大戰如其故謝

(二)殖民主義(三)反社國之馬克思主義者集會于反對組織

之方面活動　將帝國主義戰爭轉化為階級的國內戰爭其

相與思想也　此精神與黨在軍隊發展列寧而為其組織團

社會民主黨動員時之宣言中

資產階級不能消滅其平和　其平和在無產階級支配資產階
級將何如乎　此乃今安定的社會的維持的根據以達其正和
平之說也　及至階級消滅的社會對平的必然之境方始實現
因之只是為構造過渡社會而轉乃可其平和主義
平和為解放一切被壓迫之民族
軍備者國家之公權力也　其公權力乃國家之特徵何者一階
級支配他階級之手段無軍備也　此可觀古代國家封建國家
資產階級國家無產階級國家皆然　故在種族社會則為全
體人民之武裝　在階級社會則為階級的武裝
徵兵制更為封建國家之騎士之兩三階級之專取之具也　彼使

兵制

秦制——始年 傅年 之齐

出征秦始皇以九年——

什推之人从军

五十六年

发之人按其[illegible]岁卅三 至卅四年 [illegible]

廿五年[illegible]

三世之年[illegible]

[illegible]

[illegible]兵

彭寵傳：[illegible]子[illegible]因[illegible]內被甲二千人[illegible]兵四百弩

勉案：此或奴人之[illegible]之遺[illegible]何[illegible]集于倉[illegible]邪——若[illegible][illegible]為人

[illegible]字

兵

漢南軍為與北軍之區

北軍中尉
南軍衛尉

漢書高后紀然書九南軍之補注

林之子謂孫子謂其書[illegible]謂孫子[illegible]所作甲

梁補注云凡下五年[illegible]謂孫子[illegible][illegible]之下

六

戰越女之劍術

漢衛將臣書生為良文功以兵書

世所畫兵法其學之下

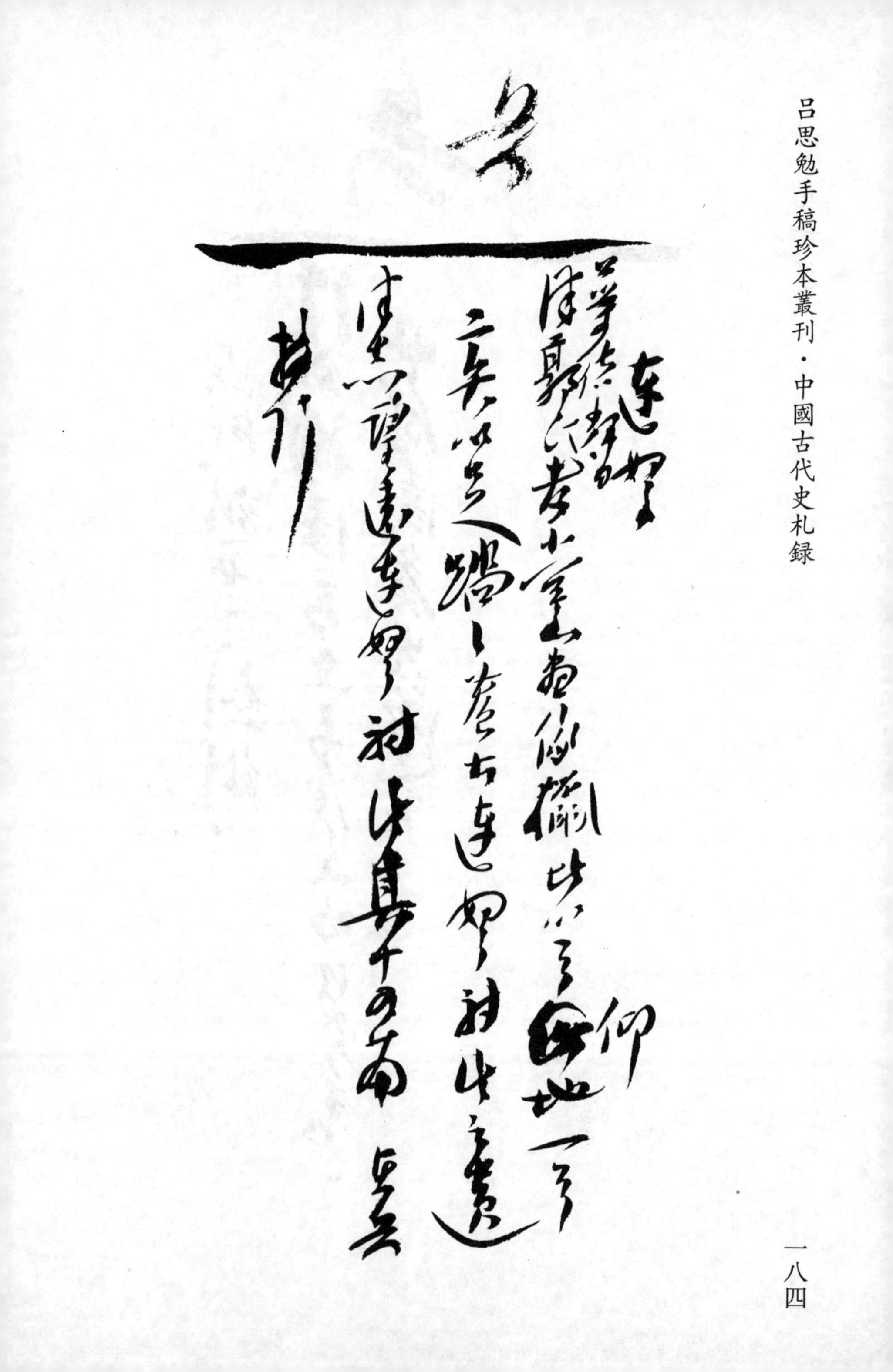

南宋將帥之豪富

陵18

兵

火砲始

隋經籍志

元史藝術傳阿剌卜丹 伊斯瑪音

上海商務[illegible] 229

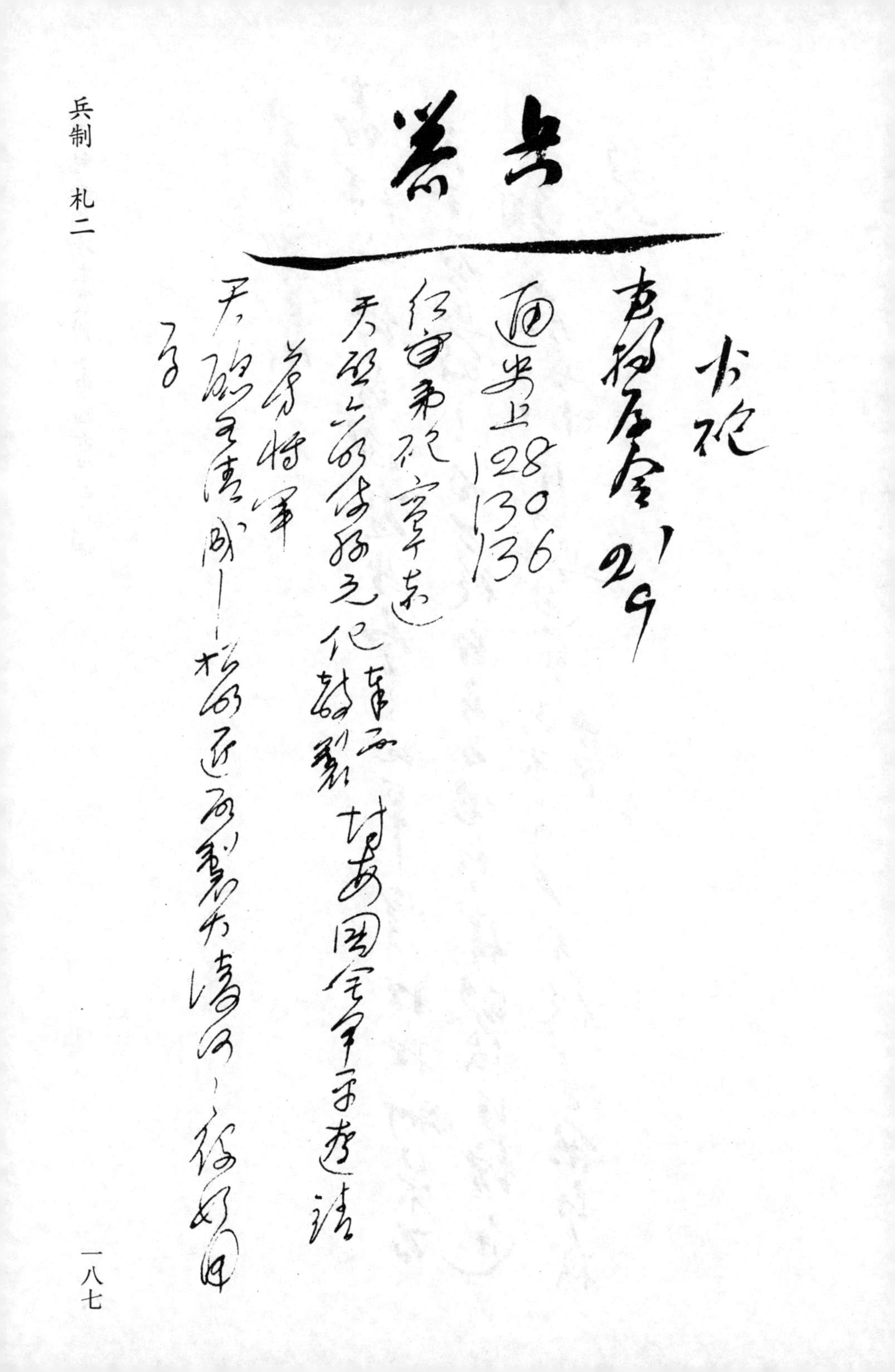

卷六

步槍

[illegible] 219

通典上 128 130 136

[illegible]

天[illegible]

前將軍

天[illegible]

[illegible]

嘉靖二年佛郎機寇新會之西草灣，指揮柯榮、百戶王應恩禦之，得其炮，即名為佛郎機，副使汪鋐進之朝。[illegible]二十斤、七十斤[illegible]

[illegible]

兵四

虎符之制

於米華林記隋銅虎符又卷十今前已奏

陽陵虎符跋

又元佩虎符跋

去

南渡將帥豪富

見玉照新志 東[illegible]志

兵

八陣圖

戚繼光所傳　共三十四

武藝

一

縱力士与虎搏

出格獸如注16/13

兵农

美方查明廣島損害
一彈斃人八萬全城盡毀

【法國新聞社華盛頓二十九日電】杜魯門總統前曾任命事實調查委員會，令其調查廣島長崎兩處遭受原子炸彈轟炸情形，該委員會係由文職專家三百人，軍官五十員，軍人五百名組織而成，茲已送呈報告。頃由白宮將報告書予以發表內稱，廣島一處共炸斃八萬人，重傷數千人，其地共有居民二十四萬五千人，其中三分之一均被消滅。至損失情形如是嚴重之故，乃因投彈時，所有居民正在工作中，且因美國飛機規模不大，廣島地方官未能及時警覺，及時發出緊要警報，與夫地形不利有以致之。

該報告書又稱，廣島幾已全部毀壞，長崎則因位於溪谷之中，損失較輕，炸斃者僅有四萬人。原子彈在廣島下落時，火燄狂飛，引起高速度熱風，每小時流行五十餘英里。原子彈在長崎下落時，發出強度之閃光，旋聞震耳欲聾之巨聲，又復引起高度之熱力，原子彈能在每一英方里之內，炸斃二萬人，炸傷四萬三千人，至於普通炸彈則由數百架飛機同時投擲，亦僅能炸斃千人，傷二千人云。

35.7.1 大公

此爲本年七月一日在比尼基珊瑚島
隸屬馬紹爾群島之一也
美海軍之帥安德諾作自許謂原子[illegible]大
並有[illegible]使[illegible]需要
殺傷力由六千倍以至無限 35.7.3 大公
原子備戰現不需要大戰又需[illegible]
原料大中國寧可製造上

卅四年十一月十日重慶[illegible]軍人會議
十四日午[illegible]幕
[illegible]軍令部[illegible]全國[illegible]
[illegible]

兵役部裁撤

軍法總監部亦結束

軍政部成立軍法司兵役署

34/12/3 大公

【本報重慶二日發加急專電】軍政部增設軍法司及兵役署均于一日正式成立。軍法司接辦軍委會軍法執行總監部之業務，兵役署接辦兵役部之業務。而軍法總監部及兵役部，則於一日起裁撤結束。又軍法總監部所屬各戰區及各軍事機關之軍法執行監部亦裁撤，由軍法司整理改組。全國所有現役軍人及有關軍事之刑事案件，一律由軍法司受理。兵役署之組織，下設設計·常備兵·國民兵三司。

美軍來頭向國民出海發之籍本如

74.12.30

新聞

(34)

[illegible]

[illegible]

[illegible]

兵

面，凡國軍到達之地，均已恢復，雖被共軍擾亂破壞，時通時阻，但國軍範圍內之交通終能維持。

㈥「指導各戰區各方面軍，分區分期辦理接收僞軍投誠編遣及剿辦不聽命令之僞軍事宜。」在受降之際，僞軍總數爲六十八萬三千餘人，均向政府投誠。截至現在止，業已解散四十三萬二千餘人，除僞淮海省長郝鵬舉投誠後，因不肯解散其僞軍叛變投共外，其餘均無不聽命令者。

㈦「負責迅速處置南京僞組織政府，恢復南京及其附近之秩序，敬待國民政府還都。」本人於去年九月在南京受降時，南京僅運到新六軍之五個連，當時城區敵軍約七萬，城內僞軍一萬餘，城外十公里即爲匪徒出沒之區。本人當時一面趕運軍隊，一面處置敵僞軍，一面肅清僞組織殘餘勢力，一面驅逐土匪，令派大批日俘參加市區清潔及築路等工作。在五月五日政府還都時，此項

何總司令應欽在中國的紀念周報告

35.5.13 中央社電

兵

（十三）「指揮各戰區所有向收復區挺進及原在收復區各部隊，但各戰區在後方留防部隊，仍歸各戰區秉承本會（軍委會）之指示指揮之。」本人已遵照辦理，但後因事實需要，復奉委員長命令，將全國陸軍，除川康黔所駐者外，均歸本人指揮，後勤總司令部及海軍艦隊亦暫歸本人指揮，以迄於今。陸軍總部原爲戰時野戰軍最高指揮機關，現在國府業已還都，陸軍總司令部已無存在必要，故本人業已呈請撤銷陸軍總部。

第二，中央軍事機構之改組。本人過去任軍政部長十四年半，參謀總長八年，深感我中央軍事機構過於龐大複雜。現在抗戰結束，我最高統帥決心建立最進步之軍事制度，取消軍委會，改組國防部，於國防部之下設參謀本部。一方面使今後之中央軍事機構簡單化，效率化，另一面將國防部歸入行政院，使國防部長成爲內閣之一員。同時於元首之統帥權，則直接透過參謀總長而對全國陸海空軍發號施令。此種制度十分合理，凡我軍人均竭誠擁護。而參謀本部之要職，並應多用青年軍官。對於若干老將官之安置，一級上將六十二歲應退役，二級上將六十歲應退役，上將五十六歲應退役，其未滿現役年齡而曾任重要軍職學識優良勳望卓著者，無論陸海空軍將領，均可選任爲戰略顧問委員會委員。此委員會直隸元首，平時研究國防及戰略有關之各種問題，戰時則出任高級指揮官。

身。

門羅主義在當時是於佔領亞洲方面的非律

楊殿臣

前因敵寇侵入上海由虹口洪某意圖重價出頂逼令遷讓時內子在家無法阻止報告當爲僅見故已狀訴法院請求

並節錄何應欽在國府紀念周報告

35 5 13 中央社電

兵

（多）

是以富財募劍客賊害之 62

兵

後漢書桓帝紀建和元年正月大赦天下賜吏更勞一歲（七〇）

（37）

（38）訟捉勃首虜　漢飾行傳　破趙後（卅の3下）首虜率（五の21下）

（39）

（40）漢周勃傳……後（卅下）以將軍從高祖擊燕王臧荼破之易下（五）擊陳豨采陽下破之……將卒當馳道爲多

（41）案此舊注似皆誤

六八

(50) [illegible] 續

(51) 漢枚乘傳乘復說吳王（臣道）羽林黃頭循江而下（蘇林曰羽林黃頭郎習水戰者也張晏曰天子舟立黃旄於其端也師古曰鄧通以濯船為黃頭郎蘇說是也）（五一ii）

(52) [illegible]

(53) 刁斗（隋五〇ii）

(54) 募府（隋五〇ii）

(55) [illegible]

(56) 李陵傳勇敢五千人（五〇卅）

(57) [illegible]

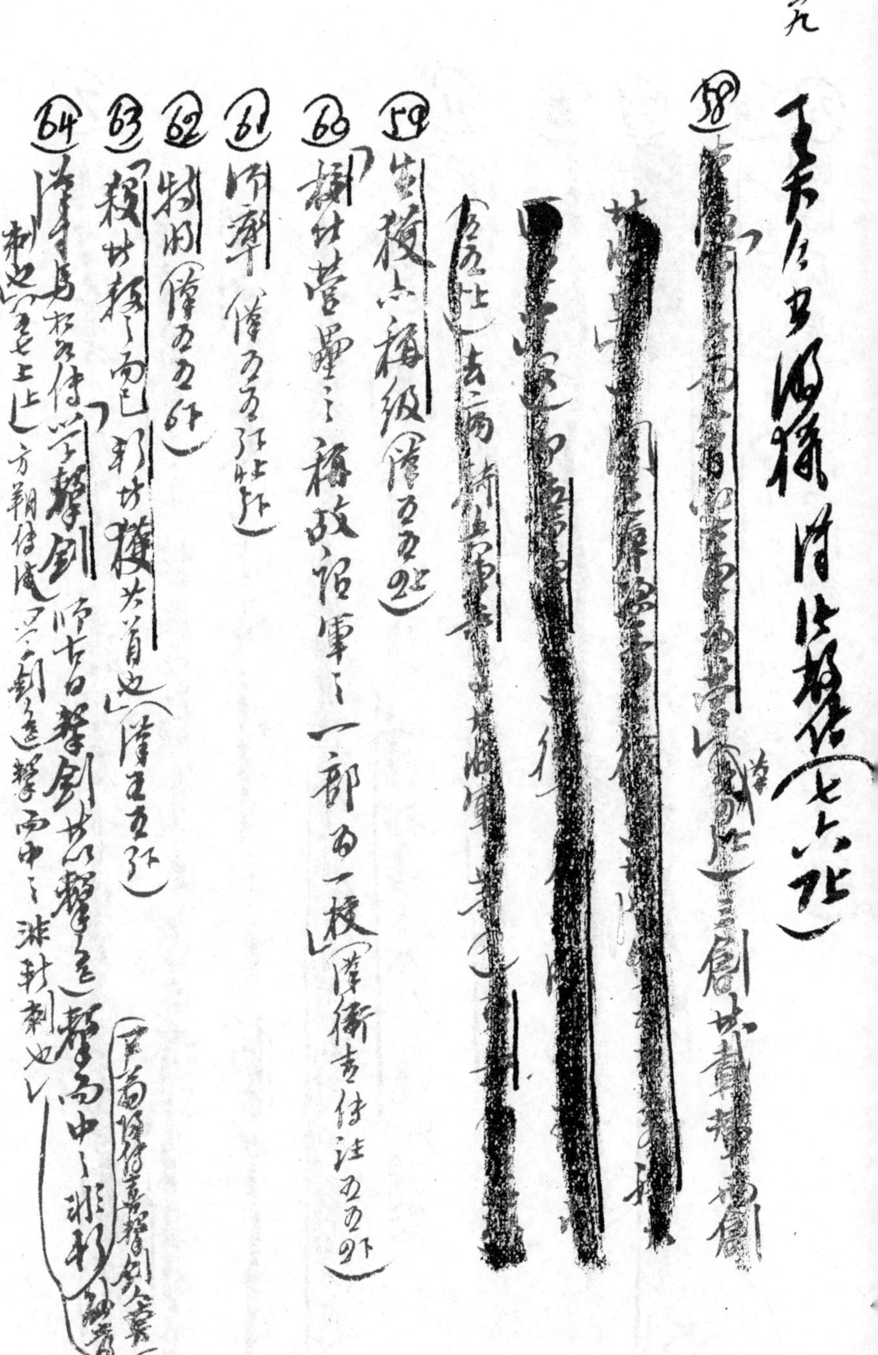

卒

70 唐書[illegible]傳[illegible]

[illegible]

[illegible]

[illegible]

西域[illegible]集 北[illegible]傳[illegible]（[illegible]）

71 初 以侯君集以吏部尚書[illegible]兵數萬（[illegible]）

72 [illegible]

73 [illegible]軍違制御史 不以[illegible]李[illegible]引軍至[illegible]將軍[illegible]七百罷[illegible]

二千石以下以代爲（隋[illegible]建傳六七）

74 伴馬副馬千人三百匹（隋六九下）

75 周將病遣副將（隋趙[illegible]國傳六九下）

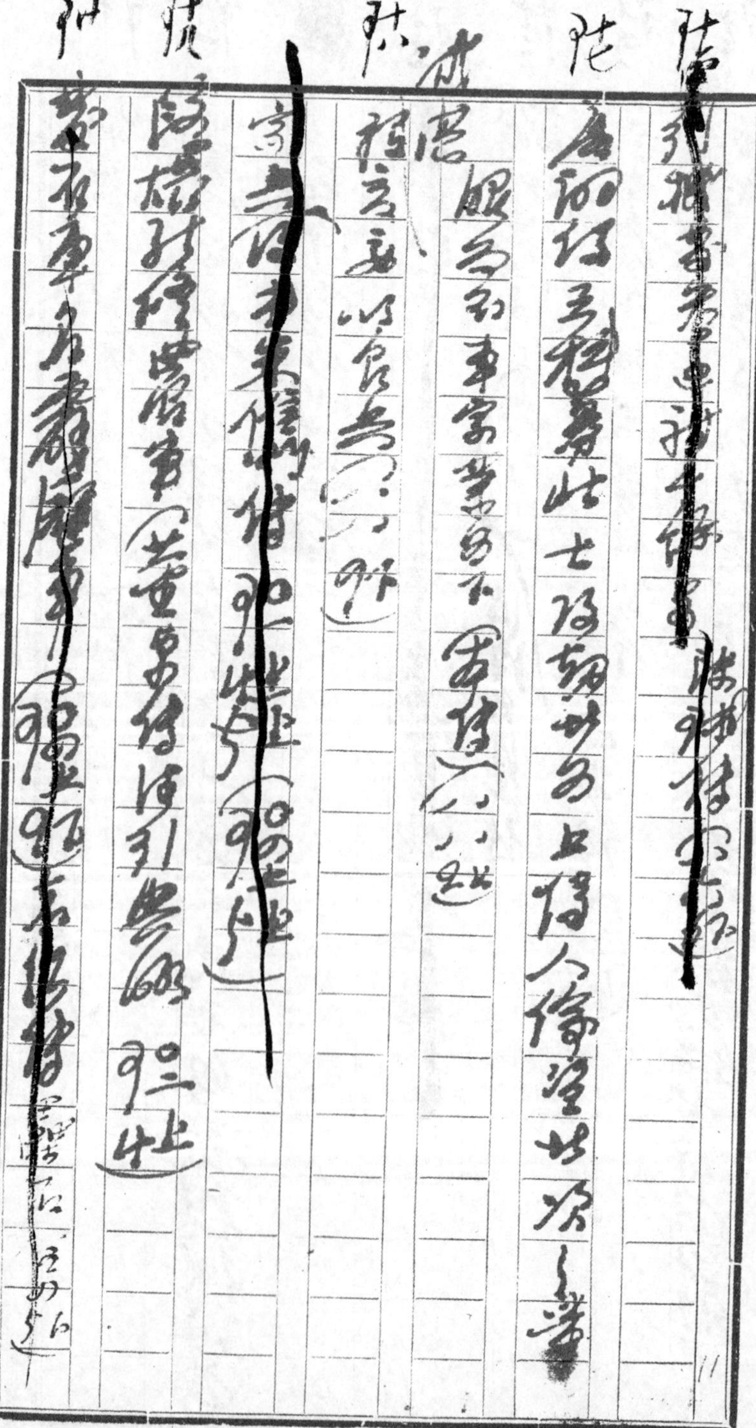

光華大學　著者

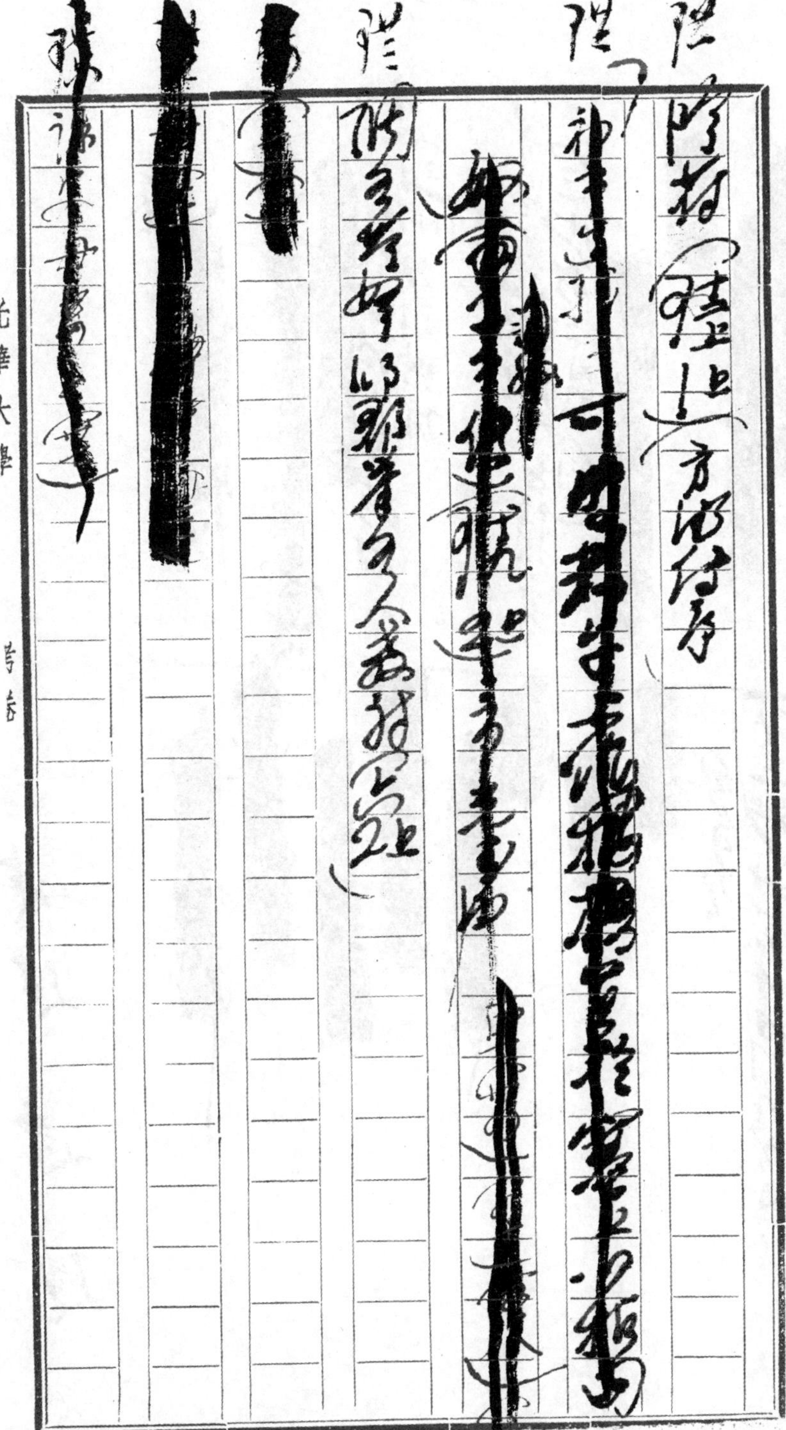

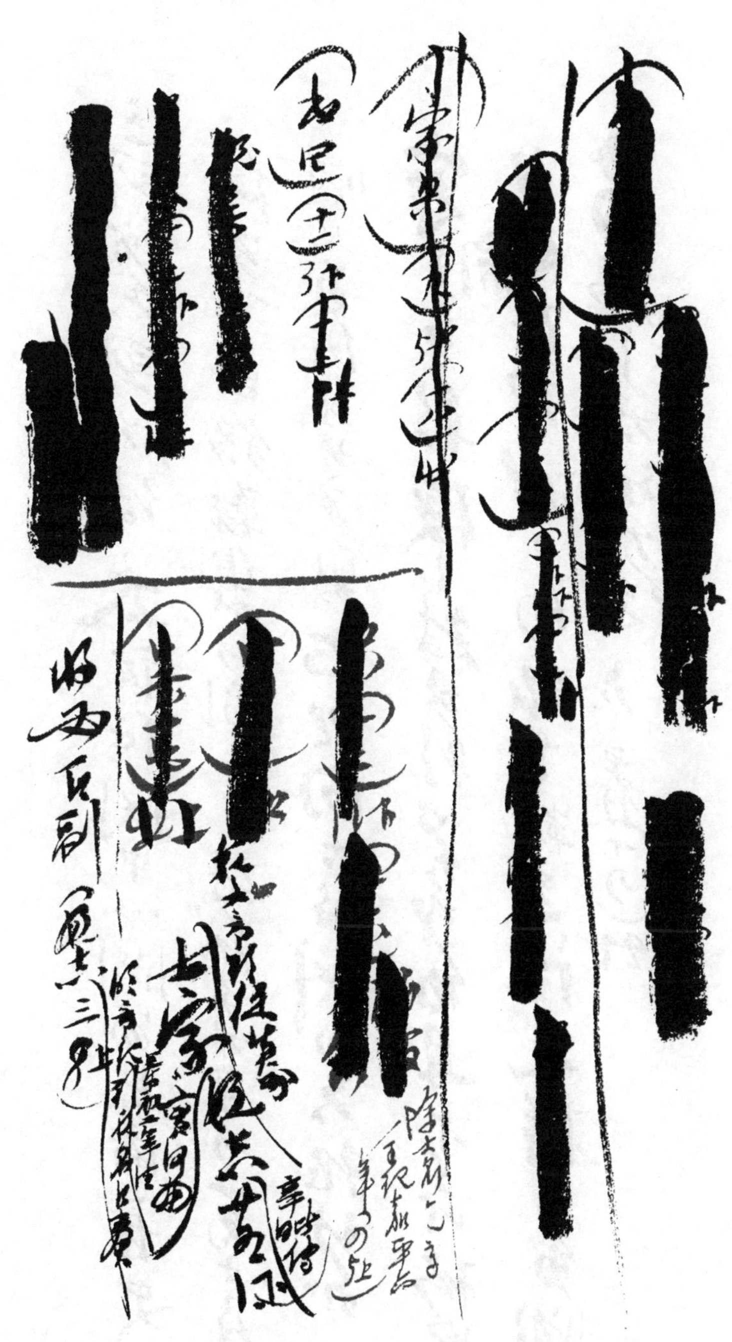

三國魏志國淵傳 太祖征關中以淵爲居府長史
統留事田銀蘇伯反河間……破賊文書舊以一爲十及
淵上首級如其實數 太祖問其故淵曰夫征討外
寇多其斬獲之數者欲以大武功且示民聽
河間在封域之内銀等叛逆雖克捷有功淵
竊恥之大說遷 卷十一頁（十四）下

兵

樓船官（漢書地理志南郡）樓船官（廬江郡）

破賊文書以一爲十（三國魏志國淵傳（十一丁））兵の十萬號百萬十萬號二十萬

（漢書高帝紀（一上九丁））渾邪降者數萬人號稱十萬（漢書衛霍傳（五五丁））

羽檄（漢書高帝紀（一下六丁））

銅虎符使符（漢書文帝紀二年（四丁））

漢書武紀建元元年詔曰衛士轉置送迎二萬人其省萬人

正月從幸曲臺臨饗罷衛士（漢書王莽傳）

衛官繇使衛司馬（漢書蓋寬饒傳（七七上））

兵

漢書高惠高后文功臣表軑侯扶元封元年坐為東海太守行過擅發卒為衛，當斬，會赦，免。　景武昭宣元成功臣表：從平侯公孫戎奴，元狩二年坐為上黨太守發兵擊匈奴，不以聞，免。　武帝初即位，不用虎符，使嚴助以節發兵，斬一司馬。漢書嚴助傳（六四上1下）

卞■見漢書高紀贊
甘延壽傳（七十2下）

手搏、蹴鞠見漢志兵家（卅26上）

捽胡 漢金日磾傳（六八9下）

投石超距 漢甘延壽傳（七十9下）

長鋋即鈹 漢高惠高后文功臣表（十六19上）

蒙人「學錢則以買無從得錢」

黑韃事略

廿六、六、廿 何應欽在紀念周講演

、自九一八以後、全國人受了極大的刺激、全國軍人、有了極大的覺悟、對於軍隊之應該整理、和應該統一於中央、可以說全國軍人、已有了一致的認識。中央軍事機關

對於整軍

的進行、遂得以更順利的逐步實施。從去年起、便有□□師的部隊、實際整理起來、整理的詳細情形、現不必一一報告、至於整軍的原則、在五屆三中全會曾經詳細報告、其大要如下、㈠統一編制、衡以現代作戰上之需求、及裝備上之可能與調整、實行容易計、以規定之兩種編製統一之、（從略）㈡減少大單位、充實小單位（從略）㈢增加部隊戰鬥力、（從略）㈣經常費不增加、就各師原有經費範圍、將其編成、酌予縮減編制、重加整理、提高官兵待遇、以能發國難餉章爲主、使編制與經費適合、不另增加經費、而能達到整理之目的、㈤人事經理、完全照法規辦理、如各部隊之軍官佐之任官任職職期調任、以及獎懲、退役等等等、須按人事法規之規定、尤其對於官佐任免遷調務須呈請中央核定、不得自行委派或先委後報、又各師有委任經理者、須逐漸改爲實費經理、勵行派員點名發餉、實施年度與臨時會計檢查、編定預算、掃除以往包辦侵蝕之弊、整軍的最高目的、是要使全國軍令軍政、統一於中央、劃除過去私人軍隊、和地方軍隊的積弊、即是要使全國的軍隊、成爲國家的軍隊、這就是各位現在常看到的所謂「全國軍隊國軍化」是也、說到「國軍化」三字、本已要順便詳細報告一下、現在有若干人、不明白「國軍化」的意思、以爲實行國軍化後、原有的官長、便要有一部分被淘汰、由中央另外安插人下去、這是一個非常錯誤的見解、其實「國軍化」三字的解釋、就是成爲國家軍隊的意思

國家軍隊

和私人軍隊、有什麼不同呢、簡單說、就是國家軍隊、一切都有一定的法令規章、什麼事都要按法令規章辦理、不能隨主官個人的意思亂來、我們看上面所說的整軍五項原則、便可明白現冉比較的說一說、過去私人的軍隊、或地方的軍隊、第一經理是包辦的、因爲經理不公開、所以一部份的官長、要想侵呑餉項、就不能不將名目擴充得很大、其實每連每排的人數有許多幷不足、因爲這樣、有的人便可吃空、結果各部隊編制自然不會一律、下級官兵待遇極薄、有時幾個月領不到一文錢的餉、同時械彈裝備等、便不會精良充實、第二是人事不按法規、官兵的升遷調補、完全以主官的好惡而定、官兵一點保障沒有、因爲人事無保障、有眞才實學的人便不會有發展才能的機會、同時教育訓練就談不到、這種情況、任何人也知道不行的、整理成爲國軍之後、即是一切都納入正軌、㈠編制按照規定編制一律編成、譬如以前每連只有幾十個人、整編之後、每連要有一百口□個人、雖然大單位減少一點、但是移來充實小單位的內容、只有嫌人數不夠的、除了老弱而外、那有被淘汰的人呢、㈡人事整編之後、官兵之升遷調補、一切人事事宜、完全按人事法規辦理、做到賞罰分明、一方面是使每一個官兵、都有保障、一方面使賢者在位、能者在職、有能力的可以發展其能力、有功勞成績的、有晉級的希望、一般的官長輪流加以深造、使其有眞正的學識能力、年老了有退役的養老金、這是就原有的官兵、納入法規正軌、幷不是要另外派官長裁士兵的意思、去年到今年、已經整理了幾十個師、幷沒有另外派官長下去、這是可以問得到、可以事實證明的、㈢經理整編之後經理不由主官包辦可免侵蝕之弊、同時即厲行預算決算、這樣一來、下級官兵的待遇可以提高、可以照中央規定的餉章、按月發餉了、㈣教育整編後、教育統一於中央

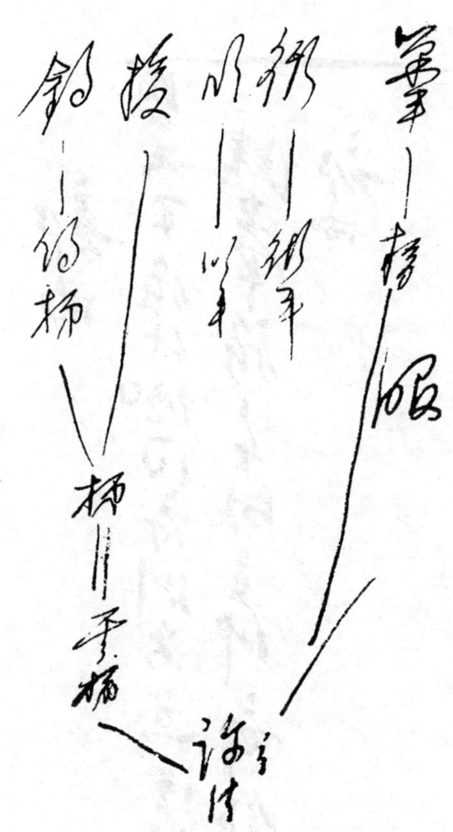

部曲

野又軍旅什伍同行則有之注什伍士卒部曲也

續軍旅本時主仲部領圍曲而原撥云

部曲

軍

來

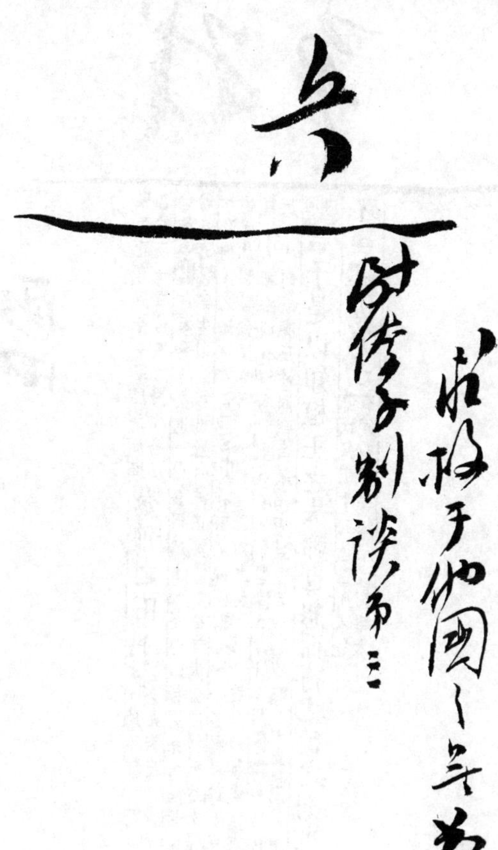

戰事

○王取鄔劉二邑在河南緱氏縣西南有鄔聚西北有劉亭○鄔烏戶反緱古侯反一音苦侯反聚才遇反蔿邘之田于鄭蔿邘鄭二邑○蔿尤委反邘音于而與鄭人蘇忿生之田蘇忿生周武王司寇蘇公也○忿芳粉反疏注蘇忿至公也○正義曰成十一年傳曰昔周克商使諸侯撫封蘇忿生以溫爲司寇尚書立政稱周公告大史曰司寇蘇公是其事也溫今溫縣原在沁水縣西○沁七浸反字林先任反郭璞三蒼解詁音狗沁之沁沈文何疏鳩反韋昭思金反水名絺在野王縣西南○絺勑之反樊一名陽樊野王縣西南有陽城○樊扶袁反隰郕在懷縣西南○隰詳立反郕尚征反欑茅在脩武縣北○欑木官反向軹縣西有地名向上○向舒亮反注同軹音紙盟今盟津○盟音孟州今州縣陘闕○陘音刑隤在脩武縣北○隤徒回反懷今懷縣凡十二邑皆蘇忿生之田欑茅隤屬汲郡餘皆屬河內君子是以知桓王之失鄭也恕而行之德之則也禮之經也已弗能有而以與人人之不至不亦宜乎蘇氏叛王十二邑王所不能有爲桓五年從王伐鄭張本

○宋人取邾田邾人告於鄭曰請君釋憾於宋敝邑爲道〔釋四年再見伐之恨。道音導本亦作導〕鄭人以王師會之〔王師不書不以告也〕伐宋入其郛以報東門之役〔郛郭也東門役在四年。郛芳夫反下同〕宋人使來告命〔告命策書〕公聞其入郛也將救之問於使者曰師何及對曰未及國〔忿公知而故問責窮辭。使所吏反下同〕公怒乃止辭使者曰君命寡人同恤社稷之難今問諸使者曰師未及國非寡人之所敢知也〔爲七年公伐邾傳〕

古代戰爭

兵

八年吳使公子光伐楚敗楚師迎楚故太子建母於居巢以歸因北伐敗陳蔡之師九年公子光伐楚拔居巢鍾離【集解】服虔曰鍾離州來西邑也【索隱】昭二十四年經曰冬吳滅巢左氏曰楚子爲舟師以略吳疆沈尹戌曰此行也楚必亡邑不撫民而勞之吳不動而速之吳人踵楚邊人不備遂滅巢及鍾離而還地理志居巢屬廬江鍾離屬江南應劭曰鍾離子之國也初楚邊邑卑梁氏之處女與吳邊邑之女爭桑【索隱】左氏無其事二女家怒相滅兩國邊邑長聞之怒而相攻滅吳之邊邑吳王怒故遂伐楚取兩都而去【正義】兩都即鍾離居巢

○春秋作夷末公羊傳作夷眛　初楚邊邑卑梁氏之處女與吳邊邑之女爭桑○臣駰按楚世家吳之邊邑卑梁與楚邊邑鍾離小童爭桑滅卑梁卑梁大夫怒發邑兵攻鍾離楚王聞之怒發國兵滅卑梁吳王聞之亦大怒發兵滅鍾離居巢則卑梁爲吳邊邑鍾離爲楚邊邑明矣此云楚邊邑卑梁氏云云則又似卑梁爲楚之邊邑也　胥之父兄爲僇于楚欲自報其仇耳○之一

公三十三年下重言城郢杜預云楚用子囊遺言以築郢城矣今畏吳復修以自固也　初吳之邊邑卑梁【正義】卑梁邑近鍾離也與楚邊邑鍾離小童爭桑兩家交怒相攻滅卑梁卑梁大夫怒發邑兵攻鍾離楚王聞之怒發國兵滅卑梁吳王聞之大怒亦發兵使公子光因建母家攻楚遂滅鍾離居巢楚乃恐而城郢【索隱】去年已城郢今又重言據左氏昭二十三年城郢二十四年無重城郢之文是史記誤也十三年平王卒將軍子常曰太子珍少且其母

楚世家

兵

陽溧陽縣【索隱】張勃晉人吳鴻臚儼之子作吳錄故裴氏注引之溧音栗水名也至於吳吳王僚方用事公子光爲將伍胥乃因公子光以求見吳王久之楚平王以其邊邑鍾離與吳邊邑卑梁氏俱蠶兩女子爭桑相攻乃大怒至於兩國舉兵相伐吳使公子光伐楚拔其鍾離居巢而歸【索隱】二邑楚縣也鍾離在六安古鍾離子之國世本謂之終犂嬴姓之國居巢亦國也桀奔南巢其國蓋遠尚書序巢伯來朝蓋因居之於淮南楚地伍子胥說吳王僚曰楚可破也願復

伍子胥列傳

序

叙録之作，初意欲遍覧全書，討論學術之可入識 匡 古者以為之

而為各種叢録，二三年目之千百種，偶録之，因奇之多

但力不如之，能計各種叢遂以乃令

有芃者狐

卒彼幽草有棧之車行彼周道芃小獸貌棧車役車也箋云狐草行草止故以比棧車輦者。芃薄紅反洸又扶東反棧士板反輦者一本作輦車疏有芃至周道。正義曰有芃芃然而小者當狐也此狐本是草中之獸故可循彼幽草今我有棧之輦車人輓以行此人本非禽獸何爲行彼周道之上常在外野與狐在幽草同乎故傷之也○傳芃小至役車○正義曰以芃是狐之狀非大獸故言芃小獸貌也此言用兵不息明此車士卒供役之車故云棧車役車○箋狐草至輦者○正義曰以上言率彼曠野而此又云幽草明義取於草以狐草行草止故比輦者亦道行道止故以幽草與周道相對也故周官鄉師云大軍旅會同正治其徒役與其輦輦注云輦人輓行所以載任器止以爲蕃營是行止常依於道似狐之依於草也以循草比人故知比輦者也鄉師注引司馬法曰夏后氏謂輦曰余車殷曰胡奴車周曰輜輦輦一斧一斤一鑿一梩一鋤周輦加二板二築又曰夏后氏二十人而輦殷十八人而輦周十五人而輦是軍行必有輦皆人輓以行也春官巾車王后五路有輦雖載任與此不同亦人輓以行故謂之輦也若然巾車之言服車五乘有士乘棧車庶人乘役車注云服車者服事者之車棧車不革輓而漆之役車方箱可載任器以供役以此言之則彼自有棧車何知此非彼者以彼棧車士之所乘以服事非此軍旅徒役所當有以此知非巾車之棧車也若然傳云棧車役車則與彼庶人役車同又知非彼役車者以役車庶人之所乘但庶人賤以供役爲名耳非輦者也卽唐蟋蟀言役車其休是矣彼不以人輓故知不與此同此謂從軍供役之輦車耳有棧是車狀非士所乘之棧名也

[illegible]

小戎

小戎[illegible]文小戎王所駕兩馬者

[illegible]

[illegible]

[illegible]

[illegible]

[illegible]

只

不為稀奇世士方家

材比古今一一國之作郊甲

中為井二二以後世車不足封建稅事

汪氏之說

（大一統）（戰方（三百万字））蘇維埃軍隊約七十五千兵六

（南方 三 （四百万字））

（日本陸軍）甲午三万 辛丑七十二万‖十七十四万 丙午年七十五万千（十六万二）

五三三乃一百服兵

未子千六百萬五十二軍一万人

（舊歷）十六萬三二服役

75000

3 1600 533 1/3

15

10

5

10

5

1

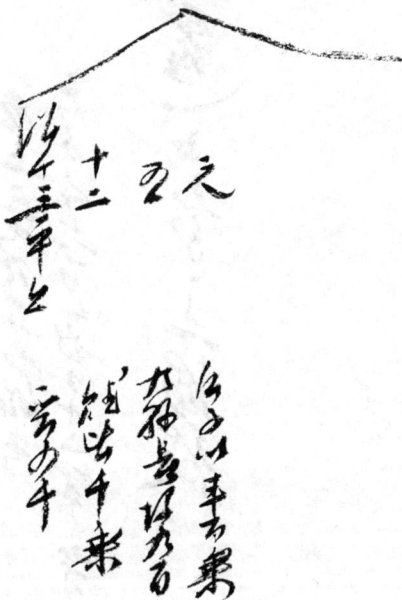

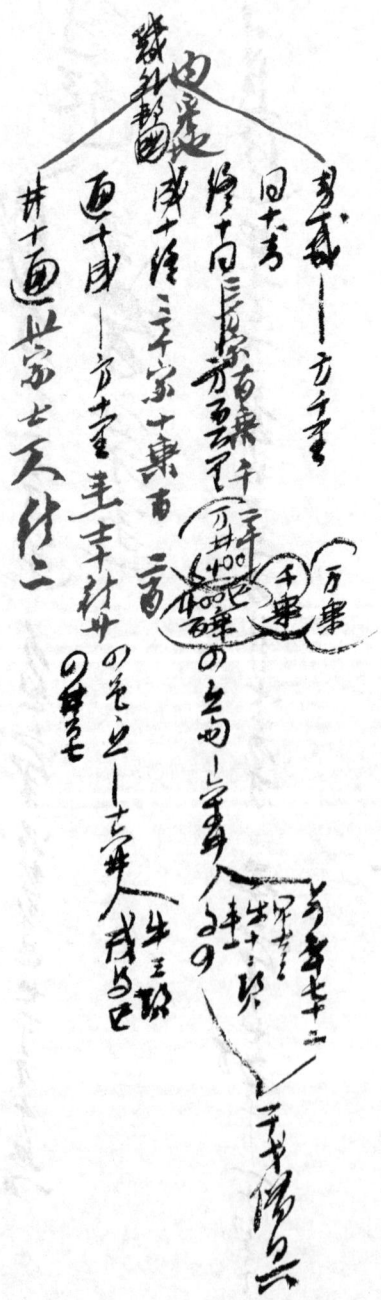

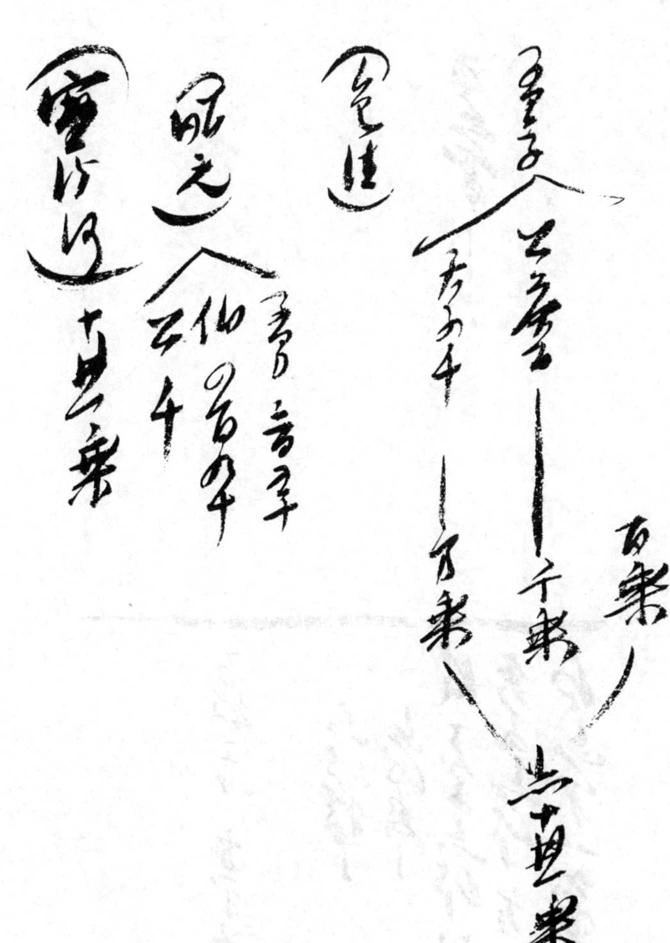

五六軍……

百畝三口 六軍萬千

六百里 廿萬 廿萬 ‖十六萬

千六百

六師轄

六師旅

後天子六師出旅一軍

天子六師 六師二出旅一

百六軍一萬五千人

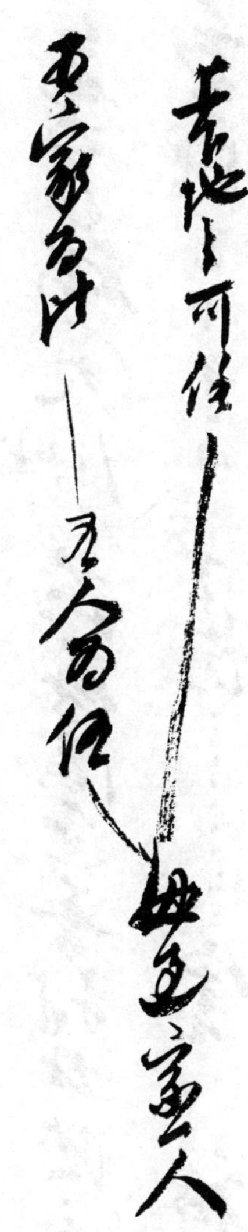

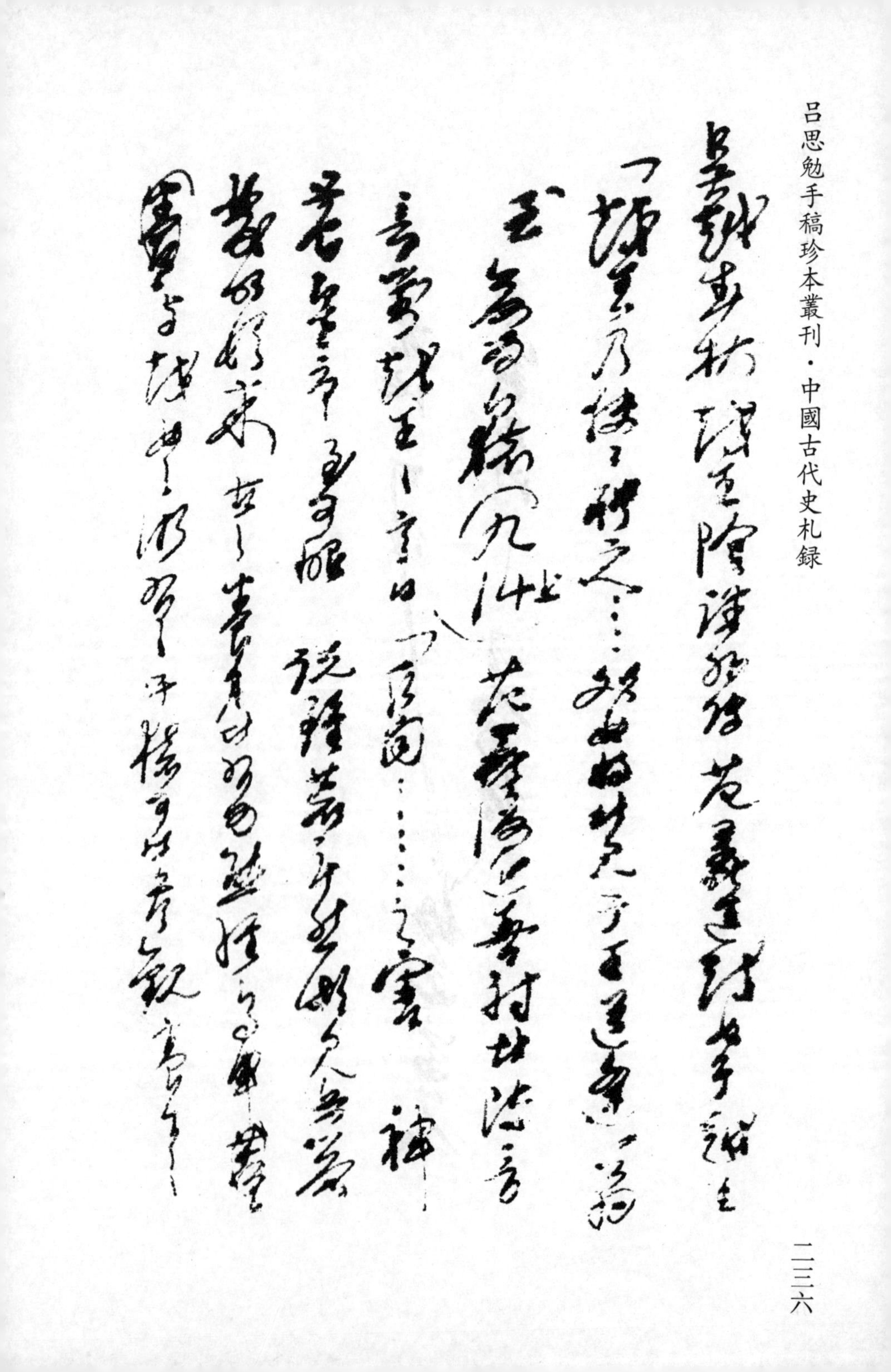

[illegible]

[illegible]

[illegible]（九卅上）[illegible]

[illegible]

[illegible]

[illegible]

[illegible]

湘省接壤，湘兵是否得力，勤加[illegible]也。

司厲下士二人史一人徒十有二人犯政爲惡曰厲厲士主盜賊之兵器及其奴者疏注犯政至奴者○釋曰在此者案其職云掌盜賊之任器又云其奴男子入于罪隸亦是刑獄之事故在此也云犯政爲惡曰厲者厲是惡鬼殺厲之事故以造惡爲厲也云厲士主盜賊之兵器者其職文也

司厲掌盜賊之任器貨賄辨其物皆有數量賈而楬之入于司兵鄭司農云任器貨賄謂盜賊所用傷人兵器及所盜財物也入于司兵若今時傷殺人所用兵器盜賊贓加責沒入縣官○賈音嫁疏注鄭司至縣官○釋曰云入於司兵者其任器多是金刃所盜財貨雖非金刃以其賊物亦入司兵給治兵刃之用故並入司兵也先鄭云若今時傷殺人所用兵器盜賊贓加責沒入縣官者其加責者即今時倍贓者也其奴男子入于罪隸女子入于舂槀鄭司農云謂坐爲盜賊而爲奴者輸於罪隸舂人槀人之官也由是觀之今之爲奴婢古之罪人也故書曰予則奴戮汝論語曰箕子爲之奴罪隸之奴也故春秋傳曰斐豹隸也著於丹書請焚丹書我殺督戎恥爲奴欲焚其籍也玄謂奴從坐而沒入縣官者男女同名○槀古老反坐才卧反下同女音汝疏其奴至舂槀○釋曰云男子入於罪隸者則司隸職中國之隸謂之罪隸百二十人者是也云女子入于舂槀皆地官舂人槀人是也○注鄭司至同名○釋曰先鄭引尚書予則奴戮女及論語箕子爲之奴皆與此經奴爲一若後鄭義尚書奴爲予若詩樂爾妻奴奴即子也後鄭不破者亦得爲一義云春秋傳者左氏傳襄公二十三年云初斐豹隸也著於丹書欒氏之力臣曰督戎國人懼之斐豹謂宣子苟焚丹書我殺督戎引之者證隸爲奴云玄謂奴男女從坐沒入縣官者謂身遭大罪合死男女沒入縣官漢時名官爲縣官非謂州縣也

凡有爵者與七十者與未齔者皆不爲奴有爵謂命士以上也齔毀齒也男八歲女七歲而毀齒○上時掌反毀況僞反下同疏注有爵至毀齒○釋曰云有爵謂命士以上也者見典命公侯伯之士皆一命天子之士皆三命以下可知云男八歲女七歲而毀齒者家語本命篇之文也曲禮云悼與耄雖有罪不加刑焉是未齔不加刑又不爲奴若七十者雖不爲奴猶加其刑至八十始不加刑以其八十九十始名耄故也

一　兼六標作罷

彭玉麟

上既言處止於京此又言宮室既就饗燕羣臣焉厚乎公劉之爲君也既爲邑於京地於此依之而築宮室宮室既成則饗燕羣臣其威儀蹌蹌之士及濟濟之大夫將來君所公劉則使人爲之設筵使人爲之設几賓來就燕既登席矣乃依几矣公劉乃使人造適其羣牧執其豕於牢中以爲飲酒之殽其飲此酒酌之用匏匏以酌之言其新爲邦國儉而禮合也又說公劉其於羣臣設饌以食之設酒以飲之已身與之爲君與之爲大宗也言公劉之厚於羣臣如此欲成王之法效之。鄭上二句與毛同言公劉築室既成與羣臣飲食以樂之其爲如此蹌蹌濟濟之威儀者謂公劉之朝士大夫者則相使爲公劉設筵相使爲公劉設几欲使公劉升扆而坐也公劉既登堂矣乃負扆而立其羣臣乃造其羣牧執豕於牢以爲飲酒之殽得殽乃飲遂酌之用匏以進於公劉於此之時羣臣之於公劉也獻酒以飲之進食以食之從而君敬之從而尊重之言雖去舊國見尊如本國由愛厚其民故下不失敬欲成王之厚於民以見敬。箋蹌蹌至升坐。正義曰曲禮下云凡行容大夫濟濟士蹌蹌是蹌蹌濟濟大夫士之威儀也俾使釋詁文上京師之野于時處處謂衆民處處此言于京斯依則是公家之事故云公劉之居此京依而築宮室以宮室新成則有落之之禮下執豕用匏是飲酒之事故知既成與羣臣士大夫飲酒以落之也落室之禮則是公家所爲筵几酒豕當是公家之物而云羣臣相使爲公劉設几筵使之升坐者爲禮之物實出於公但使掌供辦羣臣之職若使心不愛君則苟從而已雖有所掌不必促遽今言羣臣相使見其愛君之意耳。傳賓已至以質。正義曰以上言筵几此言登依則是登筵依几故云賓已登席矣乃依几矣以傳此言則知上筵几者毛意以公劉爲羣臣設之饗燕之禮立一人爲賓對主以行禮揔而言之則非主者皆曰賓此賓卽上蹌蹌濟濟之人宜爲揔矣左傳之說饗禮云設几而不倚此言依几者此文揔言於臣之禮不辨饗燕之異下云飲之食之或亦兼食燕矣故得依几也行葦說燕宗族之禮箋云老者加之以几則羣臣之中當有無几者據有者言之耳周語曰民所曹好漢書每云吾曹曹者輩類之言故爲羣也饗禮當亨大牢以飲賓此唯用豕者秋官掌客曰凡禮賓客國新殺禮公劉新至豳地殺禮也匏是自然之物故云儉且質也定本云儉以質也燕禮羹定乃納賓此賓升乃執豕者其實執豕在登席之前欲使賓事與殽酒各自相近故也。箋公劉至忠敬。正義曰釋宮云牖戶之間謂之扆明堂位云天子負斧依南鄉而立此云既登乃依事與彼同故知是公劉既登堂負扆而立也明堂位注云負之言背也斧依爲斧文屏風於戶牖之間然則斧者是屏風之名扆則戶牖之間地耳郭璞云扆窻東戶西也禮有斧扆形如屏風畫爲斧文置於扆地因名爲斧扆是也言天子負斧扆則諸侯之扆有斧以否無明文也此公劉負扆而立謂在朝之時其飲則坐於席故上箋云使之升坐謂設几筵擬飲時非負扆時也適其羣牧謂枚豕之羣處也晉語曰大任溲於豕牢郎牢是養豕之處故云搏豕於牢中言忠敬者揔解執豕用匏之事備其殽酒酌以進君道公劉之臣忠而且敬也。傳爲之君爲之大宗。正義曰傳以君之宗之其意爲一也板傳曰王者天下之大宗然則此以諸侯爲一國之所尊故云爲之大宗也。箋公劉至在豳。正義曰夷險易情人之恆事國君不能得其社稷乃逃竄遠夷於此之時臣多解體而能見尊如此所以可尚易傳者孫毓云此篇主稱公劉之厚於民列其始遷於豳此章言羣臣之愛敬上下之有禮無饗燕尊賓之事且饗之禮設几而不倚何有賓已登席依几之義又國君不統宗故有大宗小宗安得爲之君復爲之大宗乎箋說爲長

篤公劉既溥既長既景迺岡相其陰陽觀其流泉既景乃岡考於日景參之高岡箋云厚乎公劉之居豳也既廣其地之東西又長其南北既以日景定其經界於山之脊觀相其陰陽寒煖所宜流泉浸潤所及皆爲利民富國。相息亮反注同煖況袁反又乃管反浸子鴆反**其軍三單度其隰原徹田爲糧**三單相襲也徹治也箋云邰后稷上公之封大國之制三軍以其餘卒爲羨今公劉遷於豳民始從之丁夫適滿三軍之數單者無羨卒也度其隰與原田之多少徹之使出稅以爲國用什一而稅謂之徹魯哀公曰二吾猶不足如之何其徹也。單音丹度待洛反注及下

劉公詩

同義音睽又音術下同度其夕陽豳居允荒山西曰夕陽荒大也箋云允信也夕陽者豳之所處也度其廣輪豳之所處信寬大也○廣古曠反【疏】箋公劉至允荒○毛以爲厚乎公劉之爲君初
至於豳既廣其土地之東西既長其境界之南北既以日影定其經界乃復登彼山脊之岡而視其陰陽寒煖所宜又觀
其流泉浸潤所及知天氣宜其禾黍地利足以生物乃居處其民焉又其從部往山未得安定之時其爲軍也分老弱婦
女爲三等之陳而單營之○初來未有宅舍且居其隰原之地治其豳國之田以爲久住之糧然後始得營宅安居乃居其
山西夕陽之地此豳國之居信寬大矣美其居民得所闢境廣大欲王法效之也○鄭唯下五句爲異言公劉初至於豳
丁夫寡少其軍有三唯單而已無羨卒也量度其陽與原田之多少徵稅其田之所收以爲國之糧庶其豳之所處夕陽
之地觀其廣輪則豳之所居信寬大矣○傳既景至高岡○正義曰以此句同事別故特解之考於日影卽上既溥既長
以日影考之也參之高岡卽下相其觀其是登岡視之先影後岡故稱及也定本影皆爲景字○箋既廣至富國○正義
曰既廣既長謂正定疆界故以土地言之公劉自部往遷豳之時尺土皆非己物故美公劉能廣長之也夏殷之世大國
百里雖云廣長亦不是過也日影定其經界者民居田畝或南或東皆須正其方面故以日影定之居山之脊觀其陰陽
則觀其山之南北也大名則山南爲陽山北爲陰但廣谷大川有寒有煖寒煖不同所宜則異故相之也流泉所以溉灌
故知觀其浸潤所及相寒煖視浸潤欲民擇所宜而種之逐浸潤而耕之皆所以利民富國故公劉殷勤審之也○傳三
單相襲徹治○正義曰重衣謂之襲三單相襲者謂三行皆單而相重爲軍也此謂發部在道及初至之時以未得安居
處有寇鈔故三重爲軍使強壯在外所以備禦之也嵩高及此傳皆云徹治則訓徹爲治非稅法之通名也言治田爲糧
謂既至豳地以爲久住之糧非在道之糧也何則發部之日尚委棄積倉不得言治田爲道路之糧矣王肅云三單相襲
止居則婦女在內老弱次之強壯在外言自有備也徹治也居其民衆於隰與原治其田畝以爲糧是也○箋部后至其
徹○正義曰知后稷上公之封者公羊傳曰王者之後稱公后稷本是二王之後以有大功而改封於部明爲大國公爵
公劉是其曾孫耳故知仍爲大國當作三軍地官小司徒云凡起徒役無過家一人以其餘爲羨羨謂家之副丁也今言
其軍三單則是單而無副故知公劉遷豳民始從之其衆未多丁夫適滿三軍之數無復羨卒故稱單也以周禮言之三
軍三万七千五百人然則從公劉之遷其家不滿此數故通取羨卒始滿三軍也言度其隰原是度量土地使民耕之也
下卽云徹田爲糧明是徹取此隰原所收之粟以爲軍國之糧也且徹與孟子百畝而徹文同故知徹之使出稅以爲國
用孟子說三代稅法其實皆什一故云什一而稅謂之徹引論語曰明徹是稅法其證爲什一也如孟子之言夏曰貢周
曰徹徹乃周之稅法公劉夏時諸侯而言徹者舍公以周之世上論公劉遂以周法言之以其俱是什一其名可以相通
故也大國三軍亦是周制而謂公劉之詩已作三軍者以三代損益事多相因甘誓云大戰于甘乃召六卿王曰嗟六事
之人是夏時天子六軍之將亦命卿其法與周同也於時大國亦立三卿則知亦作三軍而周制因之耳夏殷大國百里
周則大國五百里大小懸絕而軍數得同者周之軍賦皆出於鄉家出一人故鄉爲一軍諸侯三軍出其三鄉而已其餘
公邑采地不以爲軍若夏殷之世則通計一國之人以爲軍數故此言丁夫適滿三軍是通一國之人總計之大國百里
爲方一里者万爲田九万夫田有不易一易再易通率二而當一半之得四万五千家以三万七千五百家爲三軍尚餘
七千五百舉大數故得爲三軍也次國七十里爲方一里者四千九百爲田四万四千一百夫半之得二万二千五十家
二軍當用二万五千人少二千九百五十人以羨卒充之舉大數亦得爲二軍也以小國五十里爲方一里者二千五百
爲田二万二千五百夫半之得一萬一千二百五十家以万二千五百人爲軍少一千二百五十人不滿一軍舉大數亦
得爲一軍也如此計之夏殷國地雖狹亦得爲三軍矣易傳者此詩主美公劉之遷首章言去部二章已言至豳無宜此
文方說在道去夏入戎則戎地無寇至豳之日無所用兵三軍相襲復何禦哉且上言棄其積倉裹糧而行至豳縱糧必
須稅斂徹是稅名糧從田出徹田爲糧稅事明矣故知三單是三軍之無副徹田是徹民而取糧所以不從傳也○傳山
西至荒大○正義曰山西曰夕陽釋山文孫炎曰夕乃見日然則陽卽日也夕始得陽故名夕陽釋言云荒奄也孫炎曰

另一事也，於此參看（參見本冊第三）

又應當如何處理而加討論（參見本冊第一冊之一）

即學術如何判定（參見本冊第二）

○六

月支兵所制

營哨[illegible]每[illegible] 在[illegible]每日[illegible]營[illegible]話八、[illegible]

將目亦[illegible]

之。注孟仲子孟子之從昆弟而學於孟子者也。正義曰未詳以理推之則與孟子同姓必孟子從昆弟而學於孟子者也。注景丑氏齊大夫亦未詳其人也陳臻問曰前日於齊王餽兼金一百而不受於宋餽七十鎰而受於薛餽五十鎰而受前日之不受是則今日之受非也今日之受是則前日之不受非也夫子必居一於此矣陳臻孟子弟子兼金好金也其價兼倍於常者故謂之兼金一百百鎰也古者以一鎰爲一金一鎰是爲二十四兩也故云兼金一百百鎰也孟子曰皆是也當在宋也予將有遠行行者必以贐辭曰餽贐予何爲不受贐送行者贈賄之禮也時人謂之贐當在薛也予有戒心辭曰聞戒故爲兵餽之予何爲不受戒有戒備不虞之心也時有惡人欲害孟子孟子戒備薛君曰聞有戒此金可鬻以作兵備故餽之我何爲不受也若於齊則未有處也無處而餽之是貨之也焉有君子而可以貨取乎我在齊時無事於義未有所處也義無所處而餽之是以貨財取我欲使我懷惠也安有君子而可以貨財見取之乎是其禮當其可也疏陳臻問曰至可以貨取乎。正義曰此章言取與之道必得其禮於其可也雖少不辭義之無處兼金不

兵事

以軍弁入他國軍

○會于扈討不睦也謀齊陳陳侯不會前年與楚成故晉荀林父以諸侯之師伐陳不書諸侯師林父帥之無將帥。將子匠反帥所類反疏注不書至將帥。正義曰僖二十八年晉侯齊師宋師秦師及楚人戰於城濮彼注云宋公齊國歸父秦小子憖既次城濮以師屬晉不與戰也彼以師屬晉而經書其師此全不書者彼雖公卿不行仍有大夫帥之將卑師衆故稱師耳此則全無將帥以兵付晉弁入晉軍林父獨自帥之故唯書林父伐陳也晉侯卒于扈乃還○冬宋人圍滕因其喪也○陳靈公與孔寧儀行父通於夏姬皆衷其衵服

宗文

楚蔿尹然。工尹麇帥師救潛二尹楚官然麇其名。蔿由九反麇九倫反疏注二尹楚官。正義曰楚官多以尹爲名知二尹是官名耳其蔿王之義不可知也服虔云王尹主宮內之政蔿不可解王未必然定本王作工左司馬沈尹戌帥都君子與王馬之屬以濟師都君子在都邑之士有復除者王馬之屬王之養馬官屬校人也濟益也。戌音恤復音福校胡孝反疏注都君至校人。正義曰都謂國都在都君子明是在都邑之士也都邑之士以君子爲號故知是有復除者謂優復其身除其徭役賈逵云然今之律令猶名放課役者爲復除是漢世以來有此言也此人或别有功勞或曲蒙恩澤平常免其徭役事急乃使之耳周禮校人掌養馬知王馬之屬是王之養馬之官屬也校人職云凡頒良馬而養乘之乘馬一師四圉三乘爲皁皁一趣馬三皁爲繫繫一馭夫六繫爲廄廄一僕夫六廄成校校有左右駑馬四。良馬之數麗馬一圉八麗一師八師一趣馬八趣馬一馭夫諸侯六閑養馬之人多矣此唯養馬不給餘役今亦事急而徼僥之與吳師遇于窮令尹子常以舟師及沙汭而還沙水名。汭如銳反疏遇于窮。正義曰土地名窮闕也本或窮下有谷字者爲定七年傳敗尹氏于窮谷涉彼而誤耳左尹郤宛工尹壽帥師至于潛吳師不能退楚師彊故吳不得退去

昭廿七

軍禮

令人君當左右之位丨失位丨屬從大國征伐皆自乘其車自率其軍

彭名御戎蔡景公爲左許靈公爲右王卒盡行故王戎車亦行雖無楚王令二君當左右之位。卒子忽反注同令力呈反疏注王卒至之位。正義曰諸言御戎皆御君之戎車此云彭名御戎知王戎車亦行也若君親在軍則君當車中御者在左勇力之士在右故御戎戎右常連言之此王車雖行王身不在故不立戎右使御者在中令蔡許二君居王車上當左右之位若夾衛王然下注云乘楚王車爲左右是二君皆在車之上也二君

左成二

蔡侯許男不書乘楚車也謂之失位乘楚王車爲左右則失位也

左成二

卿不書則稱人諸侯不書皆不見經君臣之別。見賢遍反別彼列反疏注乘楚至之別。正義曰小國之從大國其征伐也皆自乘其車自率其軍至戰陳之時與同出力耳此二君棄己之車乘楚之乘乃爲楚王左右則是失位既失其位非復國君故侵與盟會並皆不序經書楚師鄭師侵衛於時蔡許在矣公會楚公子嬰齊于蜀蔡許亦在也及盟又蔡許之君在焉侵也會也盟也三事並失其位經悉不書故傳於盟下釋之明上侵衛會蜀皆失位也舊說諸侯之貶亦書爲人杜意謂諸侯之貶不至於人故因此而又明之卿不書則稱人諸侯不書則全不見經此是君臣之別明貶諸侯無稱人之法也君子曰位其不可不慎也乎蔡許之君一失其位不得列於諸侯況其下乎詩曰不解于位民之攸塈。詩大雅言在上者勤正其位則國安而民息也攸所也塈息也。解佳賣反塈許器反疏詩曰至攸塈。正義曰此大雅假樂之篇其是之謂矣○楚師及宋公衡逃歸臧宣叔曰衡父不忍數

○鄭武子賸之嬖許瑕求邑無以與之賸罕達也瑕武子之嬖○賸以證反請外取許之瑕請取於他國故圍宋雍丘宋皇瑗圍鄭師許瑕師每日遷舍作壘塹成輒徙舍合其圍○壘力軌反塹七豔反壘合鄭師哭子姚救之大敗子姚武子賸也二月甲戌宋取鄭師于雍丘使有能者無死惜其能也以郟張與鄭羅歸鄭之有能者○郟古洽反又音甲○夏楚人伐陳陳即吳故也

哀九

至禮也○正義曰祭社有常而云大爲社者此非常祭之月而爲火特祭蓋君臣肅共禮物備具大於常祭故稱大也周禮女巫掌祓除釁浴祓禳皆除凶之祭徧於四方之神如尚書咸秩無文苟可祭者悉皆祭之所以振訊除去火災禮也嫌多祭非禮故禮之乃簡兵大蒐將爲蒐除治兵於廟城內地迫故除廣之子大叔之廟在道南其寢在道北其庭小庭蒐場也○場直長反疏子大至道北○正義曰鄭簡公之卒將爲葬除亦欲毀游氏之廟則游吉宅近大路故數將徹毀也其廟當在宅內以其居處狹隘故廟在道南寢在道北也寢即游吉所居宅也過期三日處小不得一時畢○處昌慮反疏過期三日○正義曰此量其庭之大小而豫計之以庭小之故當過期三日欲除道使闕望及期得了亦不知本期當幾日也使除徒陳於道南廟北曰子產過女而命速除乃毀於而鄉而女也毀女所鄉○女音汝注同鄉許亮反本又作向注同子產朝朝君過而怒之怒不毀除者南毀子產及衝使從者止之曰毀於北方言子產仁不忍毀人廟○衝昌容反從才用反火之作也子產授兵登陴子大叔曰晉無乃討乎辭晉公子公孫而授兵似若叛晉○陴婢支反子產曰吾聞之小國忘守則危況有災乎國之不可小有備故也既晉之邊吏讓鄭曰鄭國有災晉君大夫不敢寧居卜筮走望不愛牲玉鄭之有災寡君之憂也今執事撊然授兵登陴撊然勁忿貌○守手又反一音如字撊遐板反勁吉政反疏卜筮至牲玉○正義曰言爲鄭卜筮何故有災宜禱何神奔走而望祭之祭山川故爲望也莊二十五年傳云天災有幣無牲而云不愛牲玉者天之見異非求入飲食隨時告請則有幣無牲若祭求弭災者則當有牲雲漢之詩美宣王爲旱禱神云靡愛斯牲圭璧既卒亦是用牲玉也○注撊然勁忿貌○正義曰服虔云撊然猛貌也方言云撊猛也晉魏之間曰撊杜言勁忿貌亦是猛也但述晉人責鄭之意故以勁忿解之將以誰罪邊人恐懼不敢不告子產對曰若吾子之言敝邑之災君之憂也敝邑失政天降之災又懼讒慝之間謀之以啓貪人荐爲敝邑不利荐重也○恐丘勇反慝他得反間間廁之間荐在遍反重直用反下文同疏將以誰罪○正義曰將以誰爲罪而欲授兵疑其畏晉襲之欲禦晉擊之以重君之憂幸而不亡猶可說也說解也不幸而亡君雖憂之亦無及也鄭有他竟望走在晉言鄭雖與他國爲竟每瞻望晉歸赴之○竟音境疏望走在晉○正義曰其所瞻望奔走而歸之者唯在晉耳既事晉矣其敢有二心傳言子產有備疏注傳言子產有備○正義曰國有火災懼被人襲登陴還守是有備也

左昭十八

左戈盾在右御在中央○朝直遥反與音預乘繩證反盾食允反又音允孔子曰殺人之中又有禮焉善之疏工尹至禮焉○正義曰此一節論殺人有禮之事各依文解之○注工尹至人聲○正義曰案春秋傳楚皆以尹爲官名也故知工尹楚官名也云弃疾楚公子弃疾也者左傳文是楚恭王之子後立爲平王云楚人善之因號焉者案昭十三年左傳晉叔向云弃疾君陳蔡苛慝不作○今此云陳棄疾故楚人善之因號爲陳弃疾也云十二年楚子狩于州來者是昭十二年左傳文楚子謂靈王名虔弃疾之兄也使蕩侯一潘子二司馬督三囂尹午四陵尹喜五也五大夫圍徐以偪懼於吳也案左傳直有圍徐不見有吳師之事也又弃疾不與圍徐鄭必知有吳師及弃疾追之者以弃疾昭八年縣陳十三年自立爲王於此之間無與吳師相涉今弃疾追吳師復有圍徐懼吳之事故鄭引以明之云陳或作陵楚人聲者謂陳弃疾餘本有作陵弃疾者故云陳或作陵楚人呼陳及陵聲相似故云楚人聲子手弓而可手弓者弃疾謂商陽射吳之弃者云子是手弓之人謂是能弓之手而可手弓者謂其堪可稱此能弓之手謂宜須射也又家語云楚伐吳工尹商陽與弃疾追吳師及之弃疾曰王事也子手弓而可商陽手弓弃疾曰子射諸射之斃一人韔其弓則此分句爲異解義亦別言手弓者令其彀弓而射之未知孰是故兩存焉附之以廣聞見也○注朝燕至中央○正義曰朝之與燕皆在於寢若路門外正朝則大夫以下皆立若其燕朝在於路寢如孔子攝齊升堂又詩傳云不脫屨升堂謂之飫明脫屨升堂則坐也是大夫坐於上燕亦在寢故燕禮云燕朝服於寢案燕禮獻卿大夫及樂作之後西階上獻士士既得獻者立於東階下西面無升堂之文是士立於下云兵車參乘射者在左戈盾在右御在中央者謂兵車參乘之法其事如此若非兵車參乘則尊者在左故曲禮云乘君之乘車不敢曠左鄭注云君存惡空其位又月令載耒耜於御與車右之間君在左也知兵車參乘射者在左戈盾在右者案宣十二年左傳云楚許伯御樂伯攝叔爲右於時樂伯主射樂伯云左射以菆是射者在左攝叔云右入壘折馘執俘而還是戈盾勇力在右自然御者在中央此謂凡常戰士也若是元帥則在中央鼓下御者在左戈盾亦在右故成二年鞌之戰於時郤克爲中軍將時流血及屨未絕鼓音是將居鼓下也解張御郤克解張云矢貫余手及肘余折以御左輪朱殷是御者在左自然戈盾在右若天子諸侯親爲將亦居鼓下故戎右云贊王鼓成二年齊侯圍龍齊侯親鼓之是也若非元帥則皆在左御者在中故成二年韓厥自其車左居中代御而逐齊侯故杜預云其車自非元帥御者皆在中故熊氏以爲雖非元帥上軍下軍之將亦居鼓下故成十六年鄢陵之戰子重將左而云子重鼓之也故爲將皆在鼓下也以其親鼓故以爲鼓下案周禮諸侯執賁鼓軍將執晉鼓師帥執提旅帥執鼙豈皆居鼓下也其義恐非也孔子曰殺人之中又有禮焉者言其既殺人之中又有禮則韔弓揜目等是也案左氏傳戎昭果毅獲則殺之而商陽行仁而孔子善之傳之所云人○謂彼勍敵與我決戰雖是胡耇獲則殺之此謂吳師既走而後逐之○故云又及一人則是不逐奔之義故以爲有禮也

十有二年春用田賦古者九夫爲井十六井爲丘丘賦之法因其田財通共出馬一匹牛三頭今別其田及家財各出此賦言用者非所宜用。別如字又彼列反疏用田賦。釋曰古者一丘之田方十六井一百四十四夫軍賦之法因其田財通出馬一匹牛三頭今乃分別其田及家財各令出此賦則一丘之田出馬二匹牛六頭故曰用田賦言非所宜用也謂之田賦者古者但賦其家財今又計田貢故曰田賦也。注古者九夫至爲丘。釋曰案周禮小司徒職九夫爲井四井爲邑四邑爲丘四丘爲甸然則井方一里九夫邑方二里四井三十六夫丘方四里十六井百四十四夫甸方八里六十四井五百七十六夫軍賦之法丘出馬一匹牛三頭甸出長轂一乘馬四匹牛十二頭甲士三人步卒七十二人此甸八里據實出賦者言之其畔各加一里治溝洫者司馬法城方十里出革車一乘者通計治溝洫者言之其實一也今指解經云用田賦者是丘之賦故云九夫爲井十六井爲丘也然經即云用田賦而使丘民以成元年作丘甲民盡作甲則知此用田賦亦令一丘之民用田賦也宣十五年初稅畝則計畝以稅所稅畝十畝稅其一此則通公田什一而不畝計故彼言稅而此言賦也。注丘賦至三頭。釋曰凡丘賦之法因其民之所受公田什一及私家之財通融共出馬一匹牛三頭以一丘之民共出此賦以家財爲主故曰丘賦今又分別其所受公田各令出此馬牛之賦故曰用田賦也論語曰哀公云二吾猶不足如之何其徹也即此田財並賦之驗也○古者公田什一用田賦非正也古者五口之家受田百畝爲官田十畝是爲私得其什而官稅其一故曰什一周謂之徹殷謂之助夏謂之貢其實一也皆通法也今乃棄中平之法而田財並賦言其賦民甚矣。爲官于僞反稅舒鋭反夏謂戶雅反疏古者公至非正也。釋曰凡受農田皆私田百畝公田十畝但由公田私田皆公出所受故摠曰公田什一則以田之什一及家財而出馬牛之賦是其正也今魯用田與財俗出馬牛之賦非正也。注古者五至百畝。釋曰周禮小司徒云上地家七人可任也者家三人鄭注曰一家男女七人以上則授之以上地所養者衆也男女五人以下則授之以下地所養者寡也正以七六五爲率者有夫有婦然後爲家自二人以至於十人爲九等則七六五爲其中也老者一人其餘彊弱相半此其大數也然則周禮七人五人六人三等范唯言五口之家受田百畝指下等言之其實六人七人亦受田百畝與周禮不異也爲官田十畝者受田百畝之外又受十畝以爲公田是爲私得其什而官稅其一故漢書食貨志井田一里是爲九夫八家共之各受私田百畝公田十畝是爲八百八十畝餘二十畝爲廬舍則家得二畝半凡家受田一百十二畝半也今傳言公田什一者舉其全數據出稅言之周謂之徹殷謂之助夏謂之貢其實一也者出孟子文彼云滕文公問爲國於孟子孟子對曰夏后氏五十而貢殷人七十而助周人百畝而徹其實皆什一是也然三代受畝悉皆什一則夫皆一百一十畝夏后政寬計其五十畝而貢五畝於公殷人計其七十畝而助七畝於公周人盡計一百一十畝而徹十畝於公徹者通也什一而稅爲天下通法故詩云徹田爲糧是也皆通法者孟子云重之于堯舜大桀小桀輕之於堯舜大貊小貊什一而稅頌聲作則什一而稅堯舜亦然是爲通法也貢起堯舜則古者公田什一是堯舜之時明此什一之法也范說不與先儒同其先儒皆云什一者十中稅一耳

太師疵少師彊抱其樂器而犇周於是武王徧告諸侯曰殷有重罪不可以不畢伐【集解】徐廣曰一作滅乃遵文王遂率戎車三百
乘虎賁三千人【集解】孔安國曰虎賁勇士稱也若虎賁言其猛也甲士四萬五千人以東伐紂十一年十二月戊午師畢渡盟津【正義】畢盡也盡從河南渡河北
諸侯咸會曰孳孳無怠武王乃作太誓告于衆庶今殷王紂乃用其婦人之言自絕于天毀壞其三正【集解】馬融曰動逆天地人也【正義】按
三正三統也周以建子為天統殷以建丑為地統夏以建寅為人統也離逷其王父母弟【集解】鄭玄曰王父母弟祖父母之族必言母弟舉親者言之也乃斷棄其先祖之樂乃為淫聲用
變亂正聲怡說婦人【集解】徐廣曰怡一作辭故今予發維共行天罰勉哉夫子【集解】鄭玄曰夫子丈夫之稱不可再不可三二月甲子昧爽武王
朝至于商郊牧野乃誓【集解】徐廣曰一作正此建丑之月殷之正月周之二月也孔安國曰昧冥也爽明蚤旦也癸亥夜陳甲子朝誓之【正義】括地志云衞州城故老云周武王伐紂至于商郊牧野乃築此城酈元注水
經云自朝歌南至清水土地平衍據皋跨澤悉牧野括地志又云紂都朝歌在衞州東北七十三里朝歌故城是也本妹邑殷王武丁始都之帝王世紀云帝乙復濟河北徙朝歌其子紂仍都焉武王左杖黃鉞右秉
白旄以麾【集解】孔安國曰鉞以黃金飾斧左手杖鉞示無事於誅右手把旄示有事於教令曰遠矣西土之人【集解】孔安國曰勞苦之武王曰嗟我有國冢君【集解】馬融曰冢大也司
徒司馬司空亞旅師氏【集解】孔安國曰亞次旅衆也衆大夫也其位次卿師氏大夫官以兵守門千夫長百夫長【集解】孔安國曰師率卒率及庸蜀羌髳微纑彭濮人【集解】孔安國曰
八國皆蠻夷戎狄羌在西蜀髳微在巴蜀纑彭在西北庸濮在江漢之南馬融曰武王所率將來伐紂也【正義】髳音矛括地志云房州竹山縣及金州古庸國益州及巴利等州皆古蜀國隴右岷洮叢等州以西羌也姚府以南古髳國之地戎
府之南古微盧彭三國之地濮在楚西南有髳州微濮州盧府彭州焉武王率西南夷諸州伐紂也稱爾戈【集解】孔安國曰稱舉也比爾干立爾矛予其誓王曰古人有言牝雞無晨
牝雞之晨惟家之索【集解】孔安國曰索盡也喻婦人知外事雌代雄鳴則家盡也今殷王紂維婦人言是用自棄其先祖肆祀不答【集解】鄭玄曰肆祭名答問也昏
棄其家國遺其王父母弟不用乃維四方之多罪逋逃是崇是長是信是使【集解】孔安國曰言紂棄其賢臣而尊長逃亡罪人信用之也俾暴虐于百
姓以姦軌于商國今予發維共行天之罰今日之事不過六步七步乃止齊焉夫子勉哉【集解】孔安國曰今日戰事不過六步七步乃止相齊言當旅進
一心也不過於四伐五伐六伐七伐乃止齊焉勉哉夫子【集解】孔安國曰伐謂擊刺也少則四五多則六七以為例也尚桓桓【集解】鄭玄曰威武貌如虎如羆如豺
如離【集解】徐廣曰此訓與螭同于商郊不禦克犇以役西土勉哉夫子【集解】鄭玄曰禦強禦謂強暴也克殺也不暴殺紂師之犇走者當以為周之役也爾所不勉其于爾身
有戮【集解】鄭玄曰所言且也誓已諸侯兵會者車四千乘陳師牧野帝紂聞武王來亦發兵七十萬人距武王武王使師尚父與百
夫致師【集解】駰案周禮環人掌致師鄭玄曰致師者致其必戰之志也古者將戰先使勇力之士犯敵焉春秋傳曰楚許伯御樂伯攝叔為右以致晉師許伯曰吾聞致師者御靡旌摩壘而還樂伯曰吾聞致師者左射以菆代御執轡

御下摘馬搏戰而還攝叔曰吾聞致師者右入壘折馘執俘而還皆行其所聞而復以大卒馳帝紂師【集解】徐廣曰帝一作商【正義】大卒謂戎車三百五十乘士卒二萬六千二百五十人有虎賁三千人紂師雖衆皆無戰之心心欲武王亟入紂師皆倒兵以戰以開武王武王馳之紂兵皆崩畔紂紂走反入登于鹿臺之上蒙衣其珠玉自燔于火而死【正義】衣音於旣反周書云甲子夕紂取天智玉琰五環身以自焚注天智玉之善者縷環其身自厚也凡焚四千玉也庶玉則銷天智玉不銷紂身不盡也武王持大白旗以麾諸侯諸侯畢拜武王武王乃揖諸侯【正義】武王率諸侯伐天子天子已死諸侯畢賀故武王揖諸侯言先拊循其心也諸侯畢從武王至商國【正義】謂至朝歌商國百姓咸待於郊於是武王使羣臣告語商百姓曰上天降休商人皆再拜稽首武王亦答拜【索隱】武王蓋以臣伐君顏有慙德不應答商人之拜太史公失辭耳上文諸侯畢拜賀武王武王尚且報揖無容遂下拜商人遂入至紂死所武王自射之三發而後下車以輕劍擊之【正義】周書作輕呂擊之輕呂劍名也以黃鉞斬紂頭縣太白之旗已而至紂之嬖妾二女二女皆經自殺武王又射三發擊以劍斬以玄鉞【集解】駰案司馬法曰夏執玄鉞宋均曰玄鉞用鐵不磨礪縣其頭小白之旗武王已乃出復軍其明日除道修社及商紂宮及期百夫荷罕旗以先驅【集解】駰案蔡邕獨斷曰前驅有九旒雲罕東京賦曰雲罕九斿薛綜曰旒旗名武王弟叔振鐸奉陳常車周公旦把大鉞畢公把小鉞以夾武王散宜生太顛閎夭皆執劍以衛武王既入立于社南大卒之左右畢從毛叔鄭奉明水【集解】駰案周禮曰司烜氏以鑑取明水於月鄭玄曰鑑鏡屬也取月之水欲得陰陽之絜氣陳明水以爲玄酒【索隱】[illegible]明水也舊本無水字

縣師掌邦國都鄙稍甸郊里之地域而辨其夫家人民田萊之數及其六畜車輦之稽三年大比則以攷羣吏而以詔廢置郊里郊所居也自邦國以及四郊之内是所主數周天下也萊休不耕者郊内謂之易郊外謂之萊善言近○比毗志反後放此

疏縣師至廢置○釋曰云掌邦國據畿外諸侯言都鄙據畿内五百里四百里大都小都言稍據三百里家邑言甸據二百里六遂言郊里據從遠郊至國中六鄉之民也從外向内而說之言地域者從邦國至六鄉各有地域廣狹云而辨其夫家人民田萊之數者夫家猶言男女人民謂奴婢田萊見田及荒不耕者之萊其數皆知故云之數也云及其六畜車輦之稽者六畜馬牛羊豕犬雞車所以駕馬輦人挽行之稽計也謂所計之數皆知之云三年大比則以攷羣吏而以詔廢置者古者亦三年一大案比戶口則考校主民之羣吏校其功過以詔告在上有功者置之以進爵位有過者廢退之○注郊里至言近○釋曰云郊里郊所居也者謂六鄉之民布在國中外至遠郊故有居在郊者也案遺人云鄉里之委積又云郊里之委積彼云鄉里據國中云郊里據在郊與此同也必知鄉民有居在郊者見比長云徙于國中及郊則從而授之若徙于他則爲之旌節而行之國中及郊不云他明郊與國中同是鄉民也云自邦國以及四郊之内是所主數者其義若閭師耳云周天下也者邦國則六服四郊則兼國中故云周徧天下也云萊休不耕者詩云田卒汙萊注云下者汙高者萊是萊謂草萊之萊若上地萊五十晦之類也云郊内謂之易郊外謂之萊善言近者郊外言萊即此經田萊據郊而言遂人亦云萊五十晦百晦之類是萊爲草萊穢汙之稱也郊内謂之易無文案大司徒云凡造都鄙制其地域云上地不易中地一易下地再易司徒主六鄉則六鄉之地從易可知不言萊直言易者善言近也

若將有軍旅會同田役之戒則受灋于司馬以作其衆庶及馬牛車輦會其車人之卒伍使皆備旗鼓兵器以帥而至受法於司馬者知所當徵衆寡○卒子忽反

疏若將至而至○釋曰云若將有軍旅者言若謂若有若無不定之辭將有謂事未至軍旅謂征伐會同謂時見殷見田役謂四時田獵之戒者謂有此數事則豫戒令之云受法于司馬者司馬主將事故先於司馬處受出軍多少及法式也云以作其衆庶者謂於司馬處得法乃作起其庶衆已下云會其車人之卒伍者謂會合車人人則百人爲卒五人爲伍車亦有卒伍云使皆備旗鼓兵器者旗謂若司馬云秋辨旗物王載大常已下鼓謂司馬云春辨鼓鐸王執路鼓已下兵器謂弓矢殳矛戈戟也以帥而至者鄉師云以旗致萬民此云而至者謂帥而至鄉師也

凡造都邑量其地辨其物而制其域物謂地所有也名山大澤不以封○量音良

疏凡造至其域○釋曰言造都謂大都小都邑謂家邑也云量其地者家邑二十五里大都百里小都五十里也云辨其物者三等之地所有不同云制其域者域即疆域大小是也○注物謂至以封○釋曰云物謂地所有也者若地物無所有不得耕墾若山澤者不授之故引王制云名山大澤不以封也

以歲時徵野之賦貢野謂甸稍縣都也所徵賦貢與閭師同

疏以歲至賦貢○釋曰以郊内賦貢閭師徵斂郊外曰野所有賦貢縣師徵之遂師旅師斂之故云徵野之賦貢○注野謂至師同○釋曰知野含有甸稍縣都者以其縣師并掌天下既邦國與畿

内不同明野中皆含有此四者也云所徵賦貢與閭師同者但閭師徵六鄉賦貢并斂之此縣師所徵四處賦貢與閭師同若徵野之賦貢是遂師旅師也故直云徵之同明斂則異也

縣師主天下土地人民之數及徵野賦
自六鄉至邦國縣師居中焉
四百里曰縣
縣師與閭在此
郊里之據在郊　鄉里據國中

縣師上士二人中士四人府二人史四人胥八人徒八十人主天下土地人民已下之數徵野賦貢也名曰縣師者自六鄉以至邦國縣居中焉鄭司農云四百里曰縣

疏注主天至曰縣。釋曰主天下土地人民已下之數者案其職云掌邦國都鄙稍甸郊里之地域辨其夫家六畜車輦是其主天下土地人民已下之數人民之外仍有六畜車輦故言已下云徵野賦貢也者案其職云以歲時徵野之賦貢郊外曰野以其二百里外至邦國以其地廣縣師徵之旅師斂之徵斂別官百里之內六鄉之中閭師徵之閭師斂之以其地狹徵斂同官又云名曰縣師者自六鄉以至邦國縣居中焉自百里以至邦國分為五等二百里曰甸三百里曰稍四百里曰縣五百曰都畿外邦國是其縣居中焉以其徵外內之賦舉中為名鄭雖言自六鄉六鄉仍舊郊內據六鄉已外而言鄭司農云四百里曰縣者據載師職小都任縣地在四百里中故云四百里曰縣此縣師與閭師並在此者以其徵斂地稅故與載師連類在此

臣又聞古之制邊縣以備敵也使五家爲伍伍有長十長一里里有假士四里一連連有假五百服虔曰假音假借之假五百帥名也師古曰假大也音工雅反○劉奉世曰假說是古者戍皆有期代則不置故曰假謂其權設猶假司馬之類亦非常置也十連一邑邑有假候皆擇其邑之賢材有護師古曰有保護之能者也今流俗書本護字作讓妄改之耳習地形知民心者居則習民於射法出則教民於應敵故卒伍成於內則軍正定於外服習以成勿令遷徙師古曰各守其業也幼則同遊長則共事夜戰聲相知則足以相救晝戰目相見則足以相識驩愛之心足以相死如此而勸以厚賞威以重罰則前死不還踵矣師古曰還讀曰旋旋踵因旋其足也所徙之民非壯有材力但費衣糧不可用也雖有材力不得良吏猶亡功也陛下絕匈奴不與和親臣竊意其冬來南也師古曰意疑之也壹大治則終身創矣師古曰創懲艾也音初亮反○宋祁曰治字下疑有

季孫欲以田賦丘賦之法因其田財通出馬一疋牛三頭今欲別其田及家財各爲一賦故言田賦○別如字一音彼列反疏注丘賦至田賦○正義曰司馬法方里爲井四井爲邑四邑爲丘丘出馬一匹牛三頭四丘爲甸甸乃有馬四匹牛十二頭是爲革車一乘今用田賦必改其舊但不知若爲用之賈逵以爲欲令一井之間出一丘之稅井別出馬一匹牛三頭若其如此則一丘之內有一十六井其出馬牛乃多於常一十六倍且直云用田賦何知使井爲丘也杜以如此則賦稅大多非民所能給故改之舊制丘賦之法田之所收及家內資財井共一馬三牛今欲別其田及家資各爲一賦計一丘民之家資令出一馬三牛又計田之所收更出一馬三牛是爲所出倍於常也舊田與家資同賦今欲別賦其田故言欲以田賦也使冉有訪諸仲尼仲尼曰丘不識也三發三發問卒曰卒終也子爲國老待子而行若之何子之不言也仲尼不對不公答而私於冉有曰君子之行也行政事度於禮施取其厚事舉其中斂從其薄如是則以丘亦足矣丘十六井出戎馬一疋牛三頭是賦之常法○施戶豉反斂力豔反若不度於禮而貪冒無厭則雖以田賦將又不足且子季孫若欲行而法則周公之典在若欲苟而行又何訪焉弗聽爲明年用田賦傳○冒亡北反一音莫報反厭於鹽反

田賦

田賦

礼稅十一

軍賦不過十井一乘

十有二年春用田賦何以書據當賦稅爲何書○爲何于僞反下爲同宗同譏何譏爾譏始用田賦也田謂一井之田賦者斂取其財物也言用田賦者若今漢家斂民錢以田爲率矣不言井者城郭里若亦有井嫌悉賦之禮稅民公田不過什一軍賦十井不過一乘哀公外慕彊吳空盡國儲故復用田賦過什一○爲率音律又音類乘繩證反復扶又反疏注田謂一井之田○解云知如此者正以家語政論篇云季康子欲以一井田出賦法焉又魯語下篇云孔子謂冉求曰田一井出稷禾秉芻缶米不是過也案彼二文皆論此經用田賦之事而言一井故知然也○注不言井至賦之○解云凡言田者指墾土之處言井者但是方里之名若言用井賦則嫌城郭里巷之內但有一井之處悉皆賦之故云不言井者城郭里巷亦有井嫌悉賦之○注禮稅至什一○解云即宣十五年傳云什一者天下之中正也什一行而頌聲作矣是也云軍賦十井不過一乘者何氏以爲公侯方百里案諸典籍每有千乘之義若不十井爲一乘則不合鄭氏云公侯方百里井十則賦出革車一乘者義亦通于此云哀公外慕彊吳者即上十年春公會吳伐齊十一年夏公會吳伐齊此年夏公會吳于橐皋之屬是也云故復用田賦[illegible]常賦以爲復矣

公哀十二

51

古兵之步卒

呂覽簡選殷湯良車七十乘必死六千人　武王虎賁三千人

簡車三百乘盡心革車三百兩虎賁三千人　齊桓公良車三百乘教卒萬

人以為兵首　晉文公造五兩之士五乘銳卒千人先以接敵

吳闔廬選多力者五百人利趾者三千人以為前陳

淮南兵略越王選卒三千人

呂覽用民闔廬之用兵也不過三萬吳起之用兵也不過五

万

左桓十一鬭廉師克在和不在衆商周之不敵君之所聞也

No.

魏策蘇子說魏王越王句踐以散卒三千人禽夫差於干遂

武王卒三千人革車三百乘斬紂于牧之野

其多故

陽橋之役楚師之盛

是行也晉辟楚畏其衆也

十井出一乘八家牛出大斧

知向日寫錯誤

〈百乘之家〉

先王大夫之大夫有百乘之家千乘大夫之家多[illegible]諸

王都故子[illegible]百乘之家千乘之國諸侯之[illegible]

戰國之事[illegible]好移[illegible]城[illegible]之[illegible]

城濮 晉車七百乘 於是五萬二千五百人（蓋七十五人一乘）

昭八 蒐于紅自根牟至于商衛革車千乘

哀七 邾茅夷鴻……請救于吳……魯賦八百乘君之貳也……

……邾賦六百乘君之私也

閔二 衛文公之年革車三十乘季年乃三百乘

[illegible]

大[illegible]

[illegible]

計地出車用[illegible]

[illegible]計地出[illegible]

十井出一乘人多將士大夫

昭十三年平丘之會晉甲車四千乘　郑尚當有五千乘

十二年楚子大城陳蔡不羹賦皆千乘

昭五年因其十家九縣長轂九百

昭元年秦后子適晉其車千乘

昭八年蒐于紅自根牟至于商衛革車千乘

哀七年邾茅夷鴻……請救于吳……魯賦八百乘君之貳也……

……邾賦六百乘君之私也

閔二年衛文公之年革車三十乘季年乃三百乘

軍賦任土作貢不出年

計地出軍周古今年

出十萬諸侯革車千乘

乃乘 計地乃出

而務有報勝之名而國已破矣

燕策 蘇代謂燕王噲（實昭王） 且異日也 濟西不役所以備趙也 河北不師所以備燕也 今濟西河北盡以役矣 論

韓非內儲說上 吳起為魏武侯西河之守 秦有小亭臨境 吳起欲攻之 不去則甚害田者 去之則不足以徵甲 於是乃倚一車轅於北門之外而令之曰 有能徙此於南門之外者 賜之上田上宅 人莫之徙也 及有徙之者 還賜之如令 俄又置一石赤菽於東門之外而令之曰 有能徙此於西門之外者 賜之如初 人爭徙之 乃下令曰 明日且攻亭 有能先登者 仕之國大夫 賜之上田宅 人爭趨之 於是攻亭 一朝而拔之

9

民兵

《商君书·画策》："民勇者战胜，民不勇者战败。能壹民于战者民勇，不能壹民于战者民不勇。圣王见王之致于兵也，故举国而责之于兵。……民之见战也，如饿狼之见肉，则民用矣。凡战者民之所恶也，能使民乐战者王。强国之民，父遗其子，兄遗其弟，妻遗其夫，皆曰：'不得，无返。'又曰：'失法离令，若死我死。'……行间无所逃，迁徙无所入。……是以三军之众，从令如流，死而不旋踵。"

又："兵或重强，或重弱。民固欲战，又不得不战，是谓重强。民固不欲战，又得无战，是谓重弱。"

又："国乱者民多私义，兵弱者民多私勇。"（《范雎蔡泽列传》范雎言）民

No.

怯於私鬥而勇於公戰此皆秦之民也

六

戰爭

本階級劫掠所、保護的角對的

國家、家庭成立，以繼續不斷國民族共有財富的防衛

軍事、領袖制長頭

已是財富發生搶掠（俘獲（奴隸））、戰爭光榮　成為組織

〃〃劫掠

六

光緒中兵額餉額（光宣列傳235 2下）

車營（又239 1下）

東三省民團自甲午至辛亥（又239 4）

兵

正鵠考 求古錄禮說六

射耦考 同上補遺

兵

夏官「都司馬」，注「都，王子弟所封及三公采地也。司馬主（疏同七年傳作三軍之）其軍賦」。疏「此皆自以臣為司馬，是掌都內」。

又「家司馬各使其臣以正於公司馬」，注「家，卿大夫采地。正猶聽也。公司馬，國司馬也。卿大夫之采地，王不特置司馬，各自使其家臣為司馬，主其地之軍賦，往聽政于王之司馬」。

又「都司馬掌都之士庶子及其衆庶、車馬、兵甲之戒令，以國法掌其政學，以聽國司馬。家司馬亦如之」，注「庶子，卿大夫士之子」，「國司馬，大司馬之屬，皆是」。

古者不伐喪春秋善之 公穀同 襄十九 楚人將伐陳聞喪而止 左 襄四

○

周官大司馬以九伐之法正邦國 馮弱犯寡則眚之 賊賢害民則伐之 暴內陵外則壇之 野荒民散則削之 負固不服則侵之 賊殺其親則正之 放弒其君則殘之 犯令陵政則杜之 外內亂鳥獸行則滅之

爲天吏則可以伐之 孟子公孫丑下

大戴用兵子曰傷害之生久矣與民皆生……人生有喜怒故兵之作與民皆生 史記律書自含血戴角之獸見犯則校 而況於人懷好惡喜怒之氣 喜則愛心生 怒則毒螫加 情性之理也 又案此兩節皆以明兵不可廢之主義無之論

行爲徒

周官有輿司馬行司馬　左傳僖二十八晉作三行以禦狄　昭元中行穆子毀車以爲行　孫詒讓正義舉詩唐風公路公行以路即輿帥行即行帥

孫詒讓

司馬法丘甸出車徒之法雖与鄉遂不同而出車則皆七十五人出一乘与鄉遂無異六鄉之士卒出於鄉里而其車輦馬牛出於官六遂之士卒出于遂邑車馬牛亦出於官所以出兵而不出車也若都鄙則車徒馬牛及將重車皆並出於丘甸所以出車而兼出兵也蓋都鄙軍籍雖不豫定至其車徒調發之則亦要以都鄙之卒配都鄙之車其各計乃伍兩之常可知矣

△△疏謂左右在車一乘甲士三人步卒七十二人若臨敵對陳之時則用鄉法五人爲伍五伍爲兩

[illegible]孔廣森言周禮萬二千五百人爲軍不言其車數以詩考之車蓋五百乘乘蓋二十五人天子六軍而常芑曰其車三千魯僖公時之軍而閟宮曰公車千乘……周法五人爲伍五伍爲兩兩之言輛也二十五人而車一輛百乘成師則二千五百人五百乘成軍則萬二千五百人然此推之鄉制軍之數如是其鄙遂以都井田制賦所謂甸出長轂一乘廿与此不同

、戰書于幟

兵器、陪附　網羅　搜括、餌　大攻　圍套

團　犄角　設伏　不即因勢待舋

荀子議兵 古之兵戈矛弓矢而已矣……城郭不辨溝池不抇固塞不樹機變不張

夏不田 白虎通(田)蹴蹬十二 田獵四時之田總名爲田何……

蹴蹬

宋弟係利太子之戰務而別鬭其言甚衆

古六師皆六卿分掌．事於戰時稍用其族以大司馬掌六師

天官小宰以官府之八成經邦治二曰聽師田以簡稽

五十矢為束一弩五十矢一弓百矢束矢其搜魯頌泮水

鉞大斧小詩大雅公劉疏（弓矢斯張）左昭十五疏同（鏚鉞秬鬯）

賈逵以旝為發石一曰飛石引范蠡兵法作飛石之事以證之說文亦云建大木置石其上發其機以追（閩本監本毛本作槌）敵與賈同也左桓五疏

作高木櫓櫓上作桔槔兜零以薪置其中謂之烽常低之有寇即火然舉之以相告史記信陵君傳集解引文穎

「攻國之兵欲長，守國之兵欲短。攻國之人衆，行地遠，食飲飢，且涉山林之阻，是故兵欲短；守國之人寡，食飲飽，且不涉山林之阻，是故兵欲長。」考工記·廬人

「凡兵無過三其身，過三其身，弗能用也，而無已，注：不能止也 又以害人。」疏：人自已也 同上

「司馬法云：弓矢圍，殳矛守，戈戟助。」同上疏

句兵，刺兵，毄兵 同上 注：句兵，戈戟；刺兵，矛屬。故句言 毄容殳無刃。疏：可以毄打人，故云毄兵也

「考工冶氏為戈，戟廣寸，兩刃長六尺 六寸戟三刃，長丈六尺 張華記桃枝四劍，刃腕柱腕，可兩刃」

五兵、周官司右　司兵鄭司農云戈殳戟酋矛夷矛　注車之五兵司

崔所謂此是也步卒之五兵則無夷矛而有弓矢

「乘兵車出先刃入後刃軍尚左卒尚右」　出儀　第十七　不鄉

國側載十七西

特異見

樂記疏

火攻　桓七焚咸丘　出穀同

「世本云杼作甲　宋仲子云少康子名杼也」　叔于田疏

「世本云揮作弓夷牟作矢　注云揮夷牟黃帝臣」　射義標題下疏

五兵五鼓　三兵三鼓　穀梁莊廿五年

「六建五兵與人也」考工記廬人注　案說見詩伯也執殳疏

里而栽　左哀元　注栽設板築為圍壘周匝去蔡城一里　疏楚慮外人救蔡則於表裏受敵故築圍周匝去蔡城一里以圍之計置兵其內以備蔡使外人不得救之

「軍營所處築土自衛謂之為壘深者高也」左文十二疏

襍記下「四綍皆銜枚」疏謂執綍之人口皆銜枚止讙囂也

巢車之上爲櫓 左成十六注 疏說文云轈兵高車加巢以望
敵也櫓澤中守草樓也是巢與櫓俱是
樓之
別名
凡矢枉矢絜矢利火射用諸守城車戰殺矢鍭矢用諸
近射田獵矰矢茀矢用諸弋射恒矢痺矢用諸
散射
雲梯 淮南兵略訓注所以瞰敵之城中 史記索隱梯
構梯木瞰ゝ高也 史記鄭世家集解引服虔左注
樓車所以窺望敵軍兵法所謂雲梯 閒詁云儒說不
足據 公輸

夏官司兵掌五兵五盾注五盾干櫓之屬其名未盡聞也

左宣十二楚之重至於邲 注重輜重也 疏說文云輜一名輜車載物之車也軿前後蔽也蔽前後以載物謂之輜輜車載物必重謂之重車人挽以行謂之輦輜重輦一物也 襄十年傳稱秦堇父輦重如役挽此重也

周礼鄉師大軍旅會同正治其徒役与其輂輦 鄭司農云輂駕馬輦人挽行所以載任器也止以為蕃營司馬法曰夏后氏謂輦曰余車殷曰胡奴車周曰輜輦輦一斧一斤一鑿一梩一鋤周輦加二版二築又曰夏后氏二十人而輦殷十八人而輦周十五人而輦

兵法攻城築土為山以窺城內曰距堙書費誓三郊三遂

兵書攻城以為堙之法宣十五年公羊傳曰子反乘堙而

窺宋城是也堙為土山使高與城等而攻之也言環

城是環繞其城知周帀其城為土山也左氏襄六堙之環城傅于堞疏

堙距堙土作上鄭存城具也公宣十五年傳

力足以勝蕩而作老故進之者勉棄此廿遠一豐邊戍同丁

咨子撲度

秦人毒涇上流　遂人以藥殲齊戍 莊公十七　墨子語

天下以水火毒藥相虧害

「詩言御戎為右皆是也 御右……見不見 御戎某……云云

戎車之門 左右七步植御戎 戎律為右旒

羽為紫左箏 雜左箏 擲旅 紫為之後 七步具衡

役足 公業八

雖陷

遝摸与遝為 說文辵部 遝踐佳

刀室謂合削 似作鞘 刀本曰環 其飾曰琫 刀室之

末其飾曰珌 古文作琿 琫 同上

韥韣劍 同上 玉部 璏

凡刀劍以手所執為上 同上 琫

兵

原夫

兵〻原爲人与動物之爭

野人不自覺其强於動物，恒覺動物强乎己，務於己者迫不得已乃与之爭，爭則藉助於物焉

樹枝
- 銳其端——矢
- 横擊——斧 棓
- 直刺——矛 劍 進而加倒鉤

石（或用骨角）
- 擊——石柄則斧椎
- 壘

攻擊人
釣鉤
網罟
陷阱

防衛人
甲胄以皮革為之
盾

餌

張人
鷹犬
鷹鷂　古希伯來已以前人皆於役師豹
波斯人亦於役豹

兵器

原兵

人力、老之、爪牙皆不如禽獸則以点畏之、先人常
覺禽獸彊于己且甚覺大知于己然而搏之、
爭者蓋迫不得已也或迫飢餓迫不得已而爭
都由自衛
而力與爪牙皆弗如於是拾石而投以木相
擊而兵起焉

兵

脊

考工記ニ築氏為削〻〻敝盡而無惡ト注刃

也脊也其金如一雖至敝盡無瑕惡也ト

勉棄脊今人所謂刀背

兵

戰爭非罪惡

今之戰爭亦要其目的

兵〻

君子不爲匹夫興師

對爲善謀楚平王殺伍子胥之〻父條

兵

正鵠亦皆訓爲名

大射遂命量人巾車張三侯疏

廣車軘車

左襄十一鄭人賂晉侯以〻〻〻廣車軘車淳十五乘甲兵備

疏引〻鄭玄云〻廣車橫陳之車也服虔云軘車屯守之

車也案東西爲廣南北爲輪注月令以橫陳之名所由

來

兵

子魚論戰 左僖廿二 不可以再辱國君 傷國君有刑 成十六

狄卒衛師免頃公 左成二

~~國中 成十六 又鄢陵之戰國士在且厚不可當也~~

新軍無帥而舍 左襄十四

井堙木刊 左襄廿五 師晝掠師宵掠 哀七

司馬庀賦之法 左襄廿五

楚師輕窕 左襄廿六 事亦見鄢陵戰時 又秦師伐鄭過周東門

毀車崇卒 左昭元

兵民之殘也財用之蠹小國之大菑也　兵所以威不軌而昭文德也聖人以興亂人以廢　左襄廿七

兵賦　昭四　軍賦　哀十一、十二

荀吳不受鼓叛降　左昭十五

彼多兵矣請皆用劍　左昭廿

吳以罪人犯胡沈陳　左昭廿三　越以罪人三行吳師而自剄　定十四

戰禱　左哀二

使敵先射三發然後射之　左哀十六

兵交使在其間可也　左成九

兵

面縛銜璧士輿櫬 左昭四

國士 成十六 襄八 鄢陵之戰國士在且厚

楚之良在其中軍王族而已 衛巽軍者皆其宗實勇人者皆其等類之親也（宣九四）

三戰必死於此三矣 左襄十一

兵車之法將居鼓下故御者在左 軍佐將前 詩左旋右抽中 古之參

車若在軍為元帥則將居鼓下將在中御者在左若

凡平兵車則射者在左御者在中 若在國則尊者在左御

者亦中央其右是勇力之士執干戈 夏官戎右疏 今乃卑

尊者唯在車左御者在中央見詩疏 管子白心左者出者

也右者入者也出者而不傷人入者自傷也

「干楯也，所以爲人扞難而不使害人，故聖王貴之以爲武樂」公宣八、萬者曰干舞也注

縣門者編版廣長如門，施關機以縣門上，有寇則發機而下之。左襄十年門發疏

軍行之次，旆最在先。左子元鬭御彊鬭梧耿之不比爲旆疏

武有七制：政、攻、侵、伐、陳、戰、鬭。善政不攻，善攻不侵，善侵不伐，善伐不陳，善陳不戰，善戰不鬭，善鬭不敗。周書武紀

善爲國者不師，善師者不陳，善陳者不戰，善戰者不死，善死者不亡。（穀梁莊八）

教

子曰善人教民七年亦可以即戎矣 論語子路 子曰以不教民戰是謂棄之 又 孟子不教民而用之謂之殃民殃民者不容於堯舜之世 告子下 穀梁傳僖廿三 茲父之不葬何也失民也其失民何也以其不教民戰則是棄其師也 左莊廿七 士蔿曰云云 夫禮樂慈愛戰所畜也夫民讓事樂和愛親哀喪而後可用也虢弗畜也亟戰將饑 有勇知方 論語先進 左昭十四 楚子使然丹云云

左，昭十年：凡有血氣，皆有爭心，故利不可强，思義爲愈。義，利之本也。
蘊利生孽，姑使無蘊乎，可以滋長。
非富天下也，爲匹夫匹婦復讎也。孟子
在軍，熟食者分而後敢食，其所嘗者，卒乘與焉。左哀
之　案：言吴闔閭
惡將卒而照將謀而來　子之所慎：齋、戰、疾
古者只分土無分民，□成之謝也　七　見莊廿　絕信（後人纖于遂）
春官典瑞：牙璋以起軍旅，以治兵守　出宗八　禮緯以斜
璧以聘，璋以發兵，璜以徵召　左哀十四　司馬
請瑞焉，以命其徒攻桓氏

追胥

周官士官鄉師注胥讀為宿偦之偦，偦謂司搏盜賊也

伍

周官小宰以官府之八成經邦治一曰聽政役以比居　鄭司農云比居謂伍籍也比地爲伍因內政寄軍令以伍籍發軍起徒役比平而無遺脫也

史記齊太公世家　桓公既得管仲與鮑叔隰朋高傒修齊國政連五家之兵

馬政

周官之官馬質

射

鄉射記惟君有射於國中其餘則否

然禮下云使士射不能則辭以疾言曰某有負薪

之憂　公孫子曰士使之射不能則辭以疾非弧之義也

三禮記天子以歲二月為壇於東郊以試眾之義士射

子曰射不主皮為力不同科古之道也

子曰君子無所爭必也射乎揖讓而升下而飲其爭也

君子

管子乘馬以實數方六里命之曰暴五暴命之曰部五部命之曰聚……五聚命之曰某鄉四鄉命之曰方官制也官成而立邑五家而伍十家而連五連而暴五十家五暴而二五〇家長命之曰某鄉四鄉命之曰都一千家邑制也邑成而制事四聚為一離五離為一制五制為一田二田為一夫三夫為一家事制也事成而制器方六里為一乘之地也一

乘者四馬也一馬其甲七其蔽五四乘其甲二十八其蔽二十白徒三十人奉車兩器制也方六里一乘之地也方一里九夫之田也（孫臤夫云）

山至數　大夫之家方百里而一乘士十七人兩奉一乘

左昭之疏 兩於前 伍於後 專為右角 參為左角

偏為前拒 疏服虔引司馬法云 五十乘為兩

百二十乘為伍 八十一乘為專 二十九乘為參

二十五乘為偏

張古録禮説軍制車乘

桓五先偏後伍 伍承彌縫 注司馬法二十五乘為偏

以車居前 以伍次之 承偏之隙而彌縫闕漏也

成七以兩之一卒適吳 舍偏兩之一焉 注司馬法百人

為卒 二十五人為兩 車九乘為小偏 十五乘為大偏

蓋每九乘車及一兩二十五人，今將之十五乘

宣十二年之戎分為二廣，廣之卒有偏之兩

為一廣，司馬法百人為卒，二十五人為兩，車十五乘為

大偏，今廣十五乘亦用舊偏法，復以二十五人為

承副，疏一卒之外，復以十五乘之偏，并二十五

人前兩，劉炫云，兩廣之別，各有一卒百人之卒外

後偏之兩二十五人，兵法十五乘為偏，偏之卒一兩，後之

〻〻〻百二十五人　疏桓五二十五乘為偏，戰時隱

皆所用不同

乘二十四人

庇古録譯説十五　軍制車乘士卒考

謂蘇譯五十人而幾廿四人之倍　廣員卒偏

之偏百二十五人　閟宮革車千乘而徒三萬　等

車三百兩虎賁三千人　左閔二帥車三百乘甲士三千

人司馬法革車一乘士十人徒二十人　蓋甲士二伍

步卒千之但其卒五人將重車

「違命臨戰擇〻所不處」左昭廿三戰于雞父注

軍吏及敵 注云謂為則妻服哭於廟門之外赴車不載 敵所殺也

櫜韔 疏露韔其甲及弓一櫜弓 示不報敵之意一下

左司馬若師不功則厭而奉主車 此親征載主以行之證

勦禍 詩左氏皇矣 又周頌桓

左宣十二 豈敢辱候人 注候人謂伺候望敵者

除穢 左襄廿五（陳侵宋）亦（宣十二鄭）又宣十二 左昭四（穢）

進退皆有金鼓 鼓以進金以退 左襄十一晉國鼓 而已不聞金鼓

殿不可在川列之中　左定十二　殿而去列

軍正　見司馬穰苴傳

六

戰之勝負決於足乎

中國史學中未詳諸國考證 176

賦税一

賦税提要

「賦税」一類的札録，原有「賦税（一）」「賦税（二）」「賦税（中）」和「賦税（下）」四包。其中「賦税（一）」内分十札，「賦税（下）」分兩札（第二札又分八小札）。這四包札録，大部分是吕先生從《管子》《禮記》《左傳》《史記》《漢書》《晉書》《宋書》等史籍中摘出的資料，部分是讀《陔餘叢考》《困學紀聞》《東塾讀書記》等書籍及報刊雜誌的筆記。

先生寫的札録，天頭或紙角上常會標出分類名稱，如「賦税」「田制」「鹽鐵」「山澤」等，有些札録也寫有題頭，如第十一册第二二、三五頁「六鄉之内賦税閭師徵之斂之」「賣田宅以奉喪」等。抄録的資料，詳略不一，有些節録或剪貼史籍原文，有些僅在題頭下注明篇名卷第，如第十册第三一八頁「漢法常於八月算人」注見《後漢書·后妃傳序》「十上2上」（即卷一〇上第二頁正面），第十册第三二〇頁「私屠沽、私屠酒」注見《漢書·趙廣漢傳》「七六2下」（即卷七六第二頁反面）。有些札録還有先生所加的按語，如第十册第三一九頁「求假鹽税」見《後漢書·史弼傳》，「案：此當謂求緩收税」。第十册第三一五、三二一等頁，都有長短不一的按語。

「賦税」各包，有不少剪報資料，此次整理只收録了一小部分；札録的手稿部分，均按原樣影印刊出。

賦稅

周禮關市非無征澤梁非無禁罪人非不孥

東塾讀書記

七方の條

賦稅（總）

「諸城郭收賦租，先明布告期日」漢書韓延壽傳（七六壯）

漢書翟方進傳：「册免之辭，奏請一切增賦稅，城郭堧及園田，過更，算馬牛羊，增益鹽鐵」（八四壯）

韓斡。見百官公卿表斡官注（屬大司農）（十九上壯）

賦稅（田租）

租契。見陳之溝洫志（卷九引）東似書如顧亭林說以

契為偏

秦劃親度頃畝分別肥瘠以立天頃清藏之御史上言宜

令天下之田後借書循吏使人照此

後家。《漢書・王子侯表上》注：「後家，猶繼後也」（繼作）。

又《高惠高后文功臣表》注：「孟康曰：謂後家諸子無所與，所付同産子」（十六頁外）。東表：赤泉嚴侯楊喜，玄孫茂（六世），復不更，至嘗「元康四年……詔賜黄金十斤，復家」。子恢（七世）代，後子譚代，後子並（八世）代。成始元年，錫帛百疋。「元始二年，求復不得」（此在八世格中，不知即並柳並子）。又昌國侯旅卿：「元康四年，卿玄孫昌上造光，詔賜黄金十斤，復家。子□（六世）代，死亡子，絶。以同産子。元始二年，求不得」。

賦稅（徭役）

馮桂芬請蘇松減賦　見宣利付文苑三6上

加派萬曆（文236上）

賦稅(口賦)

漢法常以八月算人見後書后紀付序(十上起)

賦稅（鹽鐵）

漢平當傳：使行流民幽州……言渤海鹽池可且勿禁，以救民急

漢王莽傳：「大守郭芝廉補蔡」西鹽古出」（七六外）

求假鹽稅。見隋書史鄉傳，與此書謂求緩收稅（九〇外）

賦税（榷酤）

私屠沽　私沽榷見漢書趙廣漢傳（七六上）

賦稅（均輸）

均輸○「孟康曰：均輸謂諸當所有勉某輕當作有所輸於官者，皆令輸其地土所饒，平其所在時賈，官更於佗處賣之，輸者既便而官有利也」。百官公卿表注四九上[illegible]

山澤
田役

壯曰國為師旅戰車敺就斂子之牛馬上無幣請以穀視市櫎而庚子牛馬為上粟二家二家散其粟反准牛馬歸於上

下二家一本作立貲

管子曰請立貲於民有田倍之内毋有其外外皆為貲壤被鞍之馬千乘齊之戰車之具具於此無求於民此去丘邑之籍也國穀之朝夕在上山林廪械器之高下在上春秋冬夏之輕重在上行田疇田中有木者謂之穀賊宮中四榮樹其餘曰害女功宮室械器非山無所仰然後君立三等之租於山曰握以下者為柴楂把以上者為室奉三圍以上為棺椁之奉柴楂之租若干室奉之租若干棺椁之租若干

管子曰鹽鐵撫軌穀一廪十君常操九民衣食而繇下安無怨咎去其田賦以租其山巨家重葬其親者服重租小家菲葬其親者服小租巨家美修其宮室者服重租小家為室廬者服小租上立軌於國民之貧富如加之以繩謂之國軌

山國軌 99

田制

○制農田百畝百畝之分上農夫食九人其次食八人其次食七人其次食六人下農夫食五人庶人在官者其祿以是爲差也農夫皆受田於公田肥墽有五等收入不同也庶人在官謂府史之屬官長所除不命於天子國君者分或爲糞○分扶問反食音嗣下同徐音自差初佳反徐初宜反下注同墽本又作墽苦交反長丁丈反下文及注皆同糞方運反諸侯之下士視上農夫祿足以代其耕也中士倍下士上士倍中士下大夫倍上士卿四大夫祿君十卿祿次國之卿三大夫祿君十卿祿小國之卿倍大夫祿君十卿祿此班祿尊卑之差

疏制農至卿祿○正義曰此一節論制農田有上中下以祿庶人在官及士大夫并卿及君之祿各隨文解之○注農夫至爲糞○正義曰農夫皆受田於公者以經云制農田是王者制度授農以田是農夫受田於公也云肥墽有五等收入不同也者按周禮地有九等故司徒上地家七人中地家六人下地家五人注云有夫有婦然後爲家自二人以至於十人爲九等一家男女七人以上則授之以上地所養者衆也男女五人以下則授之以下地所養者寡也正以七人六人五人爲率者舉中而言如鄭此言上地家七人者爲中地之上家六人者謂中地之中家五人者謂中地之下以此推之下地之上家四人下地之中家三人下地之下家二人則上地之上家十人上地之中家九人上地之下家八人是有九等從十人而以至於二人此經地惟五等自九人而下至五人不同者大司徒所云農夫授田實有九等此據準庶人在官之祿最下者猶五人故從上農夫至五人而已司徒上地家七人此云上農夫食九人者謂上中之地亦爲上地即上農夫不言上上者欲取九人當下士祿亦與司徒不異也既有九等按大司徒不易之地家百畮一易之地家二百畮再易之地家三百畮地惟有三等者大司徒言其大綱其實不易一易再易各爲三等則九等也按異義左氏說山林之地九夫爲度九度而當一井藪澤之地九夫爲鳩八鳩當一井京陵之地九夫爲辨七辨而當一井淳鹵之地九夫爲表六表而當一井彊潦之地九夫爲數五數而當一井偃豬之地九夫爲規四規而當一井原防之地九夫爲町三町而當一井隰皋之地九夫爲牧二牧而當一井衍沃之地九夫爲井賦法積四十五除山川坑岸三十六井定出賦者九井則千里之畿地方百萬井除山川坑岸三十六萬井定出賦者六十四萬井長轂萬乘如異義此說則方十里凡百井三十六井爲山川坑岸六十四井爲平地出稅按鄭注小司徒成方十里緣邊一里治爲溝洫則三十六井其餘方八里爲旬六十四井出田稅與異義不同者異義所云通山林藪澤九等而言之鄭注小司徒者據衍沃平地而言之所以不同也異義九等者據大略國中有山林至衍沃之等言之周禮九等者據授民地肥瘠有九等與異義不同也尚書禹貢注云一井上上出九夫稅上中出八夫稅上下出七夫稅中上出六夫稅中中出五夫稅中下出四夫稅下上出三夫稅下中出二夫稅下下出一夫稅所以又有此九等者以禹貢九州有上中下九等出沒不同故以井田計之以一州當一井假令冀州上上出九百萬夫之稅兖州下下出一百萬夫之稅是九州大較

相比如此。非謂冀州之民皆出上上，兗州之民皆出下下，與周禮九等又不同也。所以上農夫得食九人者，以史記云上地畝一鍾，鍾六斛四斗，百畝百鍾，則六百四十斛。按食貨志又云上孰其收自四斛，則百畝四百斛也。按廩人中歲人食三鬴，其九人之内老幼相通，不皆人食三鬴，故食九人也。其民之常税不過什一，又庶民喪祭費用又少，且年有豐儉，不恒上孰。崔氏以爲畝皆一鍾，人恒食四鬴，又爲什二而税，又云祭用數之仂者，苟欲計算使合其義，非也。云庶人在官謂府史之屬者，則周禮大宰云府六人、史十有二人。云之屬，謂工人賈人及胥徒也。云官長所除不命於天子國君者，官長謂冢宰爲天官之長，司徒爲地官之長，自所命。或若大府爲府藏官之長，大司樂爲樂官之長是也。言所除者，謂所命之官除去其舊名籍。周禮注云凡府史以下官長所自辟除，以其非九命之内，故知不命於天子國君也。若子男之士雖無命，亦當命於國君也，以其稱士故也。注此班至之差。正義曰：經云下士視上農夫，禄足以代其耕也，則庶人在官者雖食八人以下，不得代耕，故載師有官田，謂庶人在官之田。大夫以下位卑禄少，故大小國不殊；卿與君禄重位尊，故禄隨國之大小爲節。按周禮天子卿大夫士與諸侯之臣執贄同，則禄亦同也。此自下士至小國之卿倍大夫禄，皆据無采地者言之。故鄭荅臨碩云：王畿方千里者，凡九百萬夫之地，三分去一，定受田者三百萬夫，出都家之田，以其餘地之税禄無田者，下士食九人，中士食十八人，上士三十六人，下大夫七十二人，中大夫百四十四人，卿二百八十八人。

牢則摻亦不用牛肉以羊肉爲羞○古者公田藉而不稅藉之言借也借民力治公田美惡取於此不稅民之所自治也孟子曰夏后氏五十而貢殷人七十而助周人百畝而徹則所云古者謂殷時
○燕伊見反藉在亦反稅式贅反借子夜反市廛而不稅廛市物邸舍稅其舍不稅其物○廛直連反邸丁禮反關譏而不征譏譏異服識異言征亦稅也周禮國凶札則無門關之征猶譏
也○譏居宜反征本又作正音同注下皆同札側八反又音截林麓川澤以時入而不禁麓山足也○麓音鹿夫圭田無征夫猶治也征稅也孟子曰卿以下必有圭田治
圭田者不稅所以厚賢也此則周禮之士田以任近郊之地稅什一○圭音珪疏古者至無征○正義曰此一節論古者公田不稅及關市圭田無征之事各隨文解之○自古者以下至夫圭田無征並非周法故云古者其藉而不稅
正謂殷時市廛而不稅以下或兼虞夏殷以言之○公田藉而不稅者謂民田之外別作公田一井之中凡有九夫中央一夫以爲公田藉之言借也惟借八家之力以治此公田美惡取於此而不稅民之私田○市廛而不稅者廛謂公家邸
舍使商人停物於中直稅其所舍之處價不稅其在市所賣之物市內空地曰廛城內空地曰肆○關譏而不征者征稅也關竟上門也譏謂呵察公家但呵察非違不稅行人之物此夏殷法周則有關門之征但不知稅之輕重若凶年則無
稅也猶須譏禁禁謂防遏○林麓川澤以時入而不禁者以時入者謂獺祭魚然後虞人入澤梁謂民庶須有采取隨時而入官不限禁之○夫圭田無征者夫猶治也畿內無公田故有圭田卿大夫士皆以治此圭田公家不稅其物故云無征
必云圭者圭絜白也言卿大夫德行絜白乃與之田此殷禮也殷政寬緩厚重賢人故不稅之周則兼通士稅之故注云周官之士田以任近郊之地稅什一○注藉之至殷時○正義曰治公田美惡取於此不稅民之所自治也者按宣十五
年初稅畝傳云非禮謂稅民所自治爲非禮明依禮惟取公田之物故云美惡取於此引孟子者證三代稅法不同按孟子滕文公問爲國於孟子孟子對曰夏后氏五十而貢殷人七十而助周人百畝而徹其實皆什一劉氏及皇氏皆云夏

時民多家得五十畝而貢五畝殷時民稍稀家得七十畝而助七畝周時其民至稀家得百畝而徹十畝故云其實皆什一而云夏時人衆殷世人稀又十口之家惟得五十畝之地皆不近人情未知可否熊氏一說以爲夏政寬簡一夫之地惟稅五十畝殷政稍急一夫之地稅七十畝周政極煩一夫之地稅皆通稅所稅之中皆十而稅一故云其實皆什一此則計田雖不得什一理稍可通既古意難知故彼此俱載又鄭注匠人云貢者自治其所受田貢其稅穀助者借民之力以治公田又使收斂焉夏則有貢無助殷則有助無貢鄭注匠人又云以載師職及司馬法論之周制畿內用夏之貢法稅夫無公田以詩春秋論語孟子論之周制邦國用殷之助法制公田不稅夫此三代所以別也云古者謂殷時者以春秋宣十五年云穀出不過藉藉謂借民力也此經亦云藉皆謂借民力也助官治田與殷七十而助相當故云古謂殷時鄭知周之畿內用夏貢法者按載師云以廛里任國中之地以場圃任園地以宅田士田賈田任近郊之地以官田牛田賈田牧田任遠郊之地以公邑之田任甸地以家邑之田任稍地以小都之田任縣地以大都之田任畺地鄭注云廛里邑居里矣廛民居之區域也宅田致仕者之家所受田也士田圭鄉以下所受圭田也賈田在市買人其家所受田也官田庶人在官者其家所受田也牛田牧田畜牧者之家所受田賞田者賞賜之田公邑謂六遂餘地天子使大夫治之家邑大夫之采地小都卿之采地大都公之采地載師又云園廛二十而一近郊十一遠郊二十而三甸稍縣都皆無過十二又司馬法云井十爲通通爲匹馬三十家士一人徒二人通十爲成成百井三百家革車一乘士十人徒二十人計一成百井井有九家百井即九百家而云一成三百家者以此田上中下除宮室塗巷三分之一自餘通率一家受二夫故一成爲三百家是一井九家爲定無公田也故鄭云以載師職及司馬法論之周制畿內用夏之貢法不稅夫者謂鄉遂及公邑若采地即爲井田稅夫與畿外同知畿外用助法者按詩小雅雨我公田遂及我私春秋宣十五年云初稅畝傳云穀出不過藉論語云盍徹乎孟子云方里而井井九百畝其中爲公田八家皆私百畝是皆論公田之事故鄭云以詩春秋論語孟子論之周制邦國用殷之助法制公田不稅夫然畿外諸侯雖立公田其實諸侯郊外亦用貢法故孟子云野九夫之田而稅一即九一而助國中什一使自賦故鄭云邦國亦異外內耳但郊內地少郊外地多從多言之故云畿外制公田不稅夫也凡賦法無過十一故孟子云輕於十一大貉小貉重於十一大桀小桀十一而稅堯舜之道但周之畿內有參差皆不同而言之十一若畿外先儒約孟子樂緯皆九夫爲井八家共治公田八十畝已外二十畝以爲八家井竈廬舍是百畝之外別助是十外稅一郊外既十外稅一郊內亦十外稅一假令治一夫之田得百一十碩粟而貢十碩是亦十外稅一也劉氏以爲匠人注引孟子野九夫而稅一國中什一諸侯謂之徹者通其率以十一爲正則謂野九夫之田而稅一國中十一夫之田而稅一是二十夫之田中而稅二計地言之是十中稅一若計夫實稅猶十外稅一與先儒同也但不知諸侯郊內十夫受十一夫之地若爲周制耳或畿外地寬也一夫受百一十畝之地與畿內異也。注周禮至譏也。正義曰引周禮者證凶荒之時雖無征稅猶須譏禁禁謂防遏爲重其殷則雖無凶荒縱不賦稅猶須譏禁與周凶荒時同則門關有稅但不知稅之輕重。注麓山足。正義曰按僖十四年沙鹿崩穀梁傳云林屬於山爲鹿鹿山足也按鄭注大司徒云竹木曰林注瀆曰川水鍾曰澤林麓山澤之異也。注征稅至什一。正義曰載師云漆林之征二十而五又云凡任地國宅無征是征謂稅也引孟子書者證卿以下有圭田謂之圭者圭絜也言德行絜白也而與之田殷所不稅者殷政寬厚重賢人周則稅之故鄭云此即周禮之士田以任近郊之地稅什一者載師文也

田賦

甫田刺幽王也君子傷今而思古焉刺者刺其倉廩空虛政煩賦重農人失職疏甫田四章章十句○箋刺者至失職○正義曰經言成王庾稼千倉萬箱是倉廩實反明幽王之時倉廩虛也言適彼南畝耘耔黍稷是農人得職反明幽王之時農人失職也政煩賦重楚茨序文次四篇文勢大同此及下篇箋皆引之言由政煩賦重故農人失其常職也若然賦重則倉應實倉虛則賦應輕而同刺之者以王貪而無藝故賦重用而無節故倉虛由倉虛而賦更重以賦重而民逃散農人失職由政煩賦重所致其倉虛則別有費散不由賦重故箋先言倉廩虛則言政煩賦重也倬彼甫田歲取十千倬明貌甫田謂天下田也十千言多也箋云甫之言丈夫也明乎彼大古之時以丈夫稅田也歲取十千於井田之法則一成之數也九夫爲井井稅一夫其田百畝井十爲通通稅十夫其田千畝通十爲成成方十里成稅百夫其田萬畝欲見其數從井通起故言十千上地穀畝一鍾○倬陟角反韓詩作菿音同云菿卓也甫之言丈夫也直兩反依義丈夫是也本又作大夫一本甫之言夫也又一本甫之言大也大古音泰見賢遍反○我取其陳食我農人自古有年尊者食新農夫食陳箋云倉廩有餘民得賒貰取食之所以紓官之蓄滯亦使民愛存新穀自古者豐年之法如此○食音嗣賒音奢貰音世又食夜反說文云貰貸也紓音舒何常汝反蓄勑六反今適南畝或耘或耔黍稷薿薿耘除草也耔雝本也箋云今者今成王之法也使農人之南畝治其禾稼功至力盡則薿薿然而茂盛於古言稅法今言治田互辭○耘音芸沈又音運本又作芸音同耔音子沈音茲壅禾根也薿魚起反徐又魚力反○攸介攸止烝我髦士烝進髦俊也治田得穀俊士以進箋云介舍也禮使民鋤作耘耔閒暇則於廬舍及所止息之處以道藝相講肄以進其爲俊士之行○介音界王大也烝之

承反髦音毛鋤本或作助同仕魚反閒音閑 疏 倬彼至髦士○毛以爲倬然明大者彼古太平之時天下之大田也一
處昌慮反肆以四反字亦作肆同行下孟反 歲之收乃取十千以其天下皆豐故不繫之於夫井不限之於斗斛要
言多取田畝之收舉十千多數而已以其大熟如此故詩人云我取其陳者以食農人使一家之內尊老得食其新粟卑
稺食其陳粟是爲老壯之别等養之義也自古太平有豐年其時如此故今成王之時亦奉而脩之其萬民適彼南畝之
內或耘除草木或擁其根本功至力盡故令黍稷得薿薿然而茂盛收穫既多國用充足所以成大功所以自安止又得
進我民人成爲髦俊之士由倉廩實知禮節故豐年多穫髦士所以得進也而幽王不脩之故舉以刺焉鄭唯今適南畝
三句同其首尾皆異言倬然明著者彼太古之時於丈夫之所稅田一歲之中於一成之地取十千畝也言賦斂不重倉
廩盈實故於時之民見官有餘遂云我從官取其倉廩之陳者而食我農夫之民所以紓官之畜滯亦使民愛存新穀故
令國以足用下無困乏自古豐有之年其法如此故今成王之時奉而脩之其萬民適彼南畝之中或耘或耔黍稷薿薿
然茂盛其農人所居廬舍及所止息之處閒暇則以道藝相講肄故得進我農人成其爲俊士之行是農人盡力而治田
上依古法而稅斂政省賦輕倉廩以實今王不能然故反以刺之○傳倬明至言多○正義曰以雲漢云倬彼雲漢是明
貌也言明者疾今不能言古之明信故云明也齊甫田傳曰甫大也以言大田故謂爲天下田也十千者數之大成舉其
成數故云十千言多也王肅云太平之時天下皆豐故不繫之於夫井不限之於斗斛要言多取田畝之收而已孫毓曰
凡詩賦之作皆總舉衆義從多大之辭非如記事立制必詳度量之數甫田猶下篇言大田耳言歲取十千亦猶頌云萬
億及秭舉大數且以協句言所在有大田皆有十千之收推而廣之以見天下皆豐此皆申述毛說也○箋甫之至畝一
鍾○正義曰以此意言自古有年又云今適南畝一章之內而有古今相對今適南畝言民之治田則歲取十千宜爲官

十三經注疏 詩十四之一 小雅 甫田之什 三

之稅法稅法而言十千爲有限之數則不據天下不可言大不得與齊之甫田同訓故云甫之言丈夫也穀梁傳曰夫猶
傳也男子之美稱士冠禮注亦云甫丈夫之美稱甫或作父是爲丈夫也易曰師貞丈人吉言以禮法長於人可倚丈也
是夫者有傳相之德而可倚丈謂之丈夫通天下男子之辭喪服曰丈夫婦人是也言明乎彼太古之時者以此詩據幽
王之時而思古謂思成王也成王既古矣而云今適南畝以成王之時爲今則古又古於成王是爲太古也案禮記郊特
牲與士冠禮皆曰太古冠布齊則緇之下即云牟追夏后氏之道章甫殷道委貌周道然則太古冠布在三代之前故注
云唐虞以上曰太古然世代推移後之仰先皆爲古矣古有遠近其言無常故易以文王爲中古禮記以神農爲中古各
有所對爲古不同則太古之名亦無定限此言太古於成王則可未必要唐虞以上也孟子曰欲重之於堯舜大桀小
桀輕之於堯舜大貉小貉則什一而稅堯舜已然此論稅法而言太古亦以太古爲唐虞於理雖通但什一而稅三代皆
然據今成王所脩不必要本堯舜信南山言成王奉禹之功則此太古蓋亦禹也言丈夫稅田謂於丈夫而稅其田以治
田者男子故言於丈夫也歲取十千於井田之法則一成之數者司馬法計之而然也司馬法曰夫三爲屋屋三爲井是
九夫爲井也井十爲通通十爲成亦司馬法文孟子云請野九一而助謂九夫之內與公助一夫田有百畝故知井稅一
夫其田百畝從此而累計之故知通稅千畝成稅萬畝也又解不言萬畝而稱十千意欲見其數從井通起故言十千明
從井稅一夫爲百畝千是通之稅故云十千以見之而不言萬畝也鄭以爲稅法者亦以此十千故耳知此爲田畝者以
十千之文連甫田之下明取十千之田故知田畝非釜斛也又解田之所收數言上地穀畝一鍾明時和而收多故稅輕
而用足也史記河渠書曰韓使水工鄭國閒說秦鑿涇水爲渠並於山東注洛三百餘里渠成而用溉舄鹵之地四萬餘
頃收皆畝一鍾彼瀉鹵之地灌溉之功畝收一鍾明太平陰陽和風雨時上地畝亦收一鍾也昭三年左傳曰齊舊四量
豆區釜鍾四升爲豆各自其四以登於釜釜十則鍾是鍾容六斛四斗也漢書食貨志曰一夫治田百畝歲收畝一碩半
爲粟百五十碩歲有上中下上孰其收自四中孰自三下孰自倍張晏曰平歲百畝收百五十碩今大孰四倍收六百碩

自三百五十碩自倍三百碩彼謂中平之地上孰畝六碩故本太平之上孰上地準關中爲畝一鍾也孟子曰言三代稅法其實皆什一若井稅一夫是九稅一矣此詩之意刺幽王賦重當陳古稅之輕而言歲稅萬畝反得重於什一者孟子言什一據通率而言耳周制有貢有助助者九夫而稅一夫之田貢者什一而貢一夫之穀通之二十夫而稅二夫是爲什中稅一也故冬官匠人注廣引經傳而論之云周制畿內用夏之貢法稅夫無公田邦國用殷之助法制公田不稅夫貢者自治其所受田貢其稅穀助者借民之力以治公田又使收斂焉諸侯謂之徹者通其率以什一爲正孟子云野九夫而稅一國中什一是邦國亦異外內之法耳是鄭解通率爲什一之事也又孟子云滕文公使畢戰問井田孟子對曰請野九一而助國中什一使自賦是鄭所引異外內之事也孟子又云方里而井井九百畝其中爲公田八家皆私百畝同養公田公事畢然後治私事所以別野人也是說助法井別一夫以入公也言別野人者別野人之法使與國中不同也爾雅云郊外曰野則野人爲郊外也野人爲郊外則國中謂郊內也郊內謂之國中者以近國故繫國言之亦可地在郊內若在國中故也助法既言百畝爲公田則使自賦者明是自治其田貢其稅穀也助則九而助一貢則什一而貢一通率爲什一也若然九一而助者爲九中一知什一自賦非什中一者以言九一即云而助明九中一助也國中言什一乃云使自賦是什一之中使自賦之明非什中一爲賦也故鄭玄通其率以什一爲正若什一自賦爲什中賦一則不得與九一通率爲什一也且鄭引孟子云野九夫而稅一國中什一不言國中什而稅一明是國中什一而貢一故得通率爲什一也如鄭之言邦國亦異外內則諸侯郊內貢郊外助矣而鄭正言畿內用貢法邦國用助法以爲諸侯皆助者以諸侯郊內之地少郊外助者多故以邦國爲助對畿內之貢爲異外內也案王制云千里之內曰甸其外曰采注云取其美物以當穀稅又尚書鄭志說貢篚之義云凡所貢篚之物皆以稅物市之隨時物價以當邦賦然畿外諸侯不以穀入天子此若成稅萬畝是畿外助法則詩說天子之事得云歲取十千者以天子天下爲家故美其收入之多則廣舉天下之田若貢之天子自可隨其所須變爲貨物皆是稅穀市之亦得爲天子所取也史傳說助貢之法唯孟子爲明鄭據其言以什十而徹爲通外內之率理則然矣而食貨志云井方一里是九夫八家共之各受私田百畝公田十畝是爲八百八十畝餘二十畝爲廬舍其言取孟子爲說而失其本旨班固既有此言由是羣儒遂謬何休之注公羊范甯之解穀梁趙岐之注孟子宋均之說樂緯咸以爲然皆義異於鄭理不可通何則言井九百畝其中爲公田則中央百畝共爲公田不得家取十畝也又言八家皆私百畝則百畝皆屬公矣何得復以二十畝爲廬舍也言同養公田是八家共理公事何得家分十畝自治之也若家取十畝各自治之安得謂之同養也若二十畝爲廬舍則家別二畝半亦入私矣則家別私有百二畝半何得爲八家皆私百畝也此皆諸儒之謬鄭於匠人注云野九夫而稅一此箋云井稅一夫其田百畝是鄭箋無家獨公田[illegible]二畝半爲廬舍之事俗以鄭說同於諸儒是又失鄭旨矣此井稅一夫是爲定法而貢法上上出[illegible]稅下下出一夫稅通率九州一井稅五夫者以禹貢九州之賦法凡有九等鄭欲品其多少無所比況遂以九井擬之以示稅之多少耳非其實稅之也何則九州之地不至九倍若第一之州爲三等豈第九州之上者一家受田九百畝中者千八百畝下者二千七百畝斯不然矣若亦以百畝二百畝三百畝爲三等給之以地有薄厚差降其稅不可下州九家而共稅一夫之稅此乃不近人情也明是以九等井稅擬之耳箋必易毛者以此詩之作刺幽王政煩賦重廢民農業而此章下言治田則此爲稅法互言其事以相發明耳且取者自此取彼之辭耳歲取既爲稅斂之言十千即是期限之數若子孫千億萬億及秭文無指定可爲多大之辭其此文與十千維耦百室盈止周公之東征四國成湯之式於九圍皆是數有限量不得爲揔舉大辭也又參之於司馬之書校之於一成之稅其數正允其若合符故不從毛氏也而孫毓難云一成之收裁是十里之豐謂箋之說不足以該天下然毓以所在天下大田皆有十千之收可推而廣之則每於十里皆取十千何獨不可推而廣也鄭氏之說亦足通矣。傳尊者至食陳。正義曰言食我農人是辭有所別七月云采荼薪樗食我農夫以對爲此春酒以介眉壽是農夫別於眉壽彼農夫與此農人一也言農夫食陳明對眉壽爲尊者食新矣孫毓云一家之中尊長食新農夫食陳老壯之別孝養之義也。箋倉廩至如此。正義曰上言古之稅法一成而歲取十千故知此言我取取於官是倉廩有餘賒貸取而食之也以官有畜積恐其久而腐敗所以紓出官粟之畜積久滯者待秋收然後取民新穀以納官也於官則積而不腐亦是使民愛重存留此新穀也定本及集注貸皆作貰義或然也地官旅師云凡用粟春頒而秋斂之注云因時施之饒時收之此卽義取其陳也此又特言農人不對眉壽則老壯總爲農人不與七月同也若然王制云古者三年耕必有一年之食則太平豐年當家自有積而得有貸官粟者然古今時運人亦一也作制者美古之辭據多以言不能使皆有畜積猶今之豐年而民有貧而無食者稅斂有義用之以道以倉粟則陳陳相因民貧則貸取以食所以上下交濟海內乂安豈言皆無畜積人盡取之也。傳耘除草耔雝本。正義曰食貨志云后稷始甽田以二耜爲耦廣尺深尺曰甽長終畝一畝三甽一夫三百甽而播種於甽中苗葉以上稍耨壠草因墤其土以附苗根比成壠盡而根深能風與旱故薿薿而盛也是說耘耔之事附根卽此雝本也。箋今者至治田互辭。正義曰以上言自古有年此言今以別之而下言曾孫來止故知今者成王之時也言不奪農時故得使農人之其南畝也。傳治田至以進。正義曰管子云倉廩實知禮節衣食足知榮辱明人成俊士由田之得穀故云治田得穀俊士以進也攸介攸止毛雖不訓準生民之傳則不爲舍而止息王肅云是君子治道所大功所定止傳意當然言太平年豐爲功成治定故俊士以進以由得穀故耳。箋介舍至之行。正義曰以此田農之事介止相對止是止息故介爲舍也信南山云中田有廬舍則必歸於廬止則隨其所惓而息故介止分爲二事也禮使民鋤作耘耔其有閒暇則於廬舍及所止息之處相講論而肄習其業言禮者以其禮法當然非有禮文也漢書藝文志曰古之學者且耕且養三年而通一藝用日少而畜德多三十而五經立卽此烝我髦士是也以文承或耔之下以止舍講習以成俊士於理爲切故易傳。

辨其野之土上地中地下地以頒田里上地夫一廛田百晦萊五十晦餘夫亦如之中地夫一廛田百晦萊百晦餘夫亦如之下地夫一廛田百晦萊二百晦餘夫亦如之萊謂休不耕者鄭司農云戶計一夫一婦而賦之田其一戶有數口者餘夫亦受此田也廛居也揚子雲有田一廛謂百晦之居也玄謂廛城邑之居孟子所云五晦之宅樹之以桑麻者也六遂之民奇受一廛雖上地猶有萊皆所以饒遠也王莽時城郭中宅不樹者爲不毛出三夫之布○令力呈反晦音畝萊音來數色主反奇居宜反疏辨其至如之○釋曰此據在六遂之中爲野故以野言之并上地中地下地以頒其田里此皆與已下爲總目也此直言上中下地亦當如小司徒云上地家七人中地家六人下地家五人也○注萊謂至之布○釋曰案詩云田卒汙萊注高者萊下者汙是萊謂休不耕者也先鄭引揚子雲有田一廛謂百畝之居也後鄭不從以爲廛與孟子五晦之宅同者此經上中下地皆云夫一廛田百晦百晦與一廛別言之則此廛與廛人皆謂廛緜於其中則此乃是廛里任國中之地一也不得同爲百畝之田詩所云三百廛今者自是三百家之稅故亦廛表稅也云六遂之民奇受一廛者釋經餘夫亦如之則餘夫皆有田有廛是餘夫奇別更受廛備後離居之法故奇受一廛也云雖上地猶有萊者對六鄉不言餘夫之廛上地又無萊故云皆所饒遠也引王莽時事者證廛是城郭中言

十三經注疏　周禮十五　地官司徒下　十六

四 封建史事

造都鄙——王子弟、卿大夫之采地

不易、一易、再易之地

夏時采地、周時采地

城郭之宅曰室

今文說古者鄭國爲予留

凡造都鄙制其地域而封溝之以其室數制之不易之地家百晦一易之地家二百晦再易之地家三百晦

都鄙王子弟公卿大夫采地其界曰都鄙所居也王制曰天子之縣內方百里之國九七十里之國二十有一五十里之國六十有三此蓋夏時采地之數周未聞矣春秋傳曰遷鄭焉而鄙留城郭之宅曰室詩云嗟我婦子曰爲改歲入此室處以其室數制之謂制丘甸之屬王制曰凡居民量地以制邑度地以居民地邑民居必參相得鄭司農云不易之地歲種之地美故家百晦一易之地休一歲乃復種地薄故家二百晦再易之地休二歲乃復種故家三百晦○㪘本亦作古晦字句劉常証反復扶又反下同○

疏 凡造至百晦○釋曰上言王畿及諸侯邦國至此更言畿內都鄙三等采地云凡造都鄙制其地域者案載師職家邑任稍地小都任縣地大都任畺地又下文小司徒職云四丘爲甸四甸爲縣四縣爲都家邑二十五里小都五十里大都百里是造都鄙制其地域也云而封溝之者謂三等采地四境界上皆有溝封而樹之以爲阻固云以其室數制之者其室在都邑之內而云制之者依其城內室數於四野之中制地與之謂若九夫爲井四井爲邑四邑爲丘四丘爲甸四甸爲縣四縣爲都之等是也云不易之地家百晦者此謂上地年年佃之故家百晦云一易之地家二百晦者謂年別佃百晦廢百晦云再易之地家三百晦者以其地薄年年佃百晦廢二百晦三年再易乃徧故云再易也○注都鄙至百晦○釋曰言都鄙王子弟公卿大夫采地者公在大都卿在小都大夫在家邑其親王子母弟與公同在大都次疏者與卿同在小都次更疏者與大夫同在家邑故摠云都鄙王子弟公卿大夫采地也云其界曰都鄙所居也者三等采地皆有城郭是其鄙所居也據其四境即是其界曰都又引王制曰天子之縣內方百里之國九

云云又云此蓋夏時采地之數者案殷周皆稱畿内王制云縣内疑是夏時故云此蓋夏時采地之數也云周未聞矣者案洛誥傳云天下諸侯入來進受命於周退見文武之尸者千七百七十三諸侯注云入州州立二百一十國畿内九十三國云畿内九十三國即此都鄙之數有文矣而云未聞者以無正文故疑焉或未可聞其大國次國小國各有畿國故云未聞其實摠數則聞之矣云春秋傳曰遷鄭焉而鄙留者案桓十一年夏五月鄭伯寤生卒秋七月葬鄭莊公九月宋人執鄭祭仲公羊云祭仲者何鄭相也何以不名賢乎祭仲以爲知權也其爲知權奈何古者鄭國處於留先鄭伯有善於鄶公者通乎夫人以取其國而遷鄭焉而野留莊公死已葬祭仲將往省于留塗出於宋宋人執之謂之曰爲我出忽而立突祭仲不從其言則君必死國必亡從其言則君可以生易死國可以存易亡是以謂之權也野鄙不同者何鄭所見傳異也案玄發墨守云鄭始封君曰桓公者周宣王之母弟國在宗周畿内今京兆鄭縣是也桓公生武公武公生莊公遷易東周畿内國在虢鄶之間今河南新鄭是也武公生莊公因其國焉留乃在陳宋之東鄭受封至此適三世安得古者鄭國處於留祭仲將往省留之事乎是鄭君不從公羊引之者直取鄙所居爲義也其鄭居留之事猶自不取也所謂文取而義不取也云城郭之宅曰室又引詩者是七月詩取證室在城内於其室數制城外井邑又云制之謂制丘甸之屬者案下小司徒云四井爲邑以至丘甸縣都是也又引王制者欲見邑在城外居在城内外内多少必參相得之事

田

古之井田，而論于相傳地勢分八家，皆以二三四百畝爲

井田百畝

周官小司徒井牧其田野，疏引司馬法，其不宜中田

猶曰爲邑——其實劉向爲某言

遂人百畝[illegible]

口

田

三年六月四

田畝尚信　答子乘馬教　吴光嚴

鄭注歲取十千與注同則孔異

兩山間必有川大川上必有涂

溝防

葺屋瓦屋

囷窌窖倉城

匠人爲溝洫主通利田間之水道。洫況域反疏注主通至水道。釋曰古者人耕皆畎上種穀畎遂溝洫之間通水故知通利田間水道此文與下爲目下別爲之耳耜廣五寸二耜爲耦一耦之伐廣尺深尺謂之甽田首倍之廣二尺深二尺謂之遂古者耜一金兩人併發之其壟中曰甽甽上曰伐伐之言發也甽畎也今之耜岐頭兩金象古之耦也田一夫之所佃百畝方百步地遂者夫間小溝遂上亦有徑。甽古犬反隧音遂本又作遂併步頂反畎古犬反與甽同古今字也劉古善反佃音田又音電疏耜廣至之遂。釋曰云耜爲耒頭金金廣五寸耒面謂之庛庛亦當廣五寸云二耜爲耦者二人各執一耜若長沮桀溺耦而耕此兩人耕爲耦共一尺一尺深者謂之畎畎上高土謂之伐伐發也以發土於上故名伐也此二人雖共發一尺之地未必並發知者孔子使子路問津於長沮長沮不對又問桀溺若並頭共發不應別問桀溺明前後不並可知雖有前後其畎自得一尺不假要並也。注古者至有徑。釋曰鄭云古者耜一金者對後代耜岐頭二金者云兩人併發之者謂共爲一畎謂二人並頭也云今之耜岐頭者至後漢用牛耕種故有岐頭兩腳耜今之猶然也但以牛種用二耜則畎下布種與古異也云田一夫之所佃百畝方百步地者遂人云夫一廛田百畝彼雖爲溝洫法一夫則與此同也云遂者夫間小溝遂上亦有徑者按遂人云夫間有遂遂上有徑彼溝洫法此井田法雖不同遂在夫間遂上有徑則同故云亦有徑也按彼鄭云以南畝圖之遂縱溝橫洫縱澮橫九澮而川周其外以彼遂在夫間故以南畝遂則縱矣此井田云田首倍之爲遂以南畝圖之遂即橫也

九夫爲井井間廣四尺深四尺謂之溝方十里爲成成間廣八尺深八尺謂之洫方百里爲同同間廣二尋深二仞謂之澮

此畿內采地之制九夫爲井井者方一里九夫所治之田也采地制井田異於鄉遂及公邑三夫爲屋屋具也一井之中三屋九夫三三相具以出賦稅共治溝也方十里爲成成中容一甸甸方八里出田稅緣邊一里治洫方八里爲同同中容四都六十四成方八十里出田稅緣邊十里治澮采地者在三百里四百里五百里之中載師職曰園廛二十而一近郊什一遠郊二十而三甸稍縣都皆無過十二謂田稅也皆就夫稅之輕近重遠耳滕文公問爲國於孟子孟子曰夏后氏五十而貢殷人七十而助周人百畝而徹其實皆什一徹者徹也助者藉也龍子曰治地莫善於助莫不善於貢貢者校數歲之中以爲常文公又問井田孟子曰請野九一而助國中什一使自賦卿以下必有圭田圭田五十畝餘夫二十五畝死徙無出鄉鄉田同井出入相友守望相助疾病相扶持則百姓親睦方里而井井九百畝其中爲公田八家皆私百畝同養公田公事畢然後治私事所以別野人也又曰詩云雨我公田遂及我私惟助爲有公田由此觀之雖周亦助也魯哀公問於有若曰年饑用不足如之何有若對曰盍徹與曰二吾猶不足如之何其徹也春秋宣十五年秋初稅畝傳曰非禮也穀出不過藉以豐財也此數者世人謂之錯而疑焉以載師職及司馬法論之周制畿內用夏之貢法稅夫無公田以詩春秋論語孟子論之周制邦國用殷之助法制公田不稅夫貢者自治其所受田貢其稅穀助者借民之力以治公田又使收斂焉畿內用貢法者鄉遂及公邑之吏旦夕從民事爲其促之以公使不得恤其私邦國用助法者諸侯專一國之政爲其貪暴稅民無蓺周之畿內稅有輕重諸侯謂之徹者通其率以什一爲正孟子云野九夫而稅一國中什一是邦國亦異外內之法耳圭之言珪絜也周謂之士田鄭司農說以春秋傳曰有田一成又曰列國一同。仞音刃澮古外反廛直連反助音助校音教數色主反下此數者同別彼列反兩于付反徹與音餘爲其于僞反下爲其爲此同蓺音藝率音律又音類下同

疏　九夫至之澮。釋曰井田之法畎縱遂橫溝縱洫橫澮縱自然川橫其夫間縱者分夫間之界耳無遂其遂注溝溝注入洫洫注入澮澮注自然入川此圖略舉一成於一角以三隅反之一同可見矣遂人云夫間有遂以南畝圖之則遂縱而溝橫此不云夫間有遂云田首倍之謂之遂遂則橫而溝縱也自餘洫澮川依此遂溝縱橫參之可知但彼云九澮而川周其外川則人造之此百里有澮澮水注入川相去遠故宜爲自然川也自畎遂溝洫皆廣深等其澮廣二尋深二刃若以孔安國八尺曰刃則澮亦廣深等但度廣以尋度深以刃故別言之若王肅依爾雅四尺曰刃深二刃八尺與廣二尋不類鄭以刃七尺淺於廣二尋二尺者以涂爲大故宜淺校二尺與溝洫不得相類也。注此畿至一同。釋曰云此畿內采地之制者對畿外諸侯亦制井田與此同云九夫爲井井者方一里九夫所治之田也者小司徒注似井字也云采地制井田異於鄉遂及公邑者按遂人云夫間有遂十夫有溝百夫有洫千夫有澮萬夫有川方三十三里少半里九而方一同以南畝圖之遂縱溝橫洫縱澮橫九澮而川周其外若以九而方一同則百里之內九九八十一澮此井田則一同惟一澮既溝澮稀稠不同又彼溝洫法以爲貢予就夫稅之十一而貢此則九夫爲井

井稅一夫美惡取於此不稅民之所自治是溝洫井田異也小司徒注不云異於公邑者據遂人成文此兼云公邑者據事實而說云三夫爲屋屋具也一井之中三屋九夫三三相具以出賦稅共治溝也者一井有九夫據南畝言之則三夫並一屋而三夫相具以出賦稅并相具共治溝以言三屋共一井井間有溝故共治溝也云方十里爲成成中容一甸甸方八里出田稅緣邊一里治洫者司馬法有二法有甸方八里出長轂一乘又有成方十里出長轂一乘言甸者據實出稅者而言云成者據通治溝洫而說爲有二種故鄭細分計之八里爲甸出田稅緣邊一里并之則二里治洫以成間有洫故使共治洫也云方百里爲同同中容四都六十四成者此據小司徒而言彼經四縣爲都注云方四十里四都方八十里旁加十里乃得方百里爲一同今言六十四成者據出田稅者言之故云方八十里出田稅緣邊十里治澮也云采地者在三百里四百里五百里之中者據載師職而言按彼云家邑任稍地小都任縣地大都任畺地是三百里外至畿五百里内言此者欲見三者采地之中有此井田助法又引載師職圜廛之下者欲見鄉遂及公邑之等爲溝洫貢予法與采地井田異云輕近重遠耳者彼注云近者多役故輕稅也滕文公問孟子爲國已下至以爲常皆孟子對文公之辭自文公又問井田已下至雖周亦助按彼是文公使畢戰問今以爲文公問者畢戰文公臣君統臣功亦得爲文公問也云夏后氏五十而貢殷人七十而助周人百畝而徹其實皆什一徹者徹也助者藉也者並孟子對文公之辭按彼趙岐注夏禹之世號后氏后君也禹受禪於君故夏稱后殷周順人心而征伐故言人也民耕五十畝貢上五畝耕七十畝以七畝助公家耕百畝者徹取十畝以爲賦雖異名而多少同故曰皆什一也徹猶人徹取物藉者借也猶人相借助之者或有解者云三代受地多少應同今云夏后氏五十而貢殷人七十周人百畝者據地有不易一易再易并六遂上地不易加五十畝有四等據按地之法夏言五十而貢者據一易之地家得二百畝常佃百畝荒百畝其佃百畝常稅之據二百畝爲稅百畝爲五十而貢殷人七十而助者據六遂上地百畝有萊五十畝而言百五十畝稅一百畝猶五畝稅七十五畝舉全數言之故云七十畝而助也周人百畝而徹者據上地不易者而言百畝全稅之故云百畝而徹也夏據一易之地亦有上地不易上地加五十畝者殷據上地如萊則亦有一易及上地無萊者也周言百畝而徹則亦有上地有萊及一易者也三代皆不言再易三百畝者明皆有可知以其云貢子無助法殷人云助稅并無貢法周人云徹貢助兼有也云龍子曰治地莫善于助莫不善于貢貢者校數歲之中以爲常者按彼趙岐注龍子古賢人也言治地之賦無善於助者也貢者校數歲以爲常類而上之民供奉之有易有不易故謂貢爲莫不善之也孟子本爲莫不善於貢今注有無不字者蓋轉寫脱耳文公又問按彼文公使畢戰問孟子孟子對此辭上文公揔問爲國之法故對助貢兼有此問井田之法孟子云請野九一而助國中什一使自賦者彼注云九一者井田以九頃爲數而供什一郊野之賦也助者殷家稅名周亦用之龍子所謂善於助者也時諸侯不行助法國中什一者周禮園廛二十而稅一時行重賦責之什一也而如也自從也孟子欲請使野人如助法什一而稅之國中從其本賦二十而稅一以寬之又云卿以下必有圭田圭田五十畝餘夫二十五畝注云古者卿以下至於士皆受圭田五十畝所以供祭祀圭絜也土田故謂之圭田所謂惟士無田則亦不祭言絀士無絜田也井田之民養公田者受百畝圭田半之故五十畝餘夫者一家一夫受田其餘老小有餘力者受二十五畝半於圭田謂之餘夫也受田者田業多少有上中下周禮曰餘夫亦如之亦如上中下之制也王制曰夫圭田無征謂餘夫圭田皆不出征賦時無圭田餘夫孟子欲令復古所以重祭祀利民之道也云死徙無出鄉注云死謂葬也徙謂變土易居平肥磽也不出其鄉易爲功云鄉田同井出入相友守望相助疾病相扶持則百姓親睦注云同鄉之田共井之家各相勞也出入相友相友偶也周禮大宰八曰友以任得民守望相助助察姦也疾病相扶持扶持其羸

弱也救其困急皆所以教民相親睦之道睦和也但鄉遂爲溝洫法而云鄉田同井者此謂殷之助法雖鄉亦爲井田故云鄉田同井以其孟子雜說三代故也云方里而井九百畝其中爲公田八家皆私百畝同養公田公事畢然後治私事所以別野人也注云方一里者九百畝之地也爲一井八家各私得百畝同共養其公田之苗公田八十畝其餘二十畝以爲廬宅園圃家二畝半也先公後私遂及我私之義也則是野人之事所以別於士伍者也鄭所引孟子證井田之法則卿已下必有圭田及餘夫其文既間在井田之中則二者亦爲井田之法故引之也云又曰詩曰至亦助也按彼是上文孟子對滕文公爲國之法今退在此者詩是周井田之法故引之在下也云雖周亦助者是周兼夏殷助貢也云魯人

公論語文按彼注二謂十二而稅但哀公已行十二而稅有若亦知哀公十二故抑之使從十一之正而後盍何不也徹通也謂十一之通稅哀公憂國有若憂民故也春秋譏宣公欲厚斂棄中央一夫之公田就八家之私田以取之故譏厚斂也云穀出不過藉者藉即借也借民力所治公田是也云此數者世人謂之錯者論語孟子春秋與詩文義不同故世人謂之錯而疑焉云以載師職及司馬法論之周制畿內用夏之貢法稅夫無公田者以世人疑之爲錯故鄭以諸文辨之按載師職云從國中園廛二十而一及甸稍縣都無過十二皆據鄉遂及四等公邑皆用夏之貢法云司馬法者辨左氏杜服所引司馬法云甸方八里出長轂一乘鄭注論語引司馬法云成方十里出長轂一乘鄭注小司徒引司馬法成方十里士十人徒二十人並據郊遂之外及采地法未見鄭所引證周之畿內之事而云以司馬法論必論語之畿內用夏之貢法者但彼司馬法必論周之畿內用夏之貢法非鄭虛言但餘僭所不見耳云以詩春秋論語孟子論之周制邦國用殷之助法制公田不稅夫者詩云雨我公田公田是助法春秋初稅畝亦是助法論語云盍徹乎徹是天下之通法亦助法也孟子答畢戰井田引詩爲證亦周之助法故揔云助法不稅夫也云貢者自治其所受田貢其稅穀助者借民之力以治公田者鄭重釋夏貢殷助之事皆取孟子爲義也云畿內用貢法者至恤其私者鄉遂公邑之內皆鄉里比閭等治民之官旦夕從民事因此促之使先治公田故不得恤其私故爲貢法不得有公田也云邦國用助法諸侯專一國之政爲其貪暴稅民無藝者藝謂準法宣公初稅畝就井田上取民之所自治況爲貢法有何準法故爲井田不爲貢也周之畿內稅有輕重者鄭云近者多役故輕其稅云諸侯謂之徹者通其事以什一爲正者謂郊外用助郊內用貢故引孟子云野九夫而稅一國中什一此云野九夫而稅一即彼云請野九一而助此云國中什一即彼云國中什一使自賦云九一而助者一井九夫之地四面八家各自治一夫中央一夫八家各治十畝八家治八十畝入公餘二十畝入家各得二畝半以爲廬宅井竈葱韭是十外稅一也國內據民住在城中其地即在郊內郊外鄉遂之民爲溝洫爲貢法言十一亦十外稅一者也漢書食貨志既有井田饒民二畝半之事是以宋均注樂緯何休注公羊趙岐孟子皆饒民詩云倬彼甫田歲取十千鄭云井稅一夫其田百畝通稅十夫其田千畝成稅百夫其田萬畝不言饒民者以經云歲取十千校一成之內舉全數而言鄭亦順經從整數而說其實與諸家不殊也云邦國亦異外內者上云畿內畿外據天子揔天下大判而言此既引孟子野與國中不同是細而分之邦國亦倣天子異外內也云圭之言珪絜也者謂有珪絜之德也云周謂之士田者即載師士田是也先鄭引春秋者田一成事在哀元年彼夏后相爲澆所滅其子少康奔虞思爲庖正有田一成有衆一旅據一成之地有九百夫宮室塗巷三分去一餘六百夫上地家百畝中地家二百畝下地家三百畝通率三家受六夫之地則一成六百夫定受地有三百家而云有衆一旅五百家者據上地多家亦多也又曰列國一

同者事在襄二十五年彼鄭子產適晉獻捷晉人責之何故侵小子產對曰昔天子之地一圻列國一同自是以衰今大
國多數圻矣若無侵小何以至焉是也引之者證經成與同之事也貢稅之法古來皆什一故孟子說三代而云其實皆
什一見以公羊傳云古者什一而藉多乎什一大桀小桀注云奢泰多取於民比於桀也寡乎什一大貉小貉注云蠻貉
無社稷宗廟百官制度之費稅薄什一者天下之中正也什一而行頌聲作矣注云聖人制井田之法而口分之一夫一
婦受田百畝以養父母妻子五口爲一家公田十畝即所謂什一而稅也廬舍二畝半凡爲田頃十畝半八家而九頃共
爲一井故曰井田孟子又云白圭曰吾欲二十而取一何如孟子曰子之道貉道也欲輕之於堯舜之道者大貉小貉也
欲重之於堯舜之道者大桀小桀也率指言先王按典籍萬世可通
什一供貢下富上尊若然自古以來貢與助皆不得過什一者也 專達於川各載其名 達猶至也謂澮直至於川復無所注入載其名
者識水所從出 疏 注達猶至從出。釋曰上澮水所入更無注入故云專至於川云識水所從出者據澮水出注入川處諸澮既多當各記水所出之處著其名使人言有所稱謂者也 凡天下之地埶兩

山之間必有川焉大川之上必有涂焉 通其壅塞。壅於勇反 疏 注通其壅塞。釋曰此言同間有澮澮水入川其川是自然而有又非平地而出必因山間有之又
大川不可輒越巡川必當有涂地勢然也言通其壅塞者川與涂皆是通其壅塞也 凡溝逆地防謂之不行水屬不理孫謂之不行 溝謂造溝防謂脉理屬讀爲注
孫順也不行謂決溢也禹鑿龍門播九河爲此逆防與不理孫也。防音勒屬讀爲注之樹反理孫音遜注同 疏 注溝謂至孫也。釋曰經言凡溝注云謂造溝則此溝非謂廣深四尺其田間者下云梢溝三十里而廣倍當是人所造

十三經注疏

周禮四十二 冬官考工記下

亖

溝瀆引水者故此鄭引鑿龍門播九河爲證既不得逆地防不理遜水不行當依地防理順行水乃可爲之川也禹鑿龍門播九河事見尚書禹貢 梢溝三十里而廣倍 謂不墾地之溝也鄭司農云梢讀爲
桑螵蛸之蛸蛸謂水漱齧之溝故三十里而廣倍。梢劉音蕭注蛸一音色交反螵婢遙反 疏 注謂不至廣倍釋曰此溝雖是不墾地之溝與上異亦是非田間者也必使三十里得廣倍者亦謂地勢而爲之使水梢溝故得三十里
而廣倍也先鄭云梢讀爲桑螵蛸之蛸蛸謂水漱齧之溝上云梢其數亦讀從螵蛸之蛸同是梢齧之義故同讀從之也 凡行奠水磬折以參伍 坎爲弓輪水行欲紆曲也鄭司農云奠讀爲停謂行停水
溝形當如磬直行三折行五以引水者疾焉。奠音亭折之設反後放此 疏 注坎爲至疾焉。釋曰言凡行停水者水去遲似停住止由川直故也是以曲爲因其曲勢則水去疾是以爲磬折以參伍也云坎爲弓輪者說卦文謂坎所
以行水如弓輪輪則亦疾故云行水欲紆曲也 欲爲淵則句於矩 大曲則流轉流轉則其下成淵 疏 注大曲至成淵。釋曰凡川溝欲得使教淵之深當句曲於矩使水勢到向上句曲尺則爲迴湲自然深
爲淵驗今者然也 凡溝必因水埶防必因地埶善溝者水漱之善防者水淫之 漱猶齧也鄭司農云淫讀爲廞謂水淤泥土留著助之爲
厚玄謂淫讀爲淫液之淫。漱色救反前注同廞許金反淤於據反著直略反液音亦 疏 注漱謂至之淫。釋曰先鄭讀淫爲廞者周禮之內云廞者先鄭皆爲淫淫爲陳故此讀淫爲廞先鄭餘處淫廞既爲陳於此不得爲淤泥解

之故後鄭不從也是以後鄭以淫液之淫爲義謂以淤泥淫液使厚也 凡爲防廣與崇方其閷參分去一 崇高也方猶等也閷者薄其上○閷色界反劉又色例反注下同去起呂反

疏 注崇高至其上○釋曰凡爲堤防言廣與高等者假令堤高丈二尺下基亦廣丈二尺云其閷參分去一者三四十二上宜廣八尺者也 大防外閷 又薄其上厚其下 疏 注又薄至其下 釋曰此文承上參分去一而云外閷故云又薄其上厚其下雖不知尺數但知三分去一之外更云也 凡溝防必一日先深之以爲式 程人功也溝防爲溝爲防也 疏 注程人至防也○釋曰程人功者將欲造溝防先以人數一日之中所作尺數是程人功法式後則以此功程賦其丈尺步數言深者謂深淺尺數故下云已爲式然後可以傳衆力傳謂付之 里爲式然後可以傳衆力 里讀爲已聲之誤也○里音以傳音附 疏 注里讀至誤也○釋曰必破里爲已者里則於義無取爲已則於義合故從已也 凡任索約大汲其版謂之無任 故書汲作汲杜子春云當爲汲玄謂約縮也汲引也築防若牆者以繩縮其版大引之言版橈也版橈築之則鼓土不堅矣詩云其繩則直縮版以載又曰約之格格椓之橐橐○格音各椓丁角反橐音託 疏 注故書至橐橐○釋曰引詩云其繩則直縮版以載者此大雅緜之篇文也又曰約之格格椓之橐橐者謂斯干美宣王之詩言築室百堵之時有此約椓之事彼注云格格猶歷歷也橐橐用力也引之者證索約亦繩縮之事也 葺屋參分瓦屋四分 各分其脩以其一爲峻○葺七入反劉音集又子入反 疏 注各分至爲峻○釋曰葺屋謂草屋草屋宜峻於瓦屋云各分其脩以其一爲峻者按上堂脩二七言之則此注脩亦謂東西爲屋則三分南北之間尺數取一以爲峻假令南北丈二尺草屋三分取四尺爲峻瓦屋四分取三尺爲峻也 囷窌倉城逆牆六分 逆猶卻也築此四者六分其高卻一分以爲閷囷圜倉穿地曰窌○囷丘貧反窌劉古孝反依字當爲窖作窌假借也 疏 注逆猶至曰窌○釋曰地上爲之方曰倉圜曰囷穿地曰窌卻牆六分者六分其高去一以爲閷假令高丈二尺下厚四尺則於上去二尺爲閷上惟二尺其囷倉城地上爲之須爲此殺其窌入地亦爲此閷者雖入地口宜寬則牢固也 堂涂十有二分 謂階前若今令甓裓也分其督旁之脩以一分爲峻也爾雅曰當涂謂之陳○令音零甓薄歷反爾雅云瓴甋謂之甓郭璞云今甗甎裓音階 疏 注謂階至之陳○釋曰鄭云若今令甓裓也者漢時名堂涂爲令甓裓令甓則今之塼也裓則塼道者也云分其督旁之脩者名中央爲督督者所以督率兩旁脩謂兩旁上下之尺數假令兩旁上下尺二寸則取一寸於中央爲峻峻者取水兩向流去故也引爾雅者釋宮文即詩云彼何人斯胡逝我陳言涉堂涂引之證陳與此堂涂爲一也 竇其崇三尺 宮中水道○竇音豆 疏 注宮中水道○釋曰言爲竇通水高不得過此按禮記儒行云華門圭竇則此竇一也 牆

厚三尺崇三之 高厚以是爲率足以相勝○勝音升 疏 注高厚至相勝釋曰云高厚以是爲率者高恒兩倍於厚不要厚三尺高九尺假令厚六尺高丈八尺皆依此法故云以是爲率足以相勝也

溝洫

凡治野夫間有遂遂上有徑十夫有溝溝上有畛百夫有洫洫上有涂千夫有澮澮上有道萬夫有川川上有路以達于畿十夫二鄰之田百夫一酇之田千夫二鄙之田萬夫四縣之田遂溝洫澮皆所以通水于川也遂廣深各二尺溝倍之洫倍溝澮廣二尋深二仞徑畛涂道路皆所以通車徒於國都也徑容牛馬畛容大車涂容乘車一軌道容二軌路容三軌都之野涂與環涂同可也萬夫者方三十三里少半里九而方一同以南畝圖之則遂從溝橫洫從澮橫九澮而川周其外焉去山陵林麓川澤溝瀆城郭宮室涂巷三分之制其餘如此以主于畿則中雖有都鄙遂人盡主其地。畛之忍反劉音真洫況域反澮古外反乘繩證反從子容反下同去起吕反盡津忍反

疏 凡治至于畿。釋曰遂人所掌則六遂之中為溝洫之法遂地在郊外田野之中故云凡治野云夫間有遂已下五溝所以通水入川五涂所以通道向都及國城也。注十夫至其地。釋曰云十夫二鄰之田已下以遂之中有鄰里酇鄙縣遂故十夫以下還以鄰酇鄙縣地當之鄭知遂廣深各二尺溝倍之洫倍溝澮廣二尋深二仞者此雖溝洫法與井田異制其遂溝洫澮廣深亦與井田溝澮廣深同故鄭還約匠人井田之法而言也鄭知徑容牛馬之等義如此者此從川上有路差之凡道皆有三塗川上之路則容三軌道容二軌塗容一軌軌皆廣八尺其畛差小可容大車一軌軌廣八尺自然徑不容車軌而容牛馬及人之步徑是以春秋有牽牛蹊蹊即徑也云都之野涂與環涂同可也者案匠人云環涂以為諸侯經涂野涂以為都經涂鄭注云經亦謂城中道諸侯環涂五軌其野涂及都環涂皆三軌彼注亦與此注同皆以為都之野涂與環涂同依內民云道有三涂男子由右女子由左車從中央是以鄭解川上之路及都之野涂皆容三軌也云萬夫者方三十三里少半里者此解經萬夫有川之意從西北隅北畔至東頭有十洫一洫百夫十洫千夫千夫萬步萬步有三十三里百步百步是少半里以九澮摠而言之則萬夫矣故言萬夫者三十三里少半里矣云九而方一同者案匠人云廣尺深尺謂之畎以至方百里為同同間廣二尋深二仞彼井田法溝澮稀少而云同此雖溝洫法溝澮稠多與彼井田相準擬而言也云以南畮圖之遂從溝橫洫從澮橫九澮而川周其外焉者案詩有今適南畝又云南東其畝故以南畝圖之其田南北細分者是一行隔為一夫十夫則於首為橫溝十溝即百夫於東畔為南北之洫十洫則於南畔為橫澮九澮則於四畔為大川此川亦人造雖無丈尺之數蓋亦倍澮耳此川與匠人澮水所注川者異彼百里之間一川謂大川也云去山林之等其餘如此者鄭注載師亦以此等三分去一皆大判而言之耳是以田之法一成九百夫亦三分去一以其餘通計出稅故每云三百家也云以至于畿則中雖有都鄙遂人盡主其地者遂人注六遂與司徒主六鄉同雖在二百里以內今經云以達于畿明畿以內之中雖有都鄙作井田之法遂人亦盡主其地明不可細主井田尚主公邑之中為溝洫之法與鄉遂人盡主之可知也

田

徵什

孫詒讓曰周官司稼以年之上下出斂法是以年之上下為徵什稅率之差也而載師任地則自郊甸稍縣都有十一至十二三等之徵是以地之遠近為輕重之差然則周之徹法其兼此二者歟云者因其地之遠近年之上下以為斂取之法

匡意

疏材有草根實可食者　疏不通名虞

太宰不殊園圃即所以載其來者播圃

嬪婦

不能盡屬一方

藪以澤地說之虞以林地說衡

以九職任萬民一曰三農生九穀二曰園圃毓草木三曰虞衡作山澤之材四曰藪牧養蕃鳥獸五曰百工飭化八材六曰商賈阜通貨賄七曰嬪婦化治絲枲八曰臣妾聚斂疏材九曰閒民無常職轉移執事任猶倳也鄭司農云三農平地山澤也九穀黍稷秫稻麻大小豆大小麥八材珠曰切象曰瑳玉曰琢石曰磨木曰刻金曰鏤革曰剝羽曰析閒民謂無事業者轉移爲人執事若今傭

賃也玄謂三農原隰及平地九穀無秫大麥而有粱苽樹果蓏曰圃園其樊也虞衡掌山澤之官主山澤之民者澤無水曰藪牧牧田在遠郊皆畜牧之地行曰商處曰賈阜盛也金玉曰貨布帛曰賄嬪婦人之美稱也堯典曰釐降二女嬪于虞臣妾男女貧賤之稱晉惠公卜懷公之生曰將生一男一女男爲人臣女爲人妾生而名其男曰圉女曰妾及懷公質於秦妾爲宦女焉疏材百草根實可食者疏不熟曰饉○圃布古反又音布毓古育字藪速苟反牧牧養之牧徐音目劉音茂蕃扶元反飭音勑賈音古下注同閒音閑秫音述瑳七何反豚陟角反鏤婁豆反爲人于僞反傭音容賃女鴆反苽音瓜彫胡也字或作菰蓏力果反樊如字又方元反畜許又反又許六反稱尺證反下同釐力之反圉魚呂反養馬曰圉質豬二反疏不色居反菜也劉音蘇饉其靳反

疏 以九職至執事○釋曰此九者皆是民之職業故云萬民也○一曰三農生九穀者言三農謂農民於原隰及平地三處營種故云三農生九穀也○二曰園圃毓草木者此圃即載師所云場圃任園地謂在田畔樹菜蔬果蓏者故云毓草木也○三曰虞衡作山澤之材者謂在山澤之民所作事業材木而已○四曰藪牧養蕃鳥獸者謂在藪牧之民事業使之長養蕃滋飛鳥走獸而已○五曰百工飭化八材者謂百種巧作之工所爲事業變化八材爲器物飭之而已飭勤也勤力以化八材○六曰商賈阜通貨賄者謂商賈之家所爲事業通貨賄使之阜盛○七曰嬪婦化治絲枲者嬪婦謂國中婦人有德行者治理變化絲枲以爲布帛之等也○八曰臣妾聚斂疏材者謂男女貧賤號爲臣妾者所爲事業聚斂百草根實而已○○九曰閒民無常職轉移執事者其人爲性不營已業爲閒民而好與人傭賃非止一家轉移爲人執事以此爲業者耳○注任猶至曰饉○釋曰云任猶傳也者傳謂立也使民之業得立云鄭司農云三農平地山澤也者以其積石曰山水鍾曰澤不生九穀故後鄭不從之也云九穀黍稷秫稻麻大小豆大小麥者此九者後鄭以爲無秫大麥而有粱苽八材云珠曰切之下並爾雅文皆是治器用之名也然今爾雅云骨曰切者蓋司農讀爾雅本作珠也云玄謂三農原隰及平地者爾雅高平曰原下溼曰隰原及平地可種黍稷之等隰中可種稻麥及苽也云九穀無秫大麥而有粱苽者以秫爲赤粟與稷黏踈爲異故去之大麥所用處少故亦去之必知有粱苽者下食醫云凡膳食之宜有犬宜粱魚宜苽故知有粱苽也且前七穀之中依月令麥屬東方黍屬南方麻屬西方豆屬北方稷屬中央故知有黍稷麻豆麥稻與小豆所用處多故知有稻有小豆也必知有大豆者生民詩云藝之荏菽荏菽大豆后稷之所殖故知有大豆也云樹果蓏曰圃園其樊者案漢書食貨志云田中不得有樹用妨五穀環廬樹桑麻菜茹瓜瓠果蓏應劭曰木曰果草曰蓏張晏曰有核曰果無核曰蓏臣瓚曰木上曰果地上曰蓏劭與瓚義同晏獨異也案載師云場圃任園地則圃在園中故鄭云樹果蓏曰圃園其樊是以詩云折柳樊圃謂與圃爲樊樊其蕃蔽也云虞衡掌山澤之官主山澤之民者案地官掌山澤者謂之虞掌川林者謂之衡則衡不掌山澤而云虞衡作山澤者欲互舉以見山澤兼有川林之材也鄭既云虞衡掌山澤之官復云山澤之民者欲見虞衡是官非出稅之人以山澤之民無名號故借虞衡之官以表其民所任者任山澤之萬民山虞澤虞之官非是以任出稅之物但主山澤之民也云澤無水曰藪者地官澤虞云大澤大藪藪澤別言詩云叔在藪火烈具舉藪若有水不得田獵故知澤無水曰藪也云牧牧田在遠郊知者見載師云牧田賞田任遠郊之地云皆畜牧之地者謂藪牧皆是畜牧之地案載師職鄭注牧田畜牧者之家所受田也非畜牧之地此解違者但牧六畜之地無文鄭約與家人所受田處即有六畜之地故云在遠郊也云行曰商處曰賈者諸官之下有賈人無行法故曰處易復象曰至日閉關商旅不行是行曰商也云金玉曰貨者案

食貨志王莽居攝更作金銀龜貝錢布之器名曰寶貨是自然之物曰貨也聘禮曰賄用束紡是人所爲曰賄也若然王制云錦文珠玉不粥于市此商賈得通之在市者彼據珠玉有錦文者或彼異代禮也案左氏襄十五年宋人獻玉于子罕子罕寘諸其里使玉人爲之攻之富而後使復其所服氏云富賣玉得富是其得粥玉也云嬪婦人之美稱也者此是國中婦人有德行故稱嬪引堯典釐降二女嬪于虞者欲見嬪是婦人美稱之義耳云臣妾男女貧賤之稱者或奴戮之餘膚或背德之質子晉懷之男女皆是故引晉惠以釋之也云晉惠已下皆左氏傳僖十七年夏晉大子圉爲質于秦云惠公之在梁梁伯妻之梁嬴孕過期卜招父與其子卜之其子曰將生一男一女招曰然男爲人臣女爲人妾及生男曰圉女曰妾注養馬曰圉不聘曰妾後子圉西質妾爲宦女是也此鄭與文異者鄭以義增之也云疏材百草根實者百草或取根謂若蔆芡之屬或取實謂若榛栗之屬皆是根實可食也云疏不熟曰饉者爾雅云穀不熟爲飢疏不熟爲饉疏穀皆不熟則曰大荒

閭師中士二人史二人徒二十人主徵六鄉賦貢之稅者鄉官有州黨族閭比正言閭者徵民之稅宜督其親民者凡其賦貢入大府穀入倉人

疏注主徵至倉人○釋曰知主徵六鄉賦貢之稅者案其職云任農以耕事貢九穀任圃以樹事貢草木六鄉之內有二十五家爲閭今以閭爲名故知閭師主徵六鄉賦貢者也云鄉官有州黨族閭比正言閭者徵民之稅宜督其親民者鄉官有五者之名正取二十五家爲閭以爲徵斂之官號者徵民之稅恐不能細委其民故以近民之官爲號云凡其賦貢者此貢非是大宰九貢正是九職之貢即其職云任農以耕事貢九穀之類是也此云賦謂大宰九賦之內則國中四郊二者是也故其職云掌國中及四郊之人民六畜之數又云凡無職者出夫布是其九職之內故云凡其賦貢入大府故大府職云掌九賦九貢○九功之貳以受其貨賄之入焉云穀入倉人者案倉人云掌粟入之藏故知穀入倉人也

閭師掌國中及四郊之人民六畜之數以任其力以待其政令以時徵其賦國中及四郊是所主數六鄉之中自廛里至遠郊也掌六畜數者農事之本也賦謂九賦及九貢

疏閭師至其賦○釋曰閭師徵斂百里內之賦貢故云掌國中及四郊之人民及六畜之數以其人民是出賦之數其六畜是營作之本故須知數也云以任其力者謂以人民六畜任使其力也云以待其政令者政令謂賦役皆是也以時徵其賦者賦貢所徵當順其四時故云以時也○注國中至九貢○釋曰云國中及四郊是所主數者以其六鄉之民居在國中及四郊其政教自有鄉大夫以下施之今閭師主徵斂直知其人數而已故云是主數也云六鄉之中自廛里至遠郊也者此鄭重解國中及四郊之義據上言廛里至任遠郊之地其中含有六鄉七萬五千家故鄭指六鄉而言也云掌六畜數者農事之本也者六畜謂馬牛羊豕犬雞則唯牛可爲農事而鄭揔云農事之本者羊馬犬雞雖不用爲農事皆是人之相資藉以爲用故揔入農事之中是以閭師主徵斂亦揔知其數也云賦謂九賦者案下又陳貢故知賦中兼有貢經直言賦者以賦爲主耳賦謂口率出泉若然案大宰九賦從邦中以至幣餘爲九等此國中及四郊於九賦之中惟有二賦而言九賦者亦大揔而言之其九貢又與大宰別彼九貢者與小行人春入貢爲一謂諸侯之九貢即大宰九職之貢與下文貢九穀之等是一也

賦（役附）田（税附）

閒師條——與大宰九職之閒民

無職者之服戍

夫布與大家之征

庶人無常材取新物而貿生而已

任民任農以耕事貢九穀任圃以樹事貢草木任工以飭材事貢器物任商以市事貢貨賄任牧以畜事貢鳥獸任嬪以女事貢布帛任衡以山事貢其物任虞以澤事貢其物貢草木謂葵韭果蓏之屬○飭音勑以畜許又反下同疏凡任至其物○釋曰案太宰以九職任萬民謂任使萬民各有職事有職事必有功有功即有貢故此論貢之法也言凡任民謂任使萬民使出貢與下爲目云任農以耕事貢九穀者案太宰職云一曰三農生九穀故此還使貢九穀九穀之數太宰已注訖云任圃以樹事貢草木者太宰云二曰園圃毓草木故還使貢草木謂菜蔬果蓏之屬云任工以飭材事貢器物者大宰云五曰百工飭化八材故八材飭治以爲器物故此還使貢之也云任商以市事貢貨賄者大宰云六曰商賈阜通貨賄故還使貢貨賄也云任牧以畜事貢鳥獸者大宰云四曰藪牧養蕃鳥獸故還使貢鳥獸也云任嬪以女事貢布帛者大宰云七曰嬪婦化治絲枲故還使貢布帛女即彼嬪婦也云任衡以山事貢其物者大宰云三曰虞衡作山澤之材材即物也以其山澤所出物多故云物若禹貢云海物然也序官山澤稱虞川林稱衡此文云任衡以山事山不稱虞者欲見山中可以兼川林亦貢物故互見爲義也此文次第與大宰不同者彼依事大小爲次此不依彼爲次者欲見事無常故也且彼有九職仍并山澤爲一此文分山澤爲二雖有八者任九職有臣妾及閒民此無者以周公設經任之則有臣妾使得自生若貢稅則無以其聚斂疏材無可稅故也其閒民載師已見出夫家之征故於此不言之矣其分山澤爲二者以山澤山貢不同故分爲二以充八通閒民爲九耳○注貢草至之屬○釋曰案大宰注疏材百草根實與此注不同者但百草根實即葵韭果蓏百草中可以兼木矣

凡無職者出夫布獨言無職者掌其九賦疏凡無至夫布○釋曰無職非一故言凡此無職即大宰閒民無常職轉移執事者也轉移執事即是有職而言無職者爲有職者執事當家廛地不事即無職也云出夫布者亦使出一夫口稅之泉也○注獨言至九職○釋曰云獨言無職者掌其九賦者上皆論貢不言賦惟此無職之人言夫布夫布即賦也以其掌九賦者上雖直云貢九賦亦掌之故云掌其九賦案劉玹問載師職云凡

載師上士二人中士四人府二人史四人胥六人徒六十人載之言事也事民而稅之禹貢曰冀州既載載師者閭師縣師遂人均人官之長

疏載師至十人。釋曰案其職云掌任土之法以物地事皆是土地之事故在此。注載之至之長。釋曰鄭知事民而稅之者案其職上云任土之法下云近郊什一之等是其任民而稅之者也云禹貢曰冀州既載引之者彼是禹治洪水訖事而稅之引之證此事民之類也云載師者閭師縣師遂人均人官之長者以其閭師縣師徵斂之官所斂之賦有入遂人者均人主當地守地職皆與載師事通故載師與之爲長

載師掌任土之灋以物地事授地職而待其政令任土者任其力勢所能生育且以制貢賦也物物色之以知其所宜之事而授農牧衡虞使職之

疏載師至政令。釋曰此經與下經爲目言任土之法者任謂任其力勢所能生育則下經云廛里任國中之地以下是也云以物地事者此文還於任其力勢而物色之知其種植所宜何種云授地職者既知地勢所宜而授有職事於地者云而待其政令者謂因其職事使出賦貢即下經園廛二十而一以下是。注任土至職之。釋曰云任土者任其力勢所能生育者力勢生育即下文物色是也云且以制貢賦也者地勢所能生育本以字民但百姓足君孰與不足故因民九職以制貢故云且以制貢賦也但地之所出唯貢而已口率出錢及軍法乃名賦鄭并言賦者以民有地貢即有錢賦及軍賦故鄭兼言賦也且禹貢地貢亦名賦故云厥賦唯上上之等也云物物色之以知其所宜之事者此言出於孝經緯故孝經緯援神契云五岳藏神四瀆含靈五土出利以給天下黃白宜種禾黑墳宜種麥蒼赤宜種菽洿泉宜種稻所宜處多故鄭云之屬也但草人所云物地者據觀形色布種所宜故二處皆云物地也云而授農牧衡虞使職之者既物地知所宜須有職事案大宰職九職皆主營地以出貢山虞澤虞川衡林衡亦主地以出稅故知授地職中有此農牧衡虞之等但九職中略舉農牧二者案小司徒職云分地域而辨其守施其職彼守職文具故彼鄭注守謂衡虞職謂九職此經無守惟有地職故鄭以地職中兼見衡虞之守也

以廛里任國中之地以場圃任園地以宅田士田賈田任近郊之地以官田牛田賞田牧田任遠郊之地以公邑之田任甸地以家邑之田任稍地以小都之田任縣地以大都之田任畺地故書廛或作壇郊或爲蒿稍或作削鄭司農云壇讀爲廛廛市中空地未有肆城中空地未有宅者民宅曰宅宅田者以備益多也士田者士大夫之子得而耕之田賈田者吏爲縣官賣財與之田官田者公家之所耕田牛田者以養公家之牛賞田者賞賜之田牧田者牧六畜之田司馬法曰王國百里爲郊二百里爲州三百里爲野四百里爲縣五百里爲都杜子春云蒿讀爲郊五十里爲近郊百

里爲遠郊玄謂廛里者若今云邑里居矣廛民居之區域也里居也圃樹果蓏之屬季秋於中爲場樊圃謂之園宅田致仕者之家所受田也士相見禮曰宅者在邦則曰市井之臣在野則曰草茅之臣士讀爲仕仕者亦受田所謂圭田也孟子曰自卿以下必有圭田圭田五十畮賈田在市賈人其家所受田也官田庶人在官者其家所受田也牛田牧田畜牧者之家所受田也公邑謂六遂餘地天子使大夫治之自此以外皆然二百里三百里其上大夫如州長四百里五百里其下大夫如縣正是以或謂二百里爲州四百里爲縣云遂人亦監焉家邑大夫之采地小都卿之采地大都公之采地王子弟所食邑也疆五百里王畿界也皆言任者地之形實不方平如圖受田邑者遠近不得盡如制其所生育賦貢取正於是耳○以廛里任國中而遂人職授民田夫一廛田百畮是廛里不謂民之邑居在都城者與凡王畿內方千里積百同九百萬夫之地也有山陵林麓川澤溝瀆城郭宮室涂巷三分去一餘六百萬夫又以田不易一易再易上中下相通定受田者三百萬家也遠郊之內地居四同三十六萬夫之地也三分去一其餘二十四萬夫六鄉之民七萬五千家通不易一易再易一家受二夫則十五萬夫之地其餘九萬夫廛里也場圃也宅田也士田也賈田也官田也牛田也賞田也牧田也九者亦通受一夫焉則半農人也定受田十二萬家也食貨志云農民戶一人已受田其家衆男爲餘夫亦以口受田如比士工商家受田五口乃當農夫一人今餘夫在遂地之中如此則士工商以事入在官而餘夫以力出耕公邑甸稍縣都合居九十六同八百六十四萬夫之地城郭宮室差少涂巷又狹於三分所去六而存一焉以十八分之十三率之則其餘六百二十四萬夫之地通上中下六家而受十三夫定受田二百八十八萬家也其在甸七萬五千家爲六遂餘則公邑○廛直連反場直良反圃布古反又音布賈音古注同畺居良反吏爲于僞反蓏力果反州長丁丈反後皆同監古銜反盡津忍反者與音餘麓音鹿涂音徒去起呂反下同如比徐方二反率音律又音類 **疏** 以廛至畺地○釋曰此一經論任土之法但天子畿內千里中置國城四面至畺各五百里百里爲一節封授不同今則從近向遠發國中爲始也但自遠郊百里之內置六鄉七萬五千家自外餘地有此廛里以至牧田九等所任也云以公邑之田在甸地者郊外曰甸甸在遠郊之外其中置六遂七萬五千家餘地旣九等之人所受以爲公邑也但自此以至畿疆四處皆有公邑故據此而言也云以家邑之田任稍地者謂天子大夫各受采地二十五里在三百里之內也云以小都之田任縣地者謂天子之卿各受五十里采地在四百里縣地之內也云以大都之田任畺地者謂三公及親王子母弟各受百里采地在五百里畺地之中也名三百里地爲稍者以大夫地少稍稍給之故云稍也四百里爲縣者以四百里采地之外地爲公邑主之者尊卑如縣正故司馬法亦名四百里爲縣也五百里爲畺者以外畔至五百里畿畺故以畺言之○注故書至公邑○釋曰云故書廛或作壇已下先鄭及子春等不從故書者以其壇與萬劑義無所取故也鄭司農云廛市中空地未有肆城中空地未有宅後鄭不從者以其廛者廛繇於中里又訓爲居不得爲空地若空地何因有二十而稅乎且司農又不釋里之與廛義異故後鄭以爲民居之區域與孟子五畝之宅及遂人夫一廛一物解之也司農云民宅曰宅宅田以備益多也者司農意以宅本一夫受一區恐後更有子弟國中不容故別受宅田於近郊以備於後子弟益多出徃居之後鄭不從者依士相見禮致仕者有宅在國宅在野二者依彼稱宅與此宅田文同故不從先鄭依彼解之司農云士田者士大夫之子得而耕之田也後鄭不從者以此士字言之不得兼大夫又禮記士之子不免農大夫之子免農矣不得爲大夫子得而耕之田故後鄭破此士爲仕仕謂卿大夫以下仕官得田依孟子圭田解之司農云賈田者吏爲縣官賣財與之田後鄭不從者依周禮之內云賈人者皆仕在官府史之屬受祿於公家何得復受田乎故後鄭以爲賈人其家所受田也司農云官田者公家之所耕田後鄭不從者下云近郊十一皆據此士官田之等若官田是公家所耕何得有稅乎故後鄭以爲府史之等仕在官家人所受田也司農云牛田者以養公家之牛後鄭不從者若是養公家牛何得下文有稅故後鄭亦爲牛人之家所受田也司農云賞田者賞賜之田此即夏官司勳云賞田一也故後

鄭從之司農云牧田者牧六畜之田司農意此即牧人掌牧六牲者也後鄭不從者若是牧人牧六牲則是公家放牧之地何得下文有稅乎故後鄭亦云牧人家人所受田也司農引司馬法已下者證經遠郊百里四百里爲縣五百里爲畺即都一也無取於州與野之義連引之耳子春云五十里爲近郊後鄭義亦然故書序云周公既歿命君陳分正東郊成周鄭注云天子之國五十里爲近郊今河南洛陽相去則然是近郊五十里之驗也子春又云遠郊百里此與司馬法同故後鄭從之也玄謂里居也案爾雅釋言云里邑也今云里居者但里居城邑之中故爾雅云里邑不謂訓里爲邑故鄭云里居也云圃樹果蓏之屬者此謂田首之界家有二畝半以爲井竈葱韭者故得種樹果蓏之屬云季秋於中爲場者七月詩云九月築場圃是也云樊圃謂之園者大宰九職有園圃毓草木并園言之詩折柳樊圃故云樊圃謂之園也引士相見者破先鄭以爲宅田爲民宅之義也云士讀爲仕者後鄭之意單士恐不兼卿大夫故破從仕宦之仕云所謂圭田也者所謂王制夫圭田無征復是殷法故圭田無稅入天子法故言無征此是周法故有近郊十一而稅引孟子者證圭田卿大夫士皆有之義也云賈田已下至畜牧者之家所受田也者皆是不從司農之義云公邑謂六遂餘地者欲見六鄉之外有九等之田無公邑之意云天子使大夫治之者以其四等公邑非鄉遂又非采地不見有主治之以司馬法云二百里曰州四百里曰縣言之故知天子使大夫治之也云自此以外皆然者以大宰九賦有邦甸家稍邦都之賦非采地是公邑可知又三百里以外其地既廣三等采地所受無多故雖九十三國明自外皆是餘地爲公邑也若然是公邑之也有四處也云二百里三百里其大夫如州長四百里五百里其大夫如縣正者此約司馬法二百里曰州四百里曰縣而言則從二百里向外有四百里二百里爲一節故二百里三百里大夫治之尊卑如州長中大夫也四百里五百里尊卑如縣正下大夫也云是以或謂二百里爲州四百里爲縣云者此還據司馬法而言無正文約與彼同故言或又言云以疑之也云遂人亦監焉者案遂人云掌野鄭云郊外野大摠言之則自百里外置六遂爲野自百里外至五百里遂皆曰野是以彼下又云夫間有遂云云而言以達于畿但鄉遂及公邑皆爲溝洫法是以遂人亦監焉云家邑大夫之采地小都卿之采地大都公之采地者此經有家邑小都大都之文小司徒有四丘爲甸四甸爲縣四縣爲都彼據稅入天子而言此摠據采地大小而言則家邑二十五里大都百里通治溝洫及澮而言也云王子弟所食邑也者王子弟者據春秋之義兄言弟者皆王之同母弟則母弟與王之庶子與公同食百里地在畺稍疏者與卿同食五十里地在縣又疏者與大夫同食二十五里地在稍故在下別言王子弟所食邑云皆言任者地之形實不方平如圖者上經注任土者任其力勢所能生育彼并言土故云任言任其生育此經皆單言任故以任其曲直高下形實解之言任義得兩含也云受田邑者遠近不得盡如制者地既不可方平如圖明受田受邑者不得盡如制制還是圖也云其所生育賦貢取正於是耳者此鄭還釋任義非直任其形實兼解任其生育貢賦取正也是以上注云任其生育且以制貢賦也云以廛里任國中而遂人職受民田夫一廛田百畮引之者覆破司農讀廛爲空地故云是廛里不謂民之邑居在都城者與言正是民之邑居在都城者并解之也云凡王畿內方千里者據大司徒大司馬皆云王畿千里而言也云積百同古王畿千里開方之方千里爲方百里者百百里爲一同故云積百同云九百萬夫之地也者一同百成成九百夫十成九千夫百成九萬夫百同故九百萬夫之地也云有山陵林麓川澤溝瀆城郭宮室涂巷三分去一餘六百萬夫者案大司徒注積石曰山大阜曰陵注瀆曰川水鍾曰澤爾雅釋山山足曰麓此瀆非四瀆其溝亦非田間廣深四尺之溝直是通水之溝瀆也城謂方十二里郭謂郛郭宮室謂城郭之內官民宮室涂巷謂城內九經九緯及民間街巷之等三分去一謂九百萬夫之中三分去一故云餘六百萬夫也案洛邑千里之中山林之等多於平地而鄭以三分去一據大較而言也云又以田不易一易再易上中下相通者此相通三家受六夫之地也云定受田者三百萬家也者亦據六百萬夫相通而言也云遠郊之內地居四同三十六萬夫之地也者以其遠郊百里內置六鄉四面相距二百里二二而四故四同每同有九萬

夫四九三十六故知三十六萬夫之地云三分去一其餘二十四萬夫者前文揔據畿内方千里三分去一此更據四同之内山陵之等三分去一故其餘二十四萬夫也云六鄉之民七萬五千家者鄉有萬二千五百家六鄉故七萬五千家云通不易一易再易一家受一夫則十五萬夫之地者此亦相通而言也云其餘九萬夫者據二十四萬夫除十五萬夫故餘九萬夫也云廛里已下至半農人也鄭意九者未必各整萬家以大抵九者各爲萬家解之據整數而言耳云亦通受一夫焉者其中亦有不易一易再易相通而各受一夫焉云半農人也者農人相通各受二夫之地此受一夫故云半農人也云定受田十二萬家也者此鄭揔計六鄉七萬五千家此九者二夫爲一夫九萬爲四萬五千四萬五千添七萬五千爲十二萬夫據實受地爲定數故云定也云食貨志云農民戶一人已受田其家衆男爲餘夫亦以口受田如比引之者證六鄉七萬五千家家以七夫爲計餘子弟多三十壯有室其合受地亦與正夫同故遂人云夫一廛田百畮餘壯亦如之是其餘衆男爲餘夫亦以口受田如正夫之比類若然案孟子云圭田五十畝餘夫二十五畝彼餘夫與正夫不同者彼餘夫是年二十九已下未有妻受口田故二十五畝若三十有妻則受夫田百畝故鄭注内則云三十受田給征役鄉大夫注亦云有夫有婦乃成家何休亦云一夫一婦受井田百畝云士工商家受田五口乃當農夫一人者此謂士與工商之家丈夫成人受田各受一夫則上云半農人者是也其家内無丈夫其餘家口不得如成人故五口乃當農夫一人矣云今餘夫在遂地之中者謂百里内置六鄉以九等受地皆以一夫爲計其地則盡至於餘夫無地可受則六鄉餘夫等並出耕在遂地之中百里之外其六遂之餘夫並亦在遂地之中受田矣故揔云今餘夫在遂地之中也云如此則士工商以事入在官而餘夫以力出耕公邑者案食貨志士農工商四民有業學以居位曰士闢土殖穀曰農作巧成器曰工通財鬻貨曰商聖王量能授事四民陳力受職故地無曠土又云農民戶一人已受田其家衆男爲餘夫亦以口受田如比又云士工商家工田五口乃當農夫一人此謂平土可以爲法又見齊語管子對桓公亦云昔者聖王處士以閑燕處工就官府處商就市井處農就田野皆云少而習焉其心安焉據此二文皆有四民但民農已於上鄉遂公邑受地故此唯說士工商三者也其身得祿免農其子不免農故禮記問士之子長曰能耕矣大夫已上之子則免農矣故禮遂云大夫有田以處其子孫然士既有祿沾及子弟故其家田亦五口乃當農夫一人也其工商比農民爲賤故其家人亦五口乃當農夫一人此工商則與上賈人別彼賈人仕在官若府史但[illegible]名耳此工商有事時復爲官所使故云以事入在官云餘夫以力出耕公邑者還是五口之内有丈夫非士工商之身即曰餘夫百里内既置六鄉及九等無地可居

故知亦出耕公邑也云甸稍縣都合居九十六同八百六十四萬夫之地者經有任甸稍縣都遠郊之内已入六鄉與九等故此特據甸地已外至五百里但王畿千里揔計有百同已取四同爲百里内故餘有九十六同同有九萬夫百同則九百萬夫其中除四同三十六萬夫故餘爲九十六同八百六十四萬夫之地也云城郭宮室差少涂巷又狹者鄭欲解於三分所去而存二之意但百里之外雖有公邑采地城郭宮室比百里之内爲狹少耳云於三分所去六而存一焉以十八分之十三率之者但百里之内則三分所去六不存一今於此三分所去之中六内而存取其一則十八分之十三率之是也言十八分之十三率之者若不六而存一則十八分之三六十八去一分有十二存今於所去六中存取其一以益十二則所去者五所存者十三故云十八分之十三率之也案張逸問注十八分之十三率之何謂鄭荅曰六鄉之民上地不易家百畝一易家二百畝再易家三百畝相通三夫六百畝六遂之民上地家百畝萊五十畝中地家百畝萊百畝下地家百畝萊二百畝相通三夫而六百五十畝以三分去一之法當餘十二遂地以有五十畝萊於三分去一乃得十三若據此而言則於三分所去六而存一唯據上地有萊五十畝而說而鄭云城郭宮室差少涂巷又狹者但六而存一指據六夫受十三夫地而言今言城郭少涂巷狹者鄭意遠郊外上地有萊五十畝故言於城郭少涂巷狹中出此萊地焉云則其餘六百二十四萬夫之地通上中下六家而受十三夫定受田二百八十三萬家也者三分所去六而存

一之法即於同上計之先取九十同更别借取九十同添爲百八十同是十八分之十三率之所得者百三十所去者五
十向者借半今於百三十中還半餘有六十五同存仍有六同未分於六同别借取十二同添六爲十八同三分所去六
而存一則得十三同所去者五同向借十二同是三分借二分今還他二分則十三同中取十二同還他八同得四同一
同者分爲九萬夫還他六萬夫得三萬夫將此四同三萬夫添前六十五同摠爲六十九同三萬夫矣一同九萬夫取六
十同六九五十四爲五百四十萬夫又有九同同有九萬夫九九八十一又爲八十一萬夫通前三萬夫爲八十四萬夫
又添五百四十萬夫摠爲六百二十四萬夫之地故云十八分之十三率之則其餘六百二十四萬夫也云上中下者上
地家百畝萊五十畝中地家百畝萊百畝下地家百畝萊二百畝云六家而受十三夫者以上地有萊五十畝故三夫受
六夫半六夫受十三夫矣云定受田者二百八十八萬家也者以六家受十三夫則六十萬家受百三十萬夫百二十萬
家受二百六十萬夫之地又倍之二百四十萬家受五百二十萬夫之地餘有四十八萬家於上借十二萬家爲六十萬
家是五分借一整數計之則六十萬家受百三十萬夫之地向五分借一今還五分除一六十除十二餘有四十八萬家
在地亦五分除一百三十除二十六萬夫餘有一百四萬夫地在將此四十八萬家添前二百四十萬爲二百八十八萬
家又將此一百四萬夫地添前五百二十萬夫摠爲六百二十四萬夫矣云其在甸七萬五千家爲六遂餘則公邑者鄭
摠計畿内遠郊之外訖别更計二百里之中者以三百里已外封三等采地采地多少不定不可計其六遂與六鄉相對
故特計之以其六遂家數與六鄉相似但六鄉之内餘地有九等所居六遂餘地無九等故以餘地爲公邑也但邦畿千
里雖民所止若東都地中言之東面雖有平地至於三面山林雜有今鄭所計雖三分去一豈有二分平土
乎且六鄉之民雖可以數計之其九等之地豈各萬夫爲定乎但鄭欲以開悟後人聊以整數爲筭法耳凡任地國宅
無征園廛二十而一近郊十一遠郊二十而三甸稍縣都皆無過十二唯其漆林之征二十
而五征稅也言征者以共國政也鄭司農云任地謂任土地以起稅賦也國宅城中宅也無征無稅也故書漆林爲桼
林杜子春云當爲桼林玄謂國宅凡官所有宮室吏所治者也周稅輕近而重遠近者多役也園廛亦輕之者廛
無穀園少利也古之宅必樹而
疊場有瓜。桼本又作漆音七**疏**凡任地至十而五。釋曰上經言任地所在此經言出稅多少不同之事云國宅無
征者征稅也謂城内官府治處無稅也云園廛二十而一者園即上經場圃任園地
廛即上經廛里任國中之地并言之者以其出稅同故也云近郊十一者即上經宅田士田賈田任在近郊者同十一而
稅也云遠郊二十而三即上經官田牛田賞田牧田任遠郊之地同二十而稅三也云甸稍縣都皆無過十二者即上經
公邑之田任甸地已下至任畺地四處皆無過十而稅二但此四處出稅不同據上文直言公邑之田任甸地則甸地之
中兼有六遂矣其稍縣都上文推言家邑小都大都三等采地爲井田助法不見公邑則三者之中皆有公邑故上注云
自此已外皆然若然則此云十二者除三等采地而言以其鄉遂公邑皆爲夏之貢法故也云漆林之征二十而五者上
之三等爲輕近重遠法此漆林之稅特重以其漆林自然所生非人力所作故也。注征稅至有瓜。釋曰司農云國宅

城中宅也無征無稅也者先鄭意廛既爲空地非民宅則此國宅城中宅謂民宅也後鄭不從者後鄭意以廛里既爲民
宅則此國宅非民宅是以爲官府治事處解之玄謂國宅凡官所有宮室吏所治者也者吏即卿大夫等則匠人云外有
九室九卿治之是也故無征也云周稅輕近而重遠近者多役也者以其城内及城外近城者給公吏使役多於稅上輕而
優之遠城者役少故於稅上重而苦之故不任十一而稅雖近郊之内當十一耳云園廛亦輕之者廛無穀園少利也者
以其廛則五畝之宅在國中則孟子云五畮之宅樹之以桑麻是廛無穀也園少利者此園則百晦田畔家各二晦半以
爲井竈種葱韭及瓜是園少利故亦輕之云古之宅必樹者即孟子桑麻是也云疊場有瓜者是信南山詩云中田有廬

畺場有瓜鄭云中田田中作廬以便其事於其畔種瓜瓜成又入其稅天子剝削淹漬以爲菹獻之皇祖是其園廛皆有稅之事也異義第五田稅今春秋公羊說十一而稅過於十一大桀小桀減於十一大貉小貉十一稅天子之正十一行而頌聲作故周禮國中園廛之賦二十而稅一近郊十二。稅一遠郊二十而稅三有軍旅之歲一井九夫百晦之賦出禾二百四十斛芻秉二百四十六釜米十六斗案公羊十一稅遠近無差漢制收租田有上中下與周禮同義玄之聞也周禮制稅法輕近而重遠者爲民城道溝渠之役近者勞遠者逸故也其授民田家所養者多與之美田所養者少則與之薄田其調均之而是故可以爲常法漢無授田之法富者貴美且多貧者賤薄且少美薄之收不通相倍從而上中下也與周禮同義未之思也又周禮六篇無云軍旅之歲一井九夫百晦之稅出禾芻秉釜米之事何以得此言乎若然周禮稅法據王畿公羊稅法據諸侯邦國諸侯邦國無遠近之差者以其國地狹少役賦事暇故無遠近之差也 凡

宅不毛者有里布凡田不耕者出屋粟凡民無職事者出夫家之征、鄭司農云宅不毛者謂不樹桑麻也里布者布參印書廣二寸長二尺以爲幣貿易物詩云抱布貿絲抱此布也或曰布泉也春秋傳曰買之百兩一布又廛人職掌斂市之次布儳布質布罰布廛布孟子曰廛無夫里之布則天下之民皆說而願爲其民矣故曰宅不毛者有里布民無職事出夫家之征欲令宅樹桑麻民就四業則無稅賦以勸之也故孟子曰五畝之宅樹之以桑則五十者可以衣帛不知言布參印書者何見舊時說也玄謂宅不毛者罰以一里二十五家之泉空田者罰以三家之稅粟以共吉凶二服及喪器也民雖有閒無職事者猶出夫稅家稅也夫稅者百畝之稅家稅者出士徒車輦給繇役。儳劉音讒徐才鑒反皆說音悅令力呈反以衣於旣反下同閒音閑 疏 凡宅至之征。釋曰以草木爲地毛民有五畝之宅廬舍之外不樹桑麻之毛者罰以二十五家之稅布謂口率出泉漢法口百二十也云凡田不耕者出屋粟者夫三爲屋民有百畝之田不耕墾種作者罰以三家之稅粟云凡民無職事者出夫家之征者此則大宰閒民無常職轉移執事之人雖不事當家田宅無可賦稅仍使出夫稅家稅之征以勸之使樂業也。注鄭司至繇役。釋曰先鄭云不毛者謂不樹桑麻據孟子爲說也云里布至抱此布此說非故先鄭自破之也云或曰布泉以下至廛布此說合義也云春秋傳曰買之百兩一布此昭公二十六年左氏傳文案彼文齊侯以師欲納昭公申豐從女賈以幣錦二端以適齊師謂子猶之人高齮能貨子猶爲高氏後高齮以錦示子猶子猶欲之齮曰魯人買之百兩一布杜注云言魯人買此甚多布陳之以百兩爲數杜以爲布爲陳不爲布泉此先鄭以彼布與此布及外府邦布皆爲泉與杜義異也云廛人職掌斂市之次布已下彼注先鄭云次布列肆之稅布總布後鄭云總謂如租總之總總布謂守斗斛銓衡之布質布謂質人所罰犯質劑者之布罰布者謂犯市令者之泉廛布者貨賄諸物邸舍之稅彼諸布皆是泉故引以爲證也引孟子廛無夫里之布亦謂口率出泉宅不毛無一里之罰布天下民願爲之民矣云欲令民就四業則無稅賦以勸之者案閭師四業畜也耕也樹也蠶也或說以四時之業也玄謂宅不毛者罰以一里二十五家之泉者此就足司農之義空田者罰以三家之稅粟者以夫三爲屋以三夫解屋也云以其吉凶二服及喪器也者案鄉師職云比共吉凶二服閭共祭器族共喪器黨共射器州共賓器但射器賓器等爲國行禮故出官物爲之惟吉凶二服及喪器是民自共用不可出官物故比族主集此罰物爲之故鄭唯據此二事而言也云夫稅者百畝之稅知者以家稅爲士徒故知是一夫之田所稅粟也云家稅者出士徒車輦給繇役知者案縣師云若將有軍旅會同作其衆庶及馬牛車輦故知家稅是士徒車輦也趙商問載師職凡宅不毛乃罰以一里布田不耕者罰屋粟商以田不耕其罪莫重宅不毛其罰當輕宅不毛乃罰以二十五家之布田不耕則罰之三家之稅粟未達罰之云爲之旨輕重之差鄭荅此法各當罰其事於當其有故何以假他輕重乎

以時徵其賦 疏 以時徵其賦。釋曰閭師徵斂六鄉之賦貢遂師旅師斂六遂已外之賦貢自有常官但徵斂事重以載

師既掌畿內地事因亦徵其賦相左右也案下閭師注賦謂九賦及九貢則此賦亦合有也至於里布屋粟及閒民夫家之征亦可斂之

乃經土地而井牧其田野九夫爲井四井爲邑

四邑爲丘四丘爲甸四甸爲縣四縣爲都以任地事而令貢賦凡稅斂之事謂造都鄙也采地制井田異於鄉遂重立國小司徒爲經之立其五溝五塗之界其制似井之字因取名焉孟子曰夫仁政必自經界始經界不正井地不均貢禄不平是故暴君姦吏必慢其經界經界既正分田制禄可坐而定也鄭司農云井牧者春秋傳所謂井衍沃牧隰皋者也玄謂隰皋之地九夫爲牧二牧而當一井今造都鄙授民田有不易有一易有再易通率二而當一是之謂井牧昔夏少康在虞思有田一成有衆一旅一旅之衆而田一成則井牧之法先古然矣九夫爲井者方一里九夫所治之田也此制小司徒經之匠人爲之溝洫相包乃成邑丘之屬相連比以出田稅溝洫爲除水害四井爲邑方二里四邑爲丘方四里四丘爲甸甸之言乘也讀如衷甸之甸甸方八里旁加一里則方十里爲一成積百井九百夫其中六十四井五百七十六夫出田稅三十六井三百二十四夫治洫四甸爲縣方二十里四縣爲都方四十里四都方八十里旁加十里乃得方百里爲一同也積萬井九萬夫其四千九十六井三萬六千八百六十四夫出田稅二千三百四井二萬七百三十六夫治洫三千六百井三萬二千四百夫治澮井田之法備於一同今止於都者采地食者皆四之一其制三等百里之國凡四都一都之田稅入於王五十里之國凡四縣一縣之田稅入於王二十五里之國凡四甸一甸之田稅

入於王地事謂農牧衡虞也貢謂九穀山澤之材也賦謂出車徒給繇役也司馬法曰六尺爲步步百爲畮畮百爲夫夫三爲屋屋三爲井井十爲通通爲匹馬三十家士一人徒二人通十爲成成百井三百家革車一乘士十人徒二十人十成爲終終千井三千家革車十乘士百人徒二百人十終爲同同方百里萬井三萬家革車百乘士千人徒二千人○甸繩證反出注注同夫仁音扶少康詩照反洫況逼反爲除于僞反乘繩證反下同澮古外反疏乃經至之事○釋曰此小司徒佐大司徒掌其都鄙都鄙則三等采地是也匠人營溝洫於田掌其經界故云乃經土地經謂爲之里數在土地之中立其里數謂井方一里邑方二里之等是也云而井牧其田野者井方一里兼言牧地是次田二牧當上地一井授民田之時上地不易家百畝中地一易家二百畝下地再易家三百畝通率三家受六夫之地一家受二夫與牧地同故云井牧其田野此與下爲總目云九夫爲井者井方一里九夫之田四井爲邑者邑方二里四邑爲丘者丘方四里四丘爲甸者甸方八里旁加一里則爲十里之成今不言十里成而言八里甸者成間有洫井間有溝旁加一里者使治溝洫不出稅舉其八里之甸據實出稅者而言四甸爲縣者縣方十六里四縣爲都都方三十二里以任地事者謂若大宰九職任萬民謂任役萬民使營地事云而令貢賦者貢則九職之貢賦謂軍賦出車徒之等云凡稅斂之事者采地之中皆爲井田之法一井之田一夫稅入於官故云稅斂之事○注此謂至千人○釋曰鄭知此謂造都鄙者鄉遂公邑之中皆爲溝洫之法此經爲井田之法故知謂造都鄙也云采地制井田異於鄉遂者案遂人夫間有遂之等是溝洫法鄉田之制與遂同此經與匠人爲井田法其制與鄉遂不同故云采地制井田異於鄉遂也此雖不言異於公邑公邑亦與遂同故注匠人云異於鄉遂及公邑是也云重立國小司徒爲經之立其五溝五涂之界者此鄭意匠人於都鄙之中營造溝洫此小司徒又經之立五溝五涂之界則經丘甸縣都並據境界而言但此都鄙是畿內之國小司徒與匠人共掌之云其制似井之字因取名焉者此解經井字謂正方一里之內方三百步百步爲一畝縱亦三畝橫亦三畝則爲九夫夫各百步其中爲井字故云似井字因取名焉名爲井田也云孟子曰已下至坐而定也者案孟子滕文公使大夫畢戰問孟子井田之法孟子對此辭孟子云經界者則此經九夫爲井已下四縣爲都以上故引以證之鄭司農云井牧者春秋傳所謂井衍沃牧隰皋者也司農引春秋者襄公二十五年楚蔿掩書土田之事井衍沃者衍沃謂上地下平曰衍饒沃之地九夫爲一井牧隰皋者下濕曰隰近皋澤之地司農之意經有井牧故引以當之玄謂隰皋之地九夫爲牧二牧而當一井今造都鄙授民田有不易者有一易者有再易者家百畝有一易者家二百畝有再易者家三百畝通率二而當一者是三家受六夫之地是隰皋之地二牧始當一井故云二而當一云是之謂井牧者此就足司農之義云昔夏后少康在虞思有田一成有衆一旅者此是哀公元年左氏傳伍員云昔過澆滅夏后相后緡方娠逃出自竇歸於有仍生少康爲仍牧正澆使椒求之逃奔有虞爲之庖正虞思於是妻之以二姚而邑諸綸有田一成有衆一旅是其事也言有田一成有衆一旅則地以上中下爲率者以爲其成方十里九百夫之地一旅五百夫故知是通率之法正應四百五十人言一旅舉成數也亦容不易者多云一旅之衆而田一成則井牧之法先古然矣者鄭言此者井牧之法自夏而有非惟於周云九夫爲井者方一里九夫所治之田也者一井之內地有九夫假令盡是上地不易家有百畝中一夫入於公四畔八夫

家治百畝尚無九夫所治況其中或有一易再易所取數更少今鄭云方一里九夫所治之田鄭據有九夫而言非謂有九家也云此制小司徒經之者即此文乃經土地是也云匠人爲之溝洫者案匠人云井間有溝成間有洫同間有澮是匠人爲之溝洫也云相包乃成耳者司徒立其界匠人爲其溝相包含乃成其事耳云邑丘之屬者之屬中含有甸及縣都云相連比以出田稅者從井邑至縣都從內向外界相連比井稅一夫故言以出田稅云溝洫爲除水害者尚書益稷云濬畎澮距川是其從畎遂溝洫次第入澮入川故云爲除水害也云四井爲邑方二里四邑爲丘方四里四丘爲甸甸之言乘也者欲見甸中出長轂一乘云讀如衷甸之甸者案哀十七年衛侯爲虎幄於藉圃成求令名者而與之始食

爲大子請使良夫良夫乘衷甸兩牡紫衣狐裘而至袒裘不釋劒而食大子數之三罪而殺之鄭依此而言也引之者證甸得爲乘之義云甸方八里旁加一里則方十里爲一成者欲就匠人解之匠人云成方十里此言四丘爲甸甸與成其實一也故鄭覆解成與甸相表裏之意云積百井九百夫者但一成之內方十里開方之得百井井有九夫故云九百夫云其中六十四井五百七十六夫出田稅者此就甸方八里而言八里之內開方之八八六十四故云六十四井井有九夫故五百七十六夫井稅一夫故云出田稅云三十六井三百二十四夫治洫者此據甸方八里之外四面加一里爲成而言成有百井中央八里除六十四井餘有三十六井井有九夫故三百二十四夫治洫不使稅鄭言此者見經四丘爲甸據實出稅而言故不言成也若然方里爲井井間有溝溝廣四尺深四尺方十里爲成成間有洫廣八尺深八尺治溝洫者皆不出稅獨言治洫者據外而言其實治溝亦不出稅摠在六十四井之內以洫言之矣云四甸爲縣方二十里者甸方八里縣應方十六里云方二十里據通治洫旁加一里爲成而言云四縣爲都方四十里者縣方二十里四縣爲都故方四十里云四都方八十里者自此已上並據通治洫而言云旁加十里乃得方百里爲一同也者案匠人方百里爲同同間有澮今言乃得方百里爲一同者就匠人爲同解之云積萬井九萬夫者據百里開方而言百里者縱橫各百一行方一里者百百行故萬井一井有九夫故有九萬夫云其四千九十六井三萬六千八百六十四夫出田稅者此據從一甸方八里出田稅四甸爲縣縣方十六里四縣爲都都方三十二里四都方六十四里據六十四里之內開方之縱橫各一里一截爲六十四截行別有六十四井六十四行計得四千九十六井井有九夫四千九十六井計得三萬六千八百六十四夫是實出田稅者云二千三百四井二萬七百三十六夫治洫者此據甸方八里旁加一里爲成是不出稅治洫之夫而言之也從四成積爲一縣縣方二十里四縣爲都都方四十里四都方八十里開方之縱橫各一里一截爲八十截一行八十井八八六十四爲六千四百井就裏除四千九十六井其餘二千三百四井在井有九夫二千三百四井爲二萬七百三十六夫不出稅使之治洫也云三千六百井三萬二千四百夫治澮者此據四成爲縣縣方二十里二十里更加五里即爲大夫家邑也縣方二十五里四縣是小都五十里是六卿之采地四都爲方百里一同即爲三公王子母弟之大都也但據百里開方之即爲萬井就萬井之內除去六千四百井其餘三千六百井在井有九夫則爲三萬二千四百夫不出稅使之治澮云井田之法備於一同者案匠人云井間有溝成間有洫同間有澮是井田之法備於一同也云今止於都者采地食者皆四之一者解此四縣爲都據小都五十里而言是止於都也以皆采地食者其四分之一稅入天子故云采地食者皆四之一也案上諸男之地亦四之一故云采地食者皆四之一云其制三等者謂家邑小都大都云百里之國凡四都一都之田稅入於王者百里國謂大都也四都謂方五十里者四小都成一大都一都之田稅入王其餘三都留自入云五十里之國凡四縣一縣之田稅入於王者五十里之國謂小都一縣田稅入於王餘三縣留自入云二十五里之國凡四甸一甸之田稅入於王者二十五里之國謂家邑也四甸之中以一甸之稅入於王其餘三甸留自入鄭具言此者欲見四丘爲甸是家邑據稅於王者而言四甸爲縣是小都亦據一縣稅入於王者而言四縣爲都是大都亦據一都稅入於王者而言故鄭云井田之法備於一同今止於都者采地之稅四之一故以此解之云地事謂農牧衡虞也者謂采地之中亦有九職農則三農生九穀牧則以蕃鳥獸衡虞則虞衡作山澤之材九職唯言此三者以其經言地事故舉以言之其餘六者略而不言矣云貢謂九穀山澤之材也者此貢還出於農衡地事既無九職則貢中亦無九貢也云賦謂出車徒給繇役也者以其采地之內無口賦出錢入天子之法故以賦爲軍賦解之若然大宰九賦四曰家稍之賦五曰邦縣之賦六曰邦都之賦者謂三等采地之外皆有公邑公邑之內口率賦錢入於王家但公邑無名故假三等之號以表之故禮雜問志云稍縣都鄙地有公邑之民口率出泉於王也邦國都無口率之賦唯有軍賦卒車四馬士徒而已是也故此鄭引司馬法證之司馬法者齊景公時大夫田穰苴作司馬法至六國時齊威王大夫等

追論古法又作司馬法附於穰苴言晦百爲夫謂一夫之地方百步夫三爲屋屋具也具出穀稅屋三爲井者謂九夫爲井以井字云井十爲通者據一成之內一里一截從横各十截爲行一行十井十行據一成一畔通頭故名井十爲一通通爲匹馬者十井之內井有九夫千井爲九十夫之地宮室塗巷三分去一唯有六十夫地在不易一易再易通率三夫受六夫之地三十夫受六十夫之地唯三十家使出馬一匹故云通爲匹馬云士一人徒二人三十家出三人士謂甲士徒謂步卒云通十爲成成百井三百家革車一乘士十人徒二十人者一成之內有十通言三百家者亦如前通率法一成之內地有九百夫宮室塗巷三分去一不易一易再易通率二而當一故一成唯有三百家革車一乘士十人徒二十人此謂天子畿內采地法鄭注論語道千乘之國亦引司馬法彼是畿外邦國法彼革車一乘甲士三人步卒七十二人甲士少步卒多此士十人徒二十人比畿外甲士多步卒少外內有異故也云十成爲終者謂同方百里之內十里一截爲縱横各十截爲十行行别十成言十成爲終據同一畔終頭而言云終千井者十成成百井故千井三千家革車十乘士百人徒二百人云十終爲同同方百里者謂之爲同者取象雷震百里所聞同故名百里爲同故云十終爲同同方百里萬井也云三萬家革車百乘士千人徒二千人者所計皆如上一成爲法其餘可知凡出軍之法先六鄉賦不止次出六遂賦猶不止徵兵於公邑及三等采賦猶不止乃徵兵於諸侯大國三軍次國二軍小國一軍此軍等皆出於鄉遂賦猶不止則諸侯有遍境出之法則千乘之賦是也

小司徒

伺

従前子ヲ以テ経営國而今日其銭ヲ附家人ニ至テ由田而耕地
銭ヲ附家七之方耕地銭ヲ附家戎七ヶ月田ヲ分ケ後
其銭ヲ附人貸東ヲ附年七ヶ月ヲ以テ耕地其銭ヲ附人ニ月
附東年限ヲ以テ東田其銭ヲ附人外人之東後
而東田宅其銭ヲ附家戎子而之据年外其銭ヲ附人
……而承更之年限而後経東其銭ヲ附人

41

管子問問死事之孤未有田宅者有乎
問士之有田宅身在陳列者幾何

田

理民之道地著為本師古曰地著謂安土也著音直略反故必建步立畮師古曰畮古畝字也正其經界六尺為步步百為畮畮百為夫夫三為屋屋三為井井方一里是為九夫八家共之各受私田百畮公田十畮是為八百八十畮餘二十畮以為廬舍師古曰廬田中屋也春夏居之秋冬則去○宋祁曰則去當作卽去出入相友守望相助疾病相救民是以和睦而教化齊同力役生產可得而平也民受田上田夫百畮中田夫二百畮下田夫三百畮歲耕種者為不易上田休一歲者為一易中田休二歲者為再易下田三歲更耕之自爰其處孟康曰爰於也師古曰更互也音工衡反農民戶人已受田其家眾男為餘夫亦以口受田如比師古曰比例也音必寐反士工商家受田五口乃當農夫一人此謂平土可以為法者也若山林藪澤原陵淳鹵之地晉灼曰淳盡也舄鹵之田不生五穀也各以肥磽多少為差師古曰磽确也謂瘠薄之田也磽音口交反有賦有稅稅謂公田什一及工商衡虞之入也師古曰賦謂計口發財稅謂收其田入也什一謂十取其一也工商衡虞雖不墾殖亦取其稅者工有技巧之作商有行販之利衡虞取山澤之材產也賦共車馬甲兵士徒之役師古曰徒眾也共讀曰供充實府庫賜予之用稅給郊社宗廟百神之祀天子奉養百官祿食庶事之費民年二十受田六十歸田七十以上上所養也十歲以下上所長也十一以上上所彊也師古曰勉彊勸之令習事也彊音其兩反種穀必雜五種以備災害師古曰歲月有宜及水旱之利也種卽五穀謂黍稷麻麥豆也田中不得有樹用妨五穀力耕數耘收穫如寇盜之至師古曰力謂勤作之也如寇盜之至謂促遽之甚恐為風雨所損還廬樹桑師古曰還繞也菜茹有畦瓜瓠果蓏應劭曰木實曰果草實曰蓏張晏曰有核曰果無核曰蓏臣瓚曰按木上曰果地上曰蓏也師古曰茹所食之菜也畦區也茹音人豫反畦音胡圭反蓏音來果反殖於疆易張晏曰至此易主故曰易師古曰詩小雅信南山云中田有廬疆場有瓜卽謂此也雞豚狗彘毋失其時師古曰彘卽豕也女修蠶織則五十可以衣帛七十可以食肉在壄曰廬在邑曰里師古曰廬各在其田中而里聚居也五家為鄰五鄰為里四里為族五族為黨五黨為州五州為鄉鄉萬二千五百戶也鄰長位下士自此以上稍登一級至鄉而為卿也於里有序而鄉有庠○宋祁曰於里有序於字下當添是字序以明教庠則行禮而視化焉師古曰視讀為示也○宋祁曰注末也字當刪春令民畢出在壄冬則畢入於邑其詩曰四之日舉止同我婦子饁彼南畮師古曰此豳詩七月之章也饁饋也四之日周之四月夏之二月也言農人無不舉足而耕也則其婦與子同以食來至南畮治田之處而饋之也饁音于輒反又曰十月蟋蟀入我牀下嗟我婦子聿為改歲入此室處師古曰亦七月之章也蟋蟀蛬也今謂之促織聿曰也言寒氣既至蟋蟀漸來則婦子皆曰歲將改矣而去田中入室處也蛬音拱所以順陰陽備寇賊習禮文也春將出民里胥平旦坐於右塾鄰長坐於左塾孟康曰里胥如今里吏也師古曰門側之堂曰塾坐於門側者督促勸之知其早晏防怠惰也塾音孰畢出然後歸夕亦如之師古曰言里胥鄰長亦待入畢然後歸也入者必持薪樵輕重相分班白不提挈師古曰班白者謂髮雜色也不提挈者所以優老人也

冬民既入婦人同巷相從夜績女工一月得四十五日服虔曰一月之中又得夜半爲十五日凡四十五日也必相從者所以省費燎火同巧拙而合習俗也師古曰省費燎火省燎火之費也燎所以爲明火所以爲溫也燎音力召反男女有不得其所者因相與歌詠各言其傷師古曰怨刺之詩也是月餘子亦在于序室蘇林曰餘子庶子也或曰未任役爲餘子師古曰未任役者是也幼童皆當受業豈論嫡庶乎八歲入小學學六甲五方書計之事蘇林曰五方之異書如今祕書學外國書也臣瓚曰辨五方之名及書藝也師古曰瓚說是也始知室家長幼之節十五入大學學先聖禮樂而知朝廷君臣之禮其有秀異者移鄉學于庠序庠序之異者移國學于少學諸侯歲貢少學之異者於天子學于大學命曰造士李奇曰造成也行同能偶則別之以射師古曰以射試之然後爵命焉春秋之月羣居者將散師古曰謂各趣農晦也行人振木鐸徇于路以采詩師古曰行人遒人也主號令之官鐸大鈴也以木爲舌謂之木鐸徇巡也采詩采取怨刺之詩也獻之大師比其音律以聞於天子師古曰大師掌音律之官教六詩以六律爲之音者比謂次之也比音頻二反○宋祁曰比謂下當添調字故曰王者不窺牖戶而知天下此先王制土處民富而教之之

乾隆四年校刊

前漢書卷二十四　食貨志　二十五

大略也故孔子曰道千乘之國敬事而信節用而愛人使民以時師古曰論語載孔子之言也道治也敬事必敬施令必信不爲奢侈愛養其萌無奪農時故民皆勸功樂業先公而後私其詩曰有渰凄凄興雲祁祁雨我公田遂及我私師古曰小雅大田之詩也渰陰雲也凄凄雲起貌也祁祁徐也言陰陽和風雨時萌庶慶悅喜其先雨公田乃及私也○宋祁曰興雲當改興雨民三年耕則餘一年之畜師古曰畜讀曰蓄其下並同衣食足而知榮辱廉讓生而爭訟息故三載考績師古曰績功也治主治萌者三年一考其績孔子曰苟有用我者期月而已可也三年有成成此功也師古曰論語載孔子之言也用謂使爲政期月可以易俗三年乃得成功也三考黜陟餘三年食進業曰登鄭氏曰進上百工之業也或曰進上農工諸事業名曰登再登曰平餘六年食三登曰泰平二十七歲遺九年食然後王德流洽禮樂成焉○宋祁曰邵本王德作至德故曰如有王者必世而後仁師古曰亦孔子之言也解在刑法志繇此道也師古曰繇讀與由同由用也從也

○夏，陳轅頗出奔鄭。初，轅頗爲司徒，賦封田以嫁公女，封内之田悉賦稅之。有餘，以爲己大器。長器，鍾鼎之屬。國人逐之，故出。道渴，其族轅咺進稻醴、粱糗、腶脯焉。糗，乾飯也。○咺，況阮反。稻醴，音禮，以稻米爲醴酒。粱糗，起九反，以粱米爲之。一音昌紹反。腶脯，丁亂反，字亦作鍛。加薑桂曰脯也。疏稻醴粱糗腶脯○正義曰：周禮酒正辨五齊之名，二曰醴齊。鄭玄云：「醴猶體也，成而汁滓相將，如今之恬酒矣。」則醴是濁酒也。月令命作酒云「秫稻必齊」，是以稻爲醴也。釋草云：「虋，赤苗。芑，白苗。」郭璞曰：「今之赤粱粟、白粱粟，皆好穀也。」内則鄭玄注云：「腶脩，捶脯施薑桂也。」喜曰：「何其給也？」對曰：「器成而具。」具此醴糗。曰：「何不吾諫？」對曰：「懼先行。」恐言不從，先見逐。

也 哀公問於有若曰年饑用不足如之何有若對曰盍徹乎鄭曰盍何不也周法什一而稅謂之徹徹通也爲天下之通法曰二吾猶不足如之何其徹也孔曰二謂什二而稅對曰百姓足君孰與不足百姓不足君孰與足孔曰孰誰也

疏 哀公至與足○正義曰此章明稅法也哀公問於有若曰年饑用不足如之何者魯君哀公問於孔子弟子有若曰年穀不孰國用不足如之何使國用得足也有若對曰盍徹乎者盍猶何不也周法什一而稅謂之徹徹通也爲天下之通法有若意譏哀公重斂故對曰既國用不足何不依通法而稅取乎曰二吾猶不足如之何其徹也者二謂什二而稅哀公不覺其譏故又曰什而稅二吾之國用猶尚不足如之何其依徹法什而稅一乎對曰百姓足君孰與不足百姓不足君孰與足者孰誰也哀公既言重斂之實故有若又對以盍徹足用之理言若依通法而稅則百姓家給人足百姓既足上命有求則供故曰君孰與不足也今君重斂民則困窮上命所須無以供給故曰百姓不足君孰與足也○注鄭曰至通法○正義曰云周法什一而稅謂之徹者公羊傳曰古者什一而藉古者曷爲什一而藉什一者天下之中正也多乎什一大桀小桀寡乎什一大貉小貉什一者天下之中正也什一行而頌聲作矣何休云多取於民比於桀蠻貉無百官制度之費稅薄穀梁傳亦云古者什一而藉孟子云夏后氏五十而貢殷人七十而助周人百畝而徹其實皆什一也趙岐注云民耕五十畝者貢上五畝耕七十畝者以七畝助公家耕百畝者徹取十畝以爲賦雖異名而多少同故云皆什一也書傳云十一者多矣故杜預云古者公田之法十取其一謂十畝內取一舊法既已十畝取一矣春秋魯宣公十五年初稅畝又履其餘畝更復十收其一乃是十取其二故此哀公曰二吾猶不足謂十內稅二猶尚不足則從宣公之後遂以十二爲常故曰初言初稅十二自宣公始也諸書皆言十一而稅而周禮載師云凡任地近郊十一遠郊二十而三甸稍縣都皆無過十二漆林之征二十而五者彼謂王畿之內所共多故賦稅重諸書所言什一皆謂畿外之國故此鄭玄云什一而稅謂之徹徹通也爲天下之通法言天下皆什一耳不言畿內亦什一也孟子又曰方里爲井井九百畝其中爲公田八家皆私百畝同養公田公事畢然後敢治私事漢書食貨志取彼意而爲之文云井田方一里是爲九夫八家共之各受私田百畝公田十畝是爲八百八十畝餘二十畝爲廬舍諸儒多用彼爲義如彼所言則家別一百一十畝是爲十外稅一也鄭玄詩箋云井稅一夫其田百畝則九而稅一其意異於漢書不以志爲謬也又孟子對滕文公云請野九一而助國中什一使自賦鄭玄周禮匠人注引孟子此言乃云是邦國亦異外內之法則鄭玄以爲諸侯郊外郊內其法不同郊內十一使自賦其一郊外九而助一是爲二十而稅二故鄭玄又云諸侯謂之徹者通其率以十一爲正言郊內郊外相通其率爲十稅一也杜預直云十取其一則又異於鄭唯謂一夫百畝以十畝歸公趙岐不解夏五十殷七十之意蓋古者人多田少一夫唯得五十七十畝耳五十而貢貢五畝七十而助助七畝好惡取於此鄭注考工記云周人畿內用夏之貢法邦國用殷之助法也

子張問崇德辨惑。孔曰辨別也子曰

錢粮
田税

管下幼字三千號計存八十畝田租百畝五

本錢百畝二 閏錢百畝一

田制

稅畝

什一者天下之中正——三王所不易

井田之法

即上十四年冬公孫歸父會齊侯于穀十五年春公孫歸父會楚子于宋是也○仲孫蔑會齊高固于牟婁○初稅畝初者何始也稅畝者何履畝而稅也時宣公無恩信於民民不肯盡力於公田故履踐案行擇其善畝穀最好者稅取之疏初者何○解云賦稅之式國之常經今而言初故執不知問○稅畝者何○解云什一而行明王舊典今而變文謂之稅畝故執不知問初稅畝何以書譏何譏爾譏始履畝而稅也何譏乎始履畝而稅据用田賦不言初亦不言稅畝疏注据用田至稅畝○解云即哀十二年春用田賦是也然則用田賦亦是改古易常而不言初又不言稅畝今此特言初稅畝以譏之故難之也古者什一而藉什一以借民力以什與民自取其一爲公田○古者曷爲什一而藉据數非一什一者天下之中正也多乎什一大桀小桀奢泰多取於民比於桀也疏多乎什一大桀小桀○解云夏桀無道重賦於人今過什一與之相似若十取四五則爲桀之大貪若取二三則爲桀之小貪故曰多乎什一大桀小桀所以不言紂者畧舉以爲說耳舊說云不言紂者近事不嫌不知○寡乎什一大貉小貉蠻貉無社稷宗廟百官制度之費稅薄○大貉亡百反費芳味反○疏寡乎至小貉○注蠻貉至稅薄○解云若十四五乃取其一則爲大貉行若十二十三乃取一則爲小貉行故曰寡於十一則大貉小貉也然則多於什一則有爲桀之譏寡於什一則有蠻貉之恥是以什一而稅三王所不易故傳比于中正之言什一者天下之中正也什一行而頌聲作矣頌聲者太平歌頌之聲帝王之高致也春秋經傳數萬指意無窮狀相須而舉相待而成至此獨言頌聲作者民以食爲本也夫飢寒並至雖堯舜躬化不能使野無寇盜貧富兼并雖皋陶制法不能使彊不陵弱是故聖人制井田之法而口分之一夫一婦受田百畝以養父母妻子五口爲一家公田十畝即所謂十一而稅也廬舍二畝半凡爲田一頃十二畝半八家而九頃共爲一井故曰井田廬舍在內貴人也公田次之重公也私田在外賤私也井田之義一曰無泄地氣二曰無

公宣十五

45

費一家三曰同風俗四曰合巧拙五曰通財貨因井田以爲市故俗語曰市井種穀不得種一穀以備災害田中不得有樹以妨五穀還廬舍種桑荻雜菜畜五母雞兩母豕瓜果種疆畔女上蠶織老者得衣帛焉得食肉焉死者得葬焉多於五口名曰餘夫餘夫以率受田二十五畝十井共出兵車一乘司空謹別田之高下善惡分爲三品上田一歲一墾中田二歲一墾下田三歲一墾肥饒不得獨樂墝埆不得獨苦故三年一換土易居財均力平兵車素定是謂均民力彊國家在田曰廬在邑曰里一里八十戶八家共一巷中里爲校室選其耆老有高德者名曰父老其有辯護伉健者爲里正皆受倍田得乘馬父老比三老孝弟官屬里正比庶人在官吏民春夏出田秋冬入保城郭田作之時春父老及里正旦開門坐塾上晏出後時者不得出莫不持樵者不得入五穀畢入民皆居宅里正趨緝績男女同巷相從夜績至於夜中故女功一月得四十五日作從十月盡正月止男女有所怨恨相從而歌飢者歌其食勞者歌其事男年六十女年五十無子者官衣食之使之民間求詩鄉移於邑邑移於國國以聞於天子故王者不出牖戶盡知天下所苦不下堂而知四方十月事訖父老教於校室八歲者學小學十五者學大學其有秀者移於鄉學鄉學之秀者移於庠庠之秀者移於國學學於小學諸侯歲貢小學之秀者於天子學於大學其有秀者命曰進士行同而能偶別之以射然後爵之士以才能進取君以考功授官三年耕餘一年之畜九年耕餘三年之積三十年耕有十年之儲雖遇唐堯之水殷湯之旱民無近憂四海之內莫不樂其業故曰頌聲作矣○數所主反以食音嗣伉苦浪反一音苦杏反塾音淑莫音暮○

疏 什一行而頌聲作矣○解云頌者太平之歌案文宣之時乃升平之世也而言頌聲作者因事而言之故也何者案文宣之時乃升平之世言但能均其衆寡等其功力平正而行必時和而年豐什一而稅之則四海不失業歌頌功德而歸鄉之故曰頌聲作矣不謂宣公之時實致頌聲○注帝王之高致也解云謂帝王之行清高乃致頌聲故曰高致也○注春秋經傳至作矣○解云言春秋經與傳數萬之字論其科指意義實無窮然其上下經例相須而舉其上下意義相待而成以此言之則非一言可盡至此獨言頌聲作者正以此處論稅畝之事若稅畝得所以致太平故云民以食爲本也云夫飢寒並至雖堯舜躬化不能使野無寇盜云云者是謂假設之辭耳云是故聖人制井田之法而口分之一夫一婦受田百畝云云以下皆是時王之制云井田之義一曰無泄地氣者謂其冬前相助犁云二曰無費一家者謂其田器相通云三曰同風俗者謂其同耕而相習云四曰合巧拙者謂共治耒耜云五曰通財貨者謂井地相交遂生恩義貨財有無可以相通云因井田以爲市故俗語曰市井者古者邑居秋冬之時入保城郭春夏之時出居田野既作田野遂相交易井田之處而爲此市故謂之市井云里正旦開門坐塾上者即鄭注學記曰古者仕焉而已者歸教於閭里朝夕坐於門門側之堂謂之塾是也

○冬蝝生未有言蝝生者此其言蝝生何蝝即蟓也始生曰蝝大曰蟓○蝝與專反蝝生不書此何以書幸之也幸僥幸○

疏 蝝生不書○解云謂例不書之

幸之者何聞災當懼反喜非其類故執不知問猶曰受之云爾受之云爾者何上變古易常上謂宣公變易公田古常舊制而稅畝○

疏 受之云爾者何○解云災是害物宜避之今而云受之於義似乖故執不知問

應是而有天災應是變古易常而有天災蝝民用飢其諸則宜於此焉變矣言宣公於此天災饑後能受過變寤明年復古行中冬大有年其功美過於無災故君子深爲喜而僥倖之變蝝言蝝以不爲災書起其事○

○饑

○初稅畝公田之法十取其一今又履其餘畝復十收其一故哀公曰二吾猶不足遂以爲常故曰初○稅始鋭反復扶又反

疏注公田至曰初○正義曰公羊傳曰古者什一而藉古者曷爲什一而藉什一者天下之中正也多乎什一大桀小桀寡乎什一大貉小貉什一者天下之中正也什一行而頌聲作矣何休云多取於民比於桀蠻貉無百官制度之費稅薄穀梁傳亦云古什一而藉孟子云夏后氏五十而貢殷人七十而助周人百畝而徹其實皆什一也趙岐注云民耕五十畝者貢上五畝耕七十畝者以七畝助公家耕百畝者徹取十畝以爲賦雖異名而多少同故云皆什一也書傳言十一者多矣故杜言古者公田之法十取其一謂十畝內取一舊法既已十畝取一矣今又履其餘畝更復十收其一乃是十取其二故論語云哀公曰二吾猶不足謂十內稅二猶尚不足則從此之後遂以十二爲常故曰初言初稅十二自此始也諸書皆言十一而周禮載師云凡任地近郊十一遠郊二十而三甸稍縣都皆無過十二漆林之征二十而五者彼謂王畿之內所共多故賦稅重諸書所言十一皆謂畿外之國故鄭玄云十一而稅謂之徹徹通也爲天下之通法言天下皆十一耳不言畿內亦十一也孟子又曰方里爲井井九百畝其中爲公田八家皆私百畝同養公田公事畢然後敢治私事漢書食貨志取彼意而爲之文云井田方一里是爲九夫八家共之各受私田百畝公田十畝是爲八百八十畝餘二十畝爲廬舍諸儒多用彼爲義如彼所言則家別一百一十畝是爲十外稅一也鄭玄詩箋云井稅一夫其田百畝則九而稅一其意異於漢書不以志爲說也又孟子對滕文公云請野九一而助國中什一使自賦鄭玄周禮匠人注引孟子此言乃云是邦國亦異外內之法則鄭玄以爲諸侯郊外郊內其法不同郊內十一使自賦其一郊外九而助一是爲二十而稅二故鄭玄又云諸侯謂之徹者通其率以十一爲正言郊內郊外相通其率爲十稅一也杜今直云十取其一則又異於鄭唯謂一夫百畝以十畝歸公今又履其餘畝稅之更十取一耳履畝穀梁傳文也趙岐不解夏五十殷七十之意蓋古者人多田少一夫唯得五十七十畝耳五十而貢貢五畝七十而助助七畝好惡於此鄭注考工記云周人畿內用夏之貢法邦國用殷之助法

宣十五

○仲孫蔑會齊高固于無婁無婁杞邑。○初稅畝初者始也古者什一一夫一婦佃田百畝以共五口父母妻子也又受田十畝以爲公田公田在內私田在外此一夫一婦爲耕百一十畝。稅始銳反賦也什一音十十稅一也佃音田又徒徧反共音恭藉而不稅藉此公田而收其入言不稅民疏藉而不稅○釋曰徐邈曰藉借也謂借民力治公田不稅民之私也觀范之注以藉爲賦藉理亦通從徐之言義無妨也初稅畝非正也古者三百步爲里名曰井田井田者九百畝公田居一出除公田八十畝餘八百二十畝故井田之法八家共一井八百畝餘二十畝家各二畝半爲廬舍○廬力魚反私田稼不善則非吏非責也吏田畯也言吏急民使不得營私田○畯音俊田大夫也公田稼不善則非民民勤私也初稅畝者非公之去公田而履畝十取一也以公之與民爲已悉矣悉謂盡其力○去如字又起呂反疏履畝十取一也○釋曰何休云宣公無恩信於民民不肯盡力治公田故公家履踐案行擇其善畝穀最好者稅取之故曰履畝徐邈以爲除去公田之外又稅私田之十一也傳稱以公之與民爲已悉矣則徐言是也古者公田爲居八家共居井竈葱韭盡取焉損其廬舍家作一園以種五菜外種楸桑以備養生送死韭音九楸音秋疏注損其至送死○釋曰損爲減損也五菜者世所謂五辛之菜也何休又云古者井田之法一夫一婦受田百畝身與父母妻子五口以爲一戶公田十畝又廬舍二畝半凡爲田一頃一十二畝半也八家而有九頃故曰井田廬舍在內貴人也公田次之重公也私田在外賤私也若五口之外名曰餘夫餘夫率受田二十五畝半記異聞耳於范氏注亦無所取○冬蝝生蝝非災也其曰蝝非稅畝之災也凡春秋記災未有言生者蝝之言緣也緣宣公稅畝故生此災以責之非責也○蝝以全反劉歆云此蚍蜉子董仲舒云蝗子字林尹絹反○饑